U0152802

千華 **50**th 築夢踏實

千華公職資訊網

f 千華粉絲團

棒學校線上課程

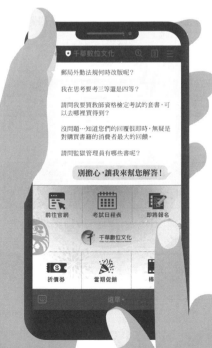

千華數位文化

郵局外勤法規何時改版呢？

我在思考要考三等還是四等？

請問我要買教師資格檢定考試的套書，可以去哪裡買得到？

沒問題…知道您們的回覆很即時，無疑是對購買書籍的消費者最大的回饋。

請問監獄管理員有哪些書呢？

別擔心，讓我來幫您解答！

前往官網　考試日程表　即將報名

千華數位文化

折價券　當期促銷　棒

選單▾

真人客服 · 最佳學習小幫手

- 真人線上諮詢服務
- 提供您專業即時的一對一問答
- 報考疑問、考情資訊、產品、
  優惠、職涯諮詢

盡在 千華LINE@

LINE
加入好友
千華為您線上服務

千華數位文化

公務人員
「高等考試三級」應試類科及科目表

高普考專業輔考小組◎整理

✪普通科目
1. 國文◎（作文80%、測驗20%）
2. 法學知識與英文※（中華民國憲法30%、法學緒論30%、英文40%）

✪專業科目

類科	科目		
一般行政	一、行政法◎ 二、行政學◎ 三、政治學 四、公共政策		
一般民政	一、行政法◎ 二、行政學◎ 三、政治學 四、地方政府與政治		
社會行政	一、行政法◎ 二、社會福利服務 三、社會學 四、社會政策與社會立法 五、社會研究法 六、社會工作		
人事行政	一、行政法◎ 二、行政學◎ 三、現行考銓制度 四、公共人力資源管理		
勞工行政	一、行政法◎ 二、勞資關係 三、就業安全制度 四、勞工行政與勞工立法		
戶　　政	一、行政法◎ 二、國籍與戶政法規（包括國籍法、戶籍法、姓名條例及涉外民事法律適用法） 三、民法總則、親屬與繼承編 四、人口政策與人口統計		
教育行政	一、行政法◎ 二、教育行政學 三、教育心理學 四、教育哲學 五、比較教育 六、教育測驗與統計		
財稅行政	一、財政學◎ 二、會計學◎ 三、稅務法規◎ 四、民法◎		
金融保險	一、會計學◎ 二、經濟學◎ 三、貨幣銀行學 四、保險學 五、財務管理與投資學		
統　　計	一、統計學 二、經濟學◎ 三、資料處理 四、抽樣方法與迴歸分析		
會　　計	一、財政學◎ 二、會計審計法規◎ 三、中級會計學◎ 四、政府會計◎		

法　　制	一、民法◎　　　　二、立法程序與技術　　　　三、行政法◎ 四、刑法　　　　五、民事訴訟法與刑事訴訟法
法律廉政	一、行政法◎　　　二、行政學◎ 三、公務員法（包括任用、服務、保障、考績、懲戒、交代、行政中立、利益衝突 　　迴避與財產申報） 四、刑法與刑事訴訟法
財經廉政	一、行政法◎　　　二、經濟學與財政學概論◎ 三、公務員法（包括任用、服務、保障、考績、懲戒、交代、行政中立、利益衝突 　　迴避與財產申報） 四、心理學
交通行政	一、運輸規劃學　　二、運輸學　　　　　　　三、運輸經濟學 四、交通政策與交通行政
土木工程	一、材料力學　　　二、土壤力學　　　　　　三、測量學 四、結構學　　　　五、鋼筋混凝土學與設計 六、營建管理與工程材料
水利工程	一、流體力學　　　二、水文學　　　　　　　三、渠道水力學 四、水利工程　　　五、土壤力學
水土保持 工程	一、坡地保育規劃與設計（包括沖蝕原理） 二、集水區經營與水文學 三、水土保持工程（包括植生工法） 四、坡地穩定與崩塌地治理工程
文化行政	一、文化行政與文化法規　　　　　　　　　二、本國文學概論 三、藝術概論 四、文化人類學
機械工程	一、熱力學　　　　二、流體力學與工程力學　　三、機械設計 四、機械製造學

註：應試科目後加註◎者採申論式與測驗式之混合式試題(占分比重各占50%)，應試
　　科目後加註※者採測驗式試題，其餘採申論式試題。

各項考試資訊，以考選部正式公告為準。

千華數位文化股份有限公司
新北市中和區中山路三段136巷10弄17號
TEL: 02-22289070　FAX: 02-22289076

公務人員
「普通考試」應試類科及科目表

高普考專業輔考小組◎整理

完整考試資訊

http://goo.gl/7X4ebR

★普通科目
1.國文◎（作文80%、測驗20%）
2.法學知識與英文※（中華民國憲法30%、法學緒論30%、英文40%）

★專業科目

類科	科目	
一般行政	一、行政法概要※ 三、政治學概要◎	二、行政學概要※
一般民政	一、行政法概要※ 三、地方自治概要◎	二、行政學概要※
教育行政	一、行政法概要※ 三、教育行政學概要	二、教育概要
社會行政	一、行政法概要※ 三、社會政策與社會立法概要◎	二、社會工作概要◎
人事行政	一、行政法概要※ 三、公共人力資源管理	二、行政學概要※
戶　政	一、行政法概要※ 二、國籍與戶政法規概要◎（包括國籍法、戶籍法、姓名條例及涉外民事法律適用法） 三、民法總則、親屬與繼承編概要	
財稅行政	一、財政學概要◎ 三、民法概要◎	二、稅務法規概要◎
會　計	一、會計學概要◎ 三、政府會計概要◎	二、會計法規概要◎
交通行政	一、運輸經濟學概要 三、交通政策與行政概要	二、運輸學概要
土木工程	一、材料力學概要 三、土木施工學概要 四、結構學概要與鋼筋混凝土學概要	二、測量學概要

水利工程	一、水文學概要　　　　　　　二、流體力學概要 三、水利工程概要
水土保持 工程	一、水土保持（包括植生工法）概要 二、集水區經營與水文學概要 三、坡地保育（包括沖蝕原理）概要
文化行政	一、本國文學概要　　　　　　　二、文化行政概要 三、藝術概要
機械工程	一、機械力學概要　　　　　　　二、機械設計概要 三、機械製造學概要
法律廉政	一、行政法概要※ 二、公務員法概要（包括任用、服務、保障、考績、懲戒、交代、行政中立、利益衝突迴避與財產申報） 三、刑法與刑事訴訟法概要
財經廉政	一、行政法概要※ 二、公務員法概要（包括任用、服務、保障、考績、懲戒、交代、行政中立、利益衝突迴避與財產申報） 三、財政學與經濟學概要

註：應試科目後加註◎者採申論式與測驗式之混合式試題(占分比重各占50%)，應試科目後加註※者採測驗式試題，其餘採申論式試題。

各項考試資訊，以考選部正式公告為準。

千華數位文化股份有限公司

新北市中和區中山路三段136巷10弄17號

TEL: 02-22289070　FAX: 02-22289076

注意！考科大變革

112年起
高普考等各類考試刪除列考公文

考試院院會於**110年起陸續通過**，高普考等各類考試國文**刪除列考公文**。自**112年考試開始適用**。

考試院説明，考量現行初任公務人員基礎訓練已有安排公文寫作課程，各機關實務訓練階段，亦會配合業務辦理公文實作訓練，故不再列考。

等別	類組	變動	新規定	原規定
高考三級、地方特考三等、司法等各類特考三等	各類組	科目刪減、配分修改	各類科普通科目均為：國文（作文與測驗）。其占分比重，分別為**作文占80%，測驗占20%**，考試時間二小時。	各類科普通科目均為：國文（作文、公文與測驗）。其占分比重，分別為作文占60%，公文20%，測驗占20%，考試時間二小時。
普考、地方特考四等、司法等各類特考四等				
初等考試、地方特考五等		科目刪減	各類科普通科目均為：**國文刪除公文格式用語**，考試時間一小時。	各類科普通科目均為：國文（包括公文格式用語），採測驗式試題，考試時間一小時。

參考資料來源：考選部

~以上資訊請以正式簡章公告為準~

千華數位文化股份有限公司
新北市中和區中山路三段136巷10弄17號
TEL: 02-22289070　FAX: 02-22289076

目次

作者的話

身為一名政治學研究所碩士，我常被問到一個問題：「為什麼要念政治學？」我的理由很簡單，也是真實的理由，「因為覺得很有趣。」

開啟我的政治學契機的是一本書。有一次和大學同學一起到圖書館，同學因接下來有課要先離席，囑託筆者幫忙還一本書。還書之前，我好奇地將這本書打開來看，沒想到看著看著越看越入迷，覺得津津有味，當下對社會上曾經有的一些疑問，知其然亦知其所以然，興味盎然，進而引發了我對研究政治學的興趣。這本書就是海伍德的《政治學新論》。

偶爾會聽到準備國考政治學的人說，政治學很難準備，或者政治學很難理解。政治學很難準備，可以理解，因為政治學是一門沒有標準答案的學科，必須綜合各家之言，準備的材料很多而雜；但是如果說政治學很難理解，我認為「政治學很難理解」這句話可能比政治學本身更難理解！

政治學並不難學，因為它就充斥在我們的生活周圍，生活的方方面面充斥著政治學，從某種方面來說，政治學就是研究權力的價值性分配的問題，再說簡單一點，政治學就是研究為什麼有人得到的（東西、利益、資源等）多，有人得到的（東西、利益、資源等）少？誰決定的？憑甚麼決定？怎麼決定？還記得在研究所的課堂上，老師用很簡單的例子比喻政治學，「兩個人分一個西

(4) 作者的話

瓜，要怎麼分才公平？」「切西瓜的人，最後拿」這個就是政治學，一門研究權力分配的學問。這樣的問題，身處在任何社會組織中都會遇到，而政治學只是專門以政府為單位來研究政府組織的權力分配。

在準備政治學時還會遇到一個問題，就是，政治學等於「政治」嗎？政治學就是一般人口中所謂政治人物爾虞我詐的政治鬥爭嗎？政治學簡單來說，是以社會科學角度來研究政治行為，因此它是以客觀中立的角度，試著從政治人物的政治行為或政治事件中找出規律規則，建立理論以預測未來。因此，政治學比較多是研究制度面的建立與運用，跟權力鬥爭無涉。

因此，如果一開始對於學術與實務沒有區分的認知，不論在學習上或在考卷呈現上會面臨很大的障礙，尤其是申論題的寫作上會失去論述的深度，這就跟社會學並不等於「社會」一樣，你不能拿在新聞、雜誌上看到的社會新聞或八卦消息當作答題的內容，而是應該以在書本上學到的理論去解釋實務現況，才能從表面的政治行為看到深度，看到一個行為舉動的理由，以及行為人所想要達到的目的，進而評價，甚至做出預測。

政治學作為一門考科，在技術面上的問題是沒有一本通的參考書，政治學雖然是社會科學的一門，其實並沒有標準答案，只有各家之言。因此，在備考上，必須博覽群書。雖然如此，筆者列出幾本政治學必讀的入門教科書如下，也是國家考試頻出考點之出處，如有時間，建議務必熟讀：

一、陳義彥等著，《政治學》，五南出版。（**這本書是政大教授們的集體著作，備考書第一名，出題率極高，可當打底書。**）

二、海伍德著，《政治學新論》，韋伯出版。（**英國學者海伍德的著作，中譯本，也是國考出題率極高，這本書的優點在於用像說故事般的敘述講解學術理論和專有名詞，易讀性高。缺點在於因為是中譯，有些字句詰屈聱牙。**）

三、任德厚著，《政治學》，自行出版。（**這本是台大老師著作，也是有一定的出題率。**）

四、呂亞力著，《政治學》，三民書局。（**有一定的出題率。**）

五、李國雄著，《比較政府與政治》，三民書局出版。（**這一本是用來補充各國（特別是英國、美國、德國、日本）憲政體制的部分**）

六、台大開放性課程，政治學，王業立教授主講。

國家考試政治學的考題並不困難，一來，政治學這個學門並不是日新月異，理論的發展與新創並不是三五年就如雨後春筍般的成長冒出來，因此，對於基本既有的理論概念好好掌握，就能有基本分，也就是説，考古題的反覆練習非常重要。二來，學術脱離不了實務，學術以研究實務為要，因此每年的考題還是會有一兩題與時事緊扣的突襲性考題，這點就需要平時多留意新聞時事，並且將新聞時事與理論作連結，並參考政治學相關期刊，就能有足夠的掌握。

本書是以高普考政治學考試為導向的書，在每個章節後收錄精選相關考古題。所謂考試導向與研究導向有所區別，考試導向點到為止，不作深究，簡單説，就是能幫助你作對答案就好，至於背後的原理原則並非所要。話雖如此，本書內容開闢有政治小學堂與觀念釐清（小燈泡圖示處）的專欄，是針對一些容易混淆的觀念、或重要專有名詞作更進一步的解説與釐清，幫助你更容易記憶、迅速應答，而不是死記硬背臨場時頭腦卻一片空白，因此這些專欄，行有餘力應該仔細閱讀。

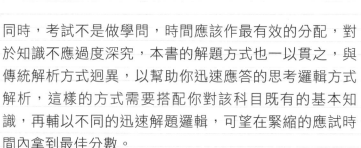

同時，考試不是做學問，時間應該作最有效的分配，對於知識不應過度深究，本書的解題方式也一以貫之，與傳統解析方式迥異，以幫助你迅速應答的思考邏輯方式解析，這樣的方式需要搭配你對該科目既有的基本知識，再輔以不同的迅速解題邏輯，可望在緊縮的應試時間內拿到最佳分數。

這本書籍也特別收錄了筆者所著的《圖解最省力的榜首讀書法》中關於選擇題及申論題的答題技巧之章節，希冀能對準備考試的你有所幫助。最後，備考是一條漫長而艱辛的耐力戰，莫忘初心，方得始終。預祝各位開卷大吉，金榜題名！

參考資料

1. 政治學修訂六版，呂亞力著，2016，三民書局出版。
2. Heywood's政治學新論，Andrew Heywood著，楊日青、李培元、林文斌、劉兆隆譯，2009，韋伯文化出版。
3. 政治學增訂第七版，陳義彥主編，吳重禮、冷則剛、高永光、耿曙、陳陸輝、盛杏湲、郭承天、游清鑫、葉浩、楊日青、隋杜卿、劉嘉薇、關弘昌合著，2016，五南圖書出版。
4. 政治學增訂八版，任德厚著，2009，自行出版。
5. 比較政府與政治增訂二版，李國雄著，2016，三民書局出版。
6. 政治學（修訂再版），彭懷恩著，2012，空中大學出版。
7. 政治學：政治科學導論，A. Ranney著，林劍秋譯，1993，桂冠圖書股份有限公司出版。
8. 台大開放式課程，政治學，王業立教授授課簡報檔，（http://ocw.aca.ntu.edu.tw/ntu-ocw/ocw/cou/101S111）
9. 〈從組閣爭議論我國憲政體制的定位與走向〉，蘇子喬、王業立，2016，政治科學論叢第七十期頁85-120。
10. 立法院全球資訊網

申論題的答題技巧

一、申論題的三段式結構

對申論題應該要有整體性的認識，一個標準的申論題應該含有前言、內容及結論三部分。這是申論題完整的結構，就像一套完整的西餐有前菜、主菜及甜點。前言一兩行，內容是最重要，結論兩三行。三者重要性依序為**內容、結論、前言**。

前言重申題目，表達題目的重要性，通常把題目換句話說一遍，點出這個問題的重要性。最好在一兩行之間結束，不宜著墨太多佔用到寫內容的時間與空間。**內容**是最重要的，由大、中、小標題架構而成，針對問題回答及論述，是拿分的關鍵，**結論**是把上述內容作最簡潔的摘要，切勿再提出新的論點，保守的話把內容的大標題及小標題用敘述的方式抄寫一遍，進步一點的話，就用換句話說的方式，可以引用名言，將上述內容作結。

寫申論題要有始有終，前言、內容、結論都要有，結構完整基本分就拿得到。

Ex: //

擬答：

> 政治文化產生於政治體系成員，是20世紀中後期產生的概念，幫助人們對民主政治有更深入的了解。

前言

(一)政治文化之意涵

　　1.意義：政治文化係指社會成員對於政治事物的心理取向，其中包括對政治結構、政治程序、政治人物，以及對個人在政治體系中之角色的態度。

　　2.緣起：政治文化研究始於一九六〇年代，以心理學觀點研究個人與政治之間的互動關係，從個人認知、情感、態度、價值觀等角度，解釋政治穩定與變遷的基礎。

　　3.學者：美國學者阿爾蒙（G. Almond）首次提出此概念，並於1963年與佛巴（S. Verba）以民意調查研究美、英、德、義和墨等五國國民之政治態度，後出版《公民文化》（the civic culture），為政治文化研究提供基本概念和理論框架。

(二)政治文化之類型阿爾蒙與佛巴在《公民文化》以人民對於政治事物的認知、情感與評價之程度將政治文化分為三種類型：

　　1.地域型政治文化（parochial political culture）體系成員沒有明確的政治角色觀念，對體系沒有期望，不感到體系應顧到他們的需要。如非洲原始部落。

內容

2.臣屬型政治文化（subject political culture）
　自己的角色則沒有取向。如君主專政時代。

3.參與型政治文化（participant political culture）
　成員對政治體系的任何方面均有明確取向，成
　員的情感與評估取向可能是徹底接受，或是完
　全拒斥，也可能介於二者之間，但他們不會完
　全冷漠或無動於衷。

(三)政治文化與民主政治之關係
　良好的政治文化具有鞏固民主政治的功能，阿爾
　蒙指出維持民主政治最利的文化乃是「公民文
　化」，英美兩國因最具有公民文化的特質，故民
　主政治最穩定，墨西哥則因缺乏公民文化，民主
　政治發展不順。公民文化其內涵為：

　1.人民對政治體系支持，但不狂熱。

　2.人民對體系批評，但不排斥。

　3.人民對政治參與有興趣，但保有冷漠感。

　4.人民對政治體系有期望，但非不切實際地期望。

　5.多數人具有參政意識，但也有少數人不想參政。

內容

綜上所述，政治文化從心理學觀點，研究個人行為對
政治體系的影響。阿爾蒙進而提出公民文化，係以參
與型政治文化為主，地域型政治文化與臣屬型政治文
化為輔之政治文化混合體，有助於民主政治之發展。

結論

Ex:

103年高考三級行政法第二題「行政機關於何種要件下得委託私人、團體行使公權力？義勇消防隊員在協助消防局消防隊員救災時處於何種地位？A監理機關委請B民營汽車修護廠代辦小客車檢驗，B於驗車時作出合格或不合格之認定，該認定之性質為何？」

擬答：

行政機關為分擔行政業務會透過不同行政行為。將行政事務委由民間團體執行，而不同程度的權力委託會導致其行政行為具有不同程度的法律效力。

→ 前言

(一)行政機關委託私人、團體行使公權力的要件

　　民間團體或個人受到國家機關之委託，以自己名義獨立行使公權力，而完成國家任務者，謂之「委託私人、團體行使公權力」。行政程序法第16條第1項規定：「行政機關得依法將其權限之一部分，委託民間團體或個人辦理。」同條第2項規定：「應將委託事項及法規依據公告之，並刊登政府公報或新聞紙。」行政機關委託

　1.由行政機關對私人或團體為之。

　2.需將公權力委託私人。

　3.受委託之私人或團體應以自己的名義獨立行使公權力而完成任務。

　4.應有法規之依據。

　5.應將委託事項及法規依據公告，並刊登政府公報或新聞紙。

→ 內容

(二)義勇消防隊員為「行政助手」

義勇消防隊員非以自己名義獨立行使公權力，而是受行政機關之指揮命令，協助完成任務，此時，義勇消防隊員並非受委託行使公權力，而是行政助手（或稱行政輔助人）。

(三)A監理機關委請B民營汽車修護廠代辦小客車檢驗，於驗車時做出合格或不合格之認定，該認定之性質為「行政處分」：　　*內容*

1.行政程序法第2條第3項：「受託行使公權力之個人或團體，於委託範圍內，視為行政機關。」

2.行政程序法第92條第1項：「本法所稱行政處分，係指行政機關就公法上具體事件所為之決定或其他公權力措施而對外直接發生法律效果之單方行政行為。」

3.本題B於驗車時做出合格或不合格之認定，該認定係行政機關就公法上具體事件所為之決定，而對外直接發生法律效果之單方行政行為，故該認定之性質為行政處分。

綜上所述，若是受行政機關委託之民間團體，其於公法上具體事件所為之決定具有對外發生法律效力之效果，若是受行政機關指揮命令，協助行政機關完成任務，係行政助手，其所為之行為不具法律拘束力。　　*結論*

二、標號格式要一致

申論題講究綱舉目張，提綱挈領，論點要分層次、列點，這種方式最大的好處在於短時間能讓人一目了然。建議標號格式使用一、(一)、1、(1)：

● 一、二、三……對應題號。
● (一)、(二)、(三)……內容的第一層
● 1、2、3……內容的第二層
● (1)、(2)、(3)……內容的第三層

再下去如果需要的話可以自行設定，但最好維持在三個層次，太多層次在短篇幅的文章裡看起來會有負擔、有疊床架屋之感，因此盡量讓自己的論述在三個層級裡面就解決。

三、依據問題下標題

所謂標題包括大標題、中標題、小標題等，是架構內容的重要指引。進一步說，標題就是標號旁邊的一行字。改題老師的批閱時間很有限，不太可能逐字逐字批改，在緊縮的時間裡只能用快速略讀或掃描的方式閱卷。其實，一個人如果是閱讀自己很熟悉或專業的領域的文章時，閱讀習慣也是略讀、掃描，先看標題，標題有興趣、有意義的話才會再接著看下去。

因此，標題的重要性不言可喻，標題是對考題的簡短回答，是答題的架構，標題下得好，分數就拿一半了。

建議下標最好回答問題，正面迎戰。回答題目一定要下標題。有些人拿到題目，寫了(一)就開始長篇大論，切勿如此，這會讓閱卷者耗費太多時間閱讀，也讓人不知從何處讀起，算是答題技巧粗糙的寫法。

申論題最重要的一個要點就是文要對題，看懂題目並且針對問題回答是最基本但也是很多人會犯的錯誤，很多人寫得很長，看起來言之有物，內容確實也不錯，但可惜文不對題，題目問內涵、意義，你回答好處與壞處、影響，寫得再好也是浪費筆墨。

標題應該簡單有力，用肯定句，題目問什麼問題，你大標就下什麼。譬如說96年普考政治學題目「何謂威權主義政體？有幾種次類型？再者，威權政體是否有助於經濟發展？試舉例申論之。」第一個標題就下：(一)威權主義政體之意義與內涵或者(一)威權主義政體之概念；第二個標題就下(二)威權主義政體之次類型。又如92年簡任升等政治學題目「何謂『新制度主義』（new institutionalism）？請說明新制度主義在政治學研究領域中的重要性並予以評論之。」第一個標題就下：(一)新制度主義之概念；第二個標題就下：(二)新制度主義在政治學領域之重要性。

又如103年高考三級行政法題目「行政機關於何種要件下得委託私人、團體行使公權力？義勇消防隊員在協助消防局消防隊員救災時處於何種地位？A監理機關委請B民營汽車修護廠代辦小客車檢驗，B於驗車時作出合格或不合格之認定，該認定之性質為何？」第一個標題可以下(一)委託行使公權力之要件；第一小題考受委託行使公權力的定義，第二小題就考應用，要判斷義勇消防隊員是否是居於受委託行使公權力之地位，故第二小題可以下(二)義勇消防隊員協助救災之地位，更明確一點可以下(二)義勇消防隊員協助救災係屬行政助手之地位；類推第二小題直接將結論當作標題的作法，第三小題的標題可下(三)汽車代檢之認定性質為行政處分。

切勿使用問句，以上面例子來說，第一個標題不可就直接複製題目寫成：(一)何謂威權主義政體？第二個標題寫成：(二)威權主義政體有幾種次類型？這相當可笑，答案卷上寫的是你對於考題的回答，用上了問號，會讓閱卷人感覺「我考你呢，你還問我？」有令人啼笑皆非之感。

因此，如何避免因為緊張看走眼、甚至不知道怎麼回答問題而文不對題的情形，最簡單的，就從下一個簡單有力的標題開始，題目問什麼問題，你就下什麼標題，告訴閱卷老師，我就是針對問題來答題。

四、答題版面

答題版面盡量保持素樸、單純，除非是題目要求，避免圖畫、多色、框線、畫線。也就是單純的純文字論述，保持版面整齊。使用什麼顏色的筆其實並非重點所在，當然不出考試規定的黑筆或藍筆。值得注意的是應多準備備用的筆，而且備用的筆與原用的筆最好是同一種款式，因為如果在考試當中意外發生原用的筆寫不出來的狀況，這時需要用到備用的筆，如果備用的筆寫出來的粗細與色澤與原用的筆相差太多，版面上會顯得不好看，會不會影響到分數，不曉得，但多少會影響到閱卷人的觀感。因此，為防萬一，請同一種考用筆多準備一支。

其次，版面務必保持整齊。何謂整齊？除字體端正外，字與字的間隔應一致，一行之內的字數一致，字的大小也一致。字盡量不要寫滿行高，把整個版面都佔滿了，絲毫沒有空隙，這樣看起來會比較亂。較為適當的做法是，一個字約填滿行高的百分之六十、七十左右，留下一些空白，閱讀起來較為舒適。

(16) 申論題的答題技巧

分數	題號	（答案請從本頁第1行開始書寫，並請標明題號，依序作答）
	一	(一)集體行為之意涵
		集體行為是行為模式的一種，相當易變，
		並且是無結構的、不可預測的，有時是暴力的或
		高情緒的。
		(二)集體行為與社會運動的關係
		1.相同之處
		(1)社會運動是集體行為的一種，皆為
		人的行為。
		(2)兩者皆具有情緒感染的特質。不論集體行
		為與社會運動，情緒感染或精神感召都是使
		集體展現特徵與行動的重要因素。
		2.相異之處
		(1)在形成原因上，集體行為通常是偶發的，而社會
		運動多是有意識的形成，常有社會結構的
		原因。
		(2)在目標方面，集體行為通常缺乏目標，僅是烏
		合之眾，但社會運動的參與者則有明確的目
		標，並且多半有事清楚的理念或意識型態作
		為動員的基礎。
		(3)在動員方面，集體行為只是偶發的社會焦
		點，因此缺乏社會動員；社會運動則有較
		大，且較有組織的社會動員。

字體忽大忽小；每一行字數不固定，不好核算每題總字數。

標題編號下面應該縮排，可以讓版面更清楚易讀。

字沒有貼近底線，浮在空中，會有凌亂之感。

作答前務請詳閱作答注意事項及試題說明　　　　　第1頁

分數	題號	（答案請從本頁第1行開始書寫，並請標明題號，依序作答）
	一	（一）集體行為之意涵
		集體行為是行為模式的一種，相當易變，並且是
		無結構的、不可預測的，有時是暴力的或高情緒
		的。
		（二）集體行為與社會運動的關係
		1. 相同之處~
		(1) 社會運動是集體行為的一種，皆是 □ 人的行為。
		(2) 兩者皆具有情緒感染的特質。不論 □ 與社會運動，情緒感染或精神感 □ 體展現特徵與行動的重要因素 □
		2. 相異之處~
		(1) 在形成原因上，集體行為通常是偶發的，而社會運 動的參與者，則有明確的目標，並且多半有來清楚 的理念或意識型態作為其動員的基礎。
		(2) 在目標方面，集體行為通常缺乏目標，僅是「烏合 之眾」，但社會運動的參與者，則具有明確的目 標，並且多半有清楚的理念或意識型態作為其 動員的基礎。
		(3) 在動員方面，集體行為只是偶發的社會焦點，因 此並未形成明確的組織，而社會運動通常會發 展出明確的組織組織的社會動員。

字體大小一致；每一行字數固定在20±2上下，好核算每題總字數。
字貼近底線，不浮空，視覺上有整齊感。

標題編號下面縮排，讓版面更清楚易讀。

換言之，版面的整齊與否與字的美醜無關，而是你如何有計畫地安排字的秩序，其實關鍵就在於適度的留白，不要讓整張考卷是滿的，這樣效果就會差很多。

此外，版面盡量保持清潔。考試時難免會寫錯，不得不的時候還是會用立可帶，但是應該提醒自己盡量避免使用立可帶，畢竟塗改過的版面和原先紙面的色澤還是有差別的，如果使用過多的立可帶，版面上看是上去會有多處過白的補綴，多少會影響到美觀。如果僅是微小的錯誤寧可用筆圈起，將正確的字繼續寫在旁邊，如此一來，色澤上並不會相差太多，也省去再拿起立可帶塗改的時間。

值得注意的是，如果寫到一半發現自己漏寫了題目，或漏頁，千萬不要慌張，急著塗改，如果已經在漏寫或漏頁之後寫了很多行數了，就不要再塗改了，因為過多的塗改影響版面美觀，可能會影響閱卷者的觀感。此時，把漏寫的那一題補寫在後面，或者把後面的答題寫在漏寫的那一頁。重點在於，注意題號一定要寫對，也就是說，你可以沒有按照「一、二、三、四」的答題順序，但你寫的題號「一」，一定是對應回答第一題的題目，題號「二」一定是對應回答第二題的題目，而不可答非所問，簡言之，題號的對應是非常重要的。

五、理論、概念、專有名詞等要寫出處及原文

當代知識很多是源自於美國等西方世界國家，我們念的各個科目也不例外，舉凡法律、政治、經濟、社會、文化等等，很多理論的來源，觀念的提出就是在特定社會下延伸與提煉出來的產物，我們把這些觀念借用過來並翻譯，用自己的語言加以解釋。然而不同書不同作者有不同的翻譯，可能會使人誤解或無法認識你說的是哪個人或哪個觀念，因此只有原文才是共通不漏失的語言。

這裡也要提醒的是，寫考卷時提到一個理論（原文）最好提一下提出者是誰（中、外文），然後再說這個理論的意思，例如提到杜瓦傑定律，可以這麼寫：「法國學者法國學者杜瓦傑（M. Duverger）提出杜瓦傑定律（Duverger's Law）認為單一選區相對多數制，易形成兩黨制……」如果寫到專有名詞，也最好提一下這是哪裡來的（可能是哪個作者的哪一本書提出的、哪個社會事件衍生的等等）且附上原文。

這樣的好處在於讓閱卷老師知道你在說什麼。原文就像是學術界的術語、通關密語，很多觀念，與其你寫長篇大論，不如開頭先提個專有名詞、或理論（加原文），閱卷老師很快就知道你要說什麼，也會覺得你很不錯知道他所知道的東西，是個有在認真念書。事實上了解觀念的源頭也是念書應該要有的基本步驟，知其然也要知其所以然，書才能念得透徹。

不過值得一提的是，出處的提示簡短即可，不需要長篇大論本末倒置，把關鍵字如哪國學者、作者名字、哪本書或哪個事件等交代一下即可，重點還是要擺在回答問題的內容上。

例如103年普考心理學概論題目，「Hans Selye的『一般適應症候群』（General Adaptation Syndrome, GAS）描述個體面對突如其來之緊急事件時所經歷的三個生理反應階段，試述其內涵，並以圖示表示之。」（25分）

首先這題配分25分，因此照常理應該至少寫25行，每行20字左右。接著，除了回答題題目所問的「內涵」外，最好也簡單的用3、4行交代一下Hans Selye及「一般適應症候群」（General Adaptation Syndrome）這個觀念的來龍去脈，因此行數的分配可以是緣由作為前言約3、4行左右、內涵包括三個生理反應階段共18至21行左右，每個階段敘述6至7行，最後留1、2行作結論，還有作圖。

擬答如下：

心理學家Hans Selye提出壓力理論，認為身體為因應外在壓力會產生一連串適應的過程，讓生理及心理重回平衡狀態，由於適應過程對所有有機體而言都是一致的，故又稱為一般適應症候群。

一、警覺期（alarm stage）

　　個體面對壓力的第一個反應，辨識到壓力的存在及其威脅，產生「戰鬥或逃逸」（fight or flight）的反應，在這階段交感神經與腎上腺激素的交互作用，在短時間內釋放能源於身體，以供立即的反應，因此會有心跳加快、血壓增高、肌肉收縮、呼吸急促、氧氣運用增加、汗量增加等生理反應。

二、抗拒期（resistance stage）

個體進入第二階段，身心開始適應有壓力的狀態，並以這樣的狀態取得平衡，生理的修護及重生。內分泌可能重回正常的狀態。但若一直處在這種抗壓的狀態，或再出現一個新的壓力源，適應力會下降，心理層面可能會啟動防衛機制降低精神壓力。

三、耗竭期（exhaustion stage）

在這階段壓力一直持續存在，由於適應能量已用盡，身體失去抗壓能力，壓力過量導致生理耗竭、失能，對身體健康造成威脅。長期的壓力會對神經細胞造成傷害，特別是腦部海馬迴部分，思考能力和記憶會受損，會有焦慮及憂鬱傾向。同時也會導致高血壓、心臟病、類風濕性關節炎等其他疾病。

六、多「掉書袋」，不要用常識寫申論題

有些科目，譬如社會學、政治學、行政學等等社會科學，由於科目討論的問題較接近日常生活社會團體組織等所發生的情形，與我們生活息息相關，因此很多題目如果沒有應用理論答題，很容易寫出像心得文或常識文的答案，答案會寫得很長，不知道怎麼結束，而且通篇沒有重點。

很多人會說，「篇幅的長度一定要夠，閱卷老師看了至少會給筆墨分數」，這句話只對一半，因為筆墨分數的前提是你的申論題答案至少要綱舉目張，有論點，「看起來有念書」，這時談筆墨分數才有意義，如果看起來就是「素人上陣」通篇流水帳或心得文、常識文，篇幅還寫得特長，這時分數可能往反方向增加，混版面不僅無助於提高分數，還延誤閱卷老師改考卷的時間，是大大扣分，得不償失。

所以很多人剛考完試，心裡覺得應該會考得不錯，至少考試卷都寫滿了，申論應該可以拿高分，殊不知，拿到考試成績單時，分數與想像中的落差太大，可能就是這個因素，篇幅長度與分數確實有正相關，但是篇幅裡面寫些什麼東西，用什麼方式增加篇幅，才是關鍵因素所在。

我建議，盡量讓專有名詞、理論等學術術語或概念入文，「掉書袋」在寫申論題答案時，是必須的。這樣至少會讓你的答案「看起來有念書」。一來，你確實是在準備考試的過程中學習到這些學術術語，將它們派上用場只是剛好而已，你學習這些專有名詞和理論，養兵千日，用在一時，就是為了在考場上能派上用場，豐富自己的答案。二來，這也會幫助閱卷老師更容易讀懂你的答案，一旦閱卷老師能夠很容易地看懂你的表達，並且產生共鳴（共鳴的關鍵點就是專有名詞、理論），你的分數自然會提高。

七、答題特色有自己與時漸進的思想，是加分重點

其實，國家考試並非學術難度很高的一種考試，就一個鑑別度不高的考試種類而言，其實每個人看的都是差不多的那幾本書、受教於差不多那幾個的補習班老師，如果你寫出來的東西也是差不多一般人也能寫出來的常識答案，要從眾多競爭者之中脫穎而出是有些困難的。準備考試的最後期間其實思考的就是如何將你的答案寫得更有特色、在有限的時間與篇幅裡面寫得更精彩、知識含量更高、更濃縮，下面提出這樣的備考最後階段方針，供參考。

如何寫出一篇精彩的答案，首先必須用自己的話組織文句，小至每個定義（參見《圖解最省力的榜首讀書法：雙榜狀元讀書秘訣無私大公開》一書第三章），大至每個段落的組織結構。其次，精簡你的敘述方式，多用專有名詞、理論等學術術語或概念下小標，取代一般的邏輯分類小標題，是加強你的答題深度與差異性的關鍵。

更重要的是，如何對一個觀念或理論有更深入的了解，其實現在網路資源很發達，即便是最淺顯易懂的一頁wiki都能讓你對一項理論有更深入的了解，但前提是你必須閱讀原文（英文），如前所述，當代知識的來源很多是發源自於英語世界，唯有用知識源頭的語言，你才能最貼近知識所要散發出的意涵，包括它的來龍去脈以及對社會的意義與貢獻。而當你對一項知識有相當深入的了解之後，你寫出來的東西就不再像是只有看二手、三手、甚至多手（教科書、參考書）資料時寫出來的東西，心理上因為認識淺顯而導致惶恐不安、沒有安全感，實際上寫出來的答案也確實有些單薄，不僅記憶上不牢靠，念起書來也會越念越沒自信。

Ex:

99年高考社會學考題第三題「何謂集體行為？請說明集體行為和社會運動之間的關係。一個社會運動能否成功，有哪些關鍵因素？請討論之。」（25分）

一般的擬答可能像這樣：

(一) 集體行為

　　集體行為是行為模式的一種，相當易變，並且是無結構的、不可預測的，有時是暴力的或高情緒的。

(二) 集體行為與社會運動的關係
  1. 相同之處：
    (1) 社會運動是集體行為的一種，皆是涉及一群人的行為。
    (2) 兩者皆具有情緒感染的特質。不論集體行為與社會運動，情緒感染或精神感召都是使集體展現特徵與行動的重要因素。
  2. 相異之處：
    (1) 在形成原因上，集體行為通常是偶發的，而社會運動多是有意識的形成，常有社會結構的原因。
    (2) 在目標方面，集體行為通常缺乏目標，僅是「烏合之眾」，但社會運動的參與者，則具有明確的目標，並且多半有清楚的理念或意識型態作為其動員的基礎。
    (3) 在動員方面，集體行為只是偶發的社會焦點，因此缺乏社會動員；社會運動則有較大，且較有組織的社會動員。
    (4) 在組織結構方面，集體行為通常隨聚隨散，因此並未形成明確的組織，而社會運動通常會發展出明確的組織與制度，以便完成其目標。
    (5) 在延續方面，集體行為為時較短，社會運動則較為持久。
    (6) 在對社會影響方面，集體行為由於缺乏焦點，時間也短，對社會影響較小，層面亦較窄；社會運動則對社會有較深遠的影響。
(三) 社會運動成功關鍵因素
  1. 動員結構：是否具有濃密的人際網絡，能夠發揮招募參與的作用；以及是否具有組織能進行指揮與協調任務。
  2. 政治機會：社運人士如何利用既有的政治局勢，實現其運動目標。
  3. 文化構框：關於運動的訴求，社運人士如何在規範上正當化他們的行動。
  4. 抗爭劇碼：社運人士如何透過具體行動展現他們的要求，使其成為一股明顯的力量。

這樣的答題基本上沒有太大的問題，答題內容基本上就是摘自教科書上的內容，四平八穩，但是可能百分之九十八的人都是這麼寫的，如果不幸地你的類科錄取率只有百分之二，很有可能你沒有辦法在出類拔萃的那百分之二裡面。那麼以這題為例，還可以怎麼寫出較不一樣的答案呢？

八、考場沉著應戰，做好答題時間分配

99 年公務人員高等考試三級考試試題　代號：30420、30520 30920、33820 全一頁 33920

類　　科：客家事務行政、社會行政、勞工行政、法律政風、財經政風
科　　目：社會學
考試時間：2 小時　　　　　　　　　座號：＿＿＿＿＿＿＿＿＿＿

※注意：㈠禁止使用電子計算器。
　　　　㈡不必抄題，作答時將試題題號及答案依照順序寫在試卷上，於本試題上作答者，不予計分。

一、台灣的結婚率和出生率逐年降低，許多研究對於台灣社會的低結婚率和低生育率現象提出許多不同見解。
根據行政院經濟建設委員會 2009 年 6 月公布的台灣兩性婚姻趨勢分析，不但女性晚婚的增加幅度比男性早，若以兩性初婚年齡來看，「男性 30-34 歲年齡有偶率由 1991 年的 73.2%降至 2008 年的 45.0%，相差 28.2 個百分點，女性 25-29 歲年齡組有偶率則由 1991 年的 65.1%降至 2008 年的 30.0%，相差 35.1 個百分點，較男性更為快速」。
在現代社會中，家庭的型態與結構歷經許多變遷，請你針對家庭的定義、功能與價值等面向，運用社會學的理論觀點，分析台灣社會中晚婚、不婚與不育現象的形成原　因？（25 分）

二、如果你被指定進行一個研究議題的探討，主題為：「現今台灣社會的階層化如何影響教育資源的分配？」請問你會如何運用社會學的學理，進行此一研究？請先說明台灣社會的階層結構，再闡述階層化的社會對於台灣教育資源分配的影響，請多舉實例說明之。（25 分）

三、何謂集體行為？請說明集體行為和社會運動之間的關係。一個社會運動能否成功，有那些關鍵因素？請討論之。（25 分）

四、台灣是個移民社會，「族群議題」總是在各種場合被熱烈的討論。請你試著用社會學的眼光，回答下列問題：（25 分）
㈠我們如何區別「族群」與「種族」及「民族」這幾個概念？請簡述之。
㈡社會學家認為「族群」是社會分類的一種，是被建構的。為什麼這麼說呢？請簡述之。
㈢談談台灣民眾對於外籍配偶「為何」會產生刻板印象、偏見，甚至污名化的現象？「如何」產生的？對此，我們如何反省與節制呢？請多舉例說明與闡釋之。

首先，按照慣例，分析配分與行數，這題配分25分，雖然只有兩個問號，但實際上問了三個問題，也就是說，前兩個問題你可以用一個大標回答，也可以分成兩個大標回答，由於「集體行為和社會運動之間的關係」需要不少的篇幅來回答，如果與「何謂集體行為？」合在同一個標題下，會有點施展不開，因此分為三個大標來回答較為適當，因此，這題的大標結構是為：(一)集體行為之內涵；(二)集體行為和社會運動之間的關係；(三)社會運動成功之關鍵因素。

接著，發想小標，第一個大標只問集體行為之內涵，可以用較少的行數，重點放在下面兩個標題。第二個標題是集體行為和社會運動之間的關係，社會運動這個名詞在這篇答題中是第一次出現，有必要介紹一下它的內涵與意義，因此給他一個小標：1.社會運動之意涵。接著探討「集體行為和社會運動之間的關係」，然而所謂「關係」我們應該寫些什麼呢？寫兩者的相同之處？還是相異之處？還是相同相異之處都寫？這時候必須留意到行數的限制，以及你能寫出有內容的東西的能力，如果只寫相同之處，可是集體行為與社會運動各自的內涵都已經介紹過了，還需要再花這麼多篇幅重疊一遍嗎？更甚之，兩者相同之處撐得起至少18行，三四百個字的篇幅嗎？再進一步追問，考題的目的只是為了問兩者的相同之處嗎？如果兩個觀念的相同之處這麼多的話，何以學術上會出現不同名稱的相似觀念？是故，只寫相同之處不是我們應該下筆的方向，強調兩個的相異之處才是我們應該著力之處。那麼相同相異之處都寫好了，如上所述，即便兩者確有相同之處，然而兩者觀念內涵已在上述篇幅介紹過，敘述兩者相異之處才是我們應該著力之處，如果再分些篇幅敘述兩者相同之處，不但相異之處無法盡興的發揮，篇幅結構上會顯得累贅，更甚

者，考試是在有限的時間與空間作答，應該避免寫出C／P值低的答案，經過上面的分析，相同之處顯然並非能奪分之項目，如果再花筆墨與時間寫，只是拖延後續答題的空間與時間，因此，我們應該將精力放在兩者的差異之處，第二大標的第二小標即為：2.集體行為和社會運動之相異之處。

接著，發想第二大標的次小標題，不論回答問題是問相同或相異之處，都應該直接以答案作為標題，也就是說，(1)組織性不同；(2)目的性不同；(3)權力性不同；(4)民主性不同。

再著，發想第三大標「社會運動成功之關鍵因素」的小標題，教科書上可能沒有寫到社會運動成功之關鍵因素，但是你可能念了很多社會運動的理論，包括相對剝奪感理論（relative deprivation theory）、資源動員理論（resource mobilization theory）、政治過程理論（political process theory）、框架理論（framing theory）等，這些就是學者在探討社會運動形成的因素，每一種理論就是在強調特定因素對社會運動形成的重要性，並以這個因素解釋整個社會運動形成的過程，因此每一個理論可作為關鍵因素的一種，甚至，因應社會變遷，你也可以加入自行觀察到的因素及觀點，是故，第三大標的小標可以是：

1. 龐大的相對剝奪感（relative deprivation）；
2. 有效的資源動員（resource mobilization）；
3. 成功地利用政治機會（political opportunities）；
4. 有說服力的框架觀點（framing perspective）。

最後,基本架構已形成如下,

(一)集體行為之內涵

(二)集體行為和社會運動之間的關係

    1.社會運動之意涵

    2.集體行為和社會運動之相異之處

      (1) 組織性不同

      (2) 目的性不同

      (3) 權力性不同

      (4) 民主性不同

(三)社會運動成功之關鍵因素

    1.龐大的相對剝奪感（relative deprivation）

    2.有效的資源動員（resource mobilization）

    3.成功地利用政治機會（political opportunities）

    4.有說服力的框架觀點（framing perspective）

擬答如下:

集體行為與社會運動皆是社會成員透過某一事件而聚集的常見情形,然而兩者亦有不同之內涵與結果。

(一)集體行為之內涵

    集體行為（collective behavior）由美國學者帕克（R. E. Park）首先提出,意指一群人特定時間內,無明確目的與計畫下且不受現有社會規範控制之聚集行為。集體行為的特徵包括:

  1.人數眾多:集體行為必須由許多人共同完成。

  2.無組織性:未經事前規劃,個體之間不具隸屬性。

  3.自發性:參加者皆是自願,因事件之發生互相情緒感染而聚集。

4. 狂熱性：有些參加者更為投入事件本身會有較衝動性的行為發生，例如吶喊、衝撞等。

5. 短暫性：聚集時間短暫，聚散有時。

(二) 集體行為和社會運動之間的關係

1. 社會運動之意涵：社會運動（social movement）是指一團體有目標、有計畫進行一項行動，目的在改變社會現象，是社會變遷的手段之一。

2. 集體行為和社會運動之相異之處

(1) 組織性不同：集體行為無組織性，因受同一事件感染而聚集；社會運動具組織性，由領導階層帶領成員動員方向。

(2) 目的性不同：集體行為以表達性（expressive）目的為主，表達對某事件的情感與喜愛；社會運動以工具性（instrumental）目的為主，訴求公平正義，改變社會現狀。

(3) 權力性不同：集體行為無權力重新分配性可言；社會運動通常由社會弱勢組成，透過對當權者施壓，有達成權力重新分配的可能性。

(4) 民主性不同：集體行為可能發生在獨裁或民主國家；社會運動則常見於民主國家，作為一種體制外爭取公平正義的常見且合理手段之一。

(三) 社會運動成功之關鍵因素

1. 龐大的相對剝奪感（relative deprivation）：當社會上社經資源較弱勢的一方長期無法獲得其想望的資源時，會產生巨大的不滿及剝奪感，進而群起集結向當權者要求資源重分配。當不滿的能量越強大，社會運動對當權者的衝撞力道就越強大。

2. 有效的資源動員（resource mobilization）：社會運動領導階層若能有效運用社經人脈、金錢、人力及媒體等資源，對當權者造成壓力進而改變政策，則社會運動改變現狀的理想就越有可能成功。

3. 成功地利用政治機會（political opportunities）：政治過程理論（political process theory）學者更強調政治機會對社會運動的影響，巧妙利用當權階層之間的矛盾、政府組織之間的本位主義（sectionalism）更能取得運動的成功。

4. 有說服力的框架觀點（framing perspective）：社會運動領導階層若能用不正義的框架（injustice frame）包裝某一事件，成功地說服群眾激起民憤及動員能量，社會運動就越能成功。

綜上所述，社會運動是集體行為之一種，然兩者在組織、目的、權力及民主性上，皆有所不同，而相對剝奪感的能量、資源動員、政治機會之利用以及框架觀點之包裝是社會運動成功的關鍵因素。

簡言之，多寫一些專有名詞、關鍵字等，能夠用很短的字數點出一個概念，下面的行數再來解釋這個專有名詞的意義。這樣的好處是，能夠讓閱卷者在很短時間內了解到你要表達的東西，也能讓閱卷者知道，你是有備而來的，你是有念書的，而寫出這些專有名詞就像是寫出你和閱卷者之間的通關密語，共同語言，閱卷者都是科目領域中的專精學者，能夠寫出這些學者平時常在使用語彙，肯定會讓他印象深刻，讓他覺得你對於這個題目的處理夠深入，自然分數也會不同一般的高了。

選擇題的答題技巧

做選擇題不像做申論題一翻兩瞪眼，申論題不會的就是不會，沒辦法寫出答案來，選擇題還有四分之一答對的機會。選擇題會的題目，很容易，需要注意的就是要畫對格子，如此而已。傷腦筋的是不會的或者模稜兩可的題目。這裏有幾個方法，可以幫你提高猜對答案的機率。

沒把握之下的依循猜答模式

選擇題的答題法有幾個關鍵，如同我們已經在《圖解最省力的榜首讀書法：雙榜狀元讀書秘訣無私大公開》一書中強調的關鍵字法以及邏輯法，再加上幾乎每個人都會用的刪去法，還有其他選項倒推確認法。這幾個方法是能幫助在極短時間將選擇做對的好方法。

關鍵字法：就是圈出題目以及選項的關鍵字，對照出相對應的概念。

邏輯法：就是依照題意選出與其邏輯相符的選項。

刪去法：就是將四個選項中依次刪去最不可能的選項，留下較為可能的選項。刪去法有兩種步驟：第一種是在四個選項中選出最貼近的兩個選項並且刪除，這是依照簡單的答題邏輯分析出來的策略，在答案只有一個的前提之下，相似的兩個選項不可能並為答案。接著在剩下兩個選項中，挑出較為接近前述兩個選項者，剩下的那一個選項就是答案。

另一種作法是在四個選項中選出最相對的兩個選項。接著在剩下兩個選項中，一一比較這兩個選項比較貼近上述兩個選項中的哪一個，而答案就是落單的那一個。

倒推確認法：就是在選出答案後，再將其他選項依次代入題目，確認這些選項成為答案的可能性都低於已經選出的選項。

我們以100年地方政府特考四等的政治學概要選擇題為例，展示如何在不同題目內容的情況下，如何運用上述四種方法（包括關鍵字法、邏輯法、刪除法以及倒推確認法）快速且正確的選出選擇題的答案：

---

100 年特種考試地方政府公務人員考試試題　　代號：40120／40220　全一張（正面）

等　　別：四等考試
類　　科：一般行政、一般民政
科　　目：政治學概要
考試時間：1 小時 30 分　　　　　　　　　　座號：＿＿＿＿＿＿＿

D　1　李帕特（A. Lijphart）將民主政體區分為「多數決」模型與「共識」模型，下列那一種制度設計，不能符合其所提倡的「共識」模型？
(A)比例代表制　　　(B)大聯合政府　　　(C)相互否決權　　　(D)單一制國家

第1題問李帕特共識模型的特質，要注意的是提問的是「不符合」的特質，本題就算是不知道何謂共識模型，只要看到「不能」以及「共識」這兩組關鍵字，運用邏輯推論法，也能猜到答案是「單一制國家」。再運用倒推確認法，比例代表制有利小黨形成，與共識模型的意涵相符，故不是答案。大聯合政府強調權力分享，也與共識型意涵相符。相互否決權看似好像對於共識模型有阻礙，但是進一步想，兩個敵對勢力彼此擁有相互否決權力就表示權力並非集中於一處，這種權力非集中的概念與共識模型相符，因此也非答案。因此，更確定答案為「單一制國家」，有了這一層double check後，這一題就可以就此放手了，之後沒時間檢查也無所謂了，留下時間給那些模稜兩可的題目。

(34) 選擇題的答題技巧

B　2　下列政治學研究途徑中，那一項最為傳統？
(A)「理性選擇」途徑
(B)「政府或政治機構」途徑
(C)「心理與文化」途徑
(D)「跨領域」途徑

第2題問政治學研究途徑的歷史，問哪一項最傳統，本題關鍵字在「政治學」和「最傳統」，這題可以用邏輯法思考，理性選擇途徑是經濟學途徑，心理與文化途徑是社會學心理學途徑。既然是政治學的最傳統途徑，當然是從政治的途徑下手最為傳統。再者，不管是用經濟學途徑還是用社會學心理學途徑，都是用其他學術領域的方式去研究政治學，也就是說選這兩者之一都是跨領域途徑，而這又與選項(D)衝突了，顯然選這三個選項都會有邏輯上的矛盾，因此，答案是(B)。運用了這招強而有力的邏輯推演法，答案呼之欲出，也很肯定，這一題就可以就此放手了，之後沒時間檢查也無所謂了，留下時間給那些模稜兩可的題目。

A　3　下列有關政府課責（包括「垂直課責」與「水平課責」）的描述，何者錯誤？
(A)審計制度屬於垂直課責
(B)水平課責仰賴政府內監督機制的設計
(C)垂直課責主要靠選舉
(D)司法體系屬於水平課責

第3題問政府課責的描述何者錯誤？這題主要是考水平與垂直的概念，四個選項的關鍵字分別為「審計—垂直」、「政府內監—水平」、「選舉—水平」、「司法—水平」，邏輯上需要釐清的是，垂直有一種上下隸屬的概念，水平有一種平行互不服從的概念，再來看，審計屬監察院，監察院與政府行政單位是水平關係互不隸屬，是水平課責，符合題意。

B　4　下列何項不是參與式民主（participatory democracy）的特徵？
　　(A)大眾參與　　　　　(B)菁英領導　　　　(C)多數決　　　　　(D)政治平等

第4題問參與式民主的特徵，關鍵字在「參與」及「不是」，這題也是從字面上的關鍵字法加上邏輯推演法即可得知答案，選項(B)菁英與參與的概念相違，符合題意，故為答案。

C　5　歷史唯物論是下列那一種意識型態的核心概念？
　　(A)自由主義　　　　　(B)保守主義　　　　(C)馬克思主義　　　(D)法西斯主義

第5題問意識型態，這題或許需要一些背景知識，自由主義強調權利，保守主義強調傳統，馬克思主義的關鍵字有歷史唯物、階級鬥爭、上下層結構；法西斯主義強調團結禦外、威權。

B　6　所謂「多數統治」（majority rule）的原則為下列何者？
　　(A)最後的統治權歸屬於人民全體　　　　　(B)政府的政策應根據多數人而非少數人的意願而行
　　(C)　一人一票，票票等值　　　　　　　　(D)政府須設有機制了解人民的需求

第6題問多數統治的原則，這題乍看之下每個選項都有道理，因此必須選擇一個最貼近多數統治意義的一個。

首先，關鍵在多數，依照邏輯推演，有多數就有少數，也就是說，多數統治強調的是多數人與少數人之間的取捨，答案選項中應該要有這一層含義。

選項(A)為何是最後的統治權？人民全體也並未帶出多數與少數之間取捨的意謂，這點存疑使選項(A)並非最佳答案，選項(C)一人一票，票票等值是平等的概念，與多數統治無關。選項(D)強調機制，跟多數統治無關，利用反面思考，如果是威權體制難道只要設有了解人民需求的機制，就算多數統治嗎？再看選項(B)表達了多數與少數之間的取捨，最貼近題旨，故為答案。

A　7　個人是否有自信採取行動以影響政府政策，此稱之為：
　　(A)政治效能感　　　　　　(B)國家認同感　　　　　(C)政治信任感　　　　　(D)政治社會化

第7題問專有名詞，關鍵字在「自信」和「影響」，從字面上意義來看，選項(A)最能表達題意，故為答案。

B　8　下列有關「人權」觀念的敘述何者錯誤？
　　(A)源自於古典自由主義　　　　　　　　　(B)社群主義是該觀念的主要擁護者
　　(C)馬克思主義質疑該觀念　　　　　　　　(D)該觀念是一種道德上的主張

第8題問人權的觀念，實則在選項中也考了古典自由主義、馬克思主義以及社群主義的觀念。如果對這三個觀念都不熟悉，這題就必須使用刪去法。題目是問錯誤的選項，因此先刪去(A)(D)，接下來看選項(B)(C)，馬克思主義是否質疑人權這個觀念？先思考一下馬克思主義的屬性，它是比較偏左派的，從邏輯上推演，因此對於右派的觀念應該都會持較質疑的態度，而人權這個觀念又是古典自由主義（右派）的核心概念，因此「馬克思主義質疑人權觀念」這個論述基本上是正確的，而題意是要選擇錯誤的敘述，因此選項(C)可能不是答案。再來看選項(B)，你可能不知道社群主義的意涵，但從字面上意義來看，社群主義想必是強調「社群」的，而社群的相反義就是「個人」，人權是強調個人權利，因此「社群主義是人權觀念的主要擁護者」這個論述從以上的邏輯推演來看不太正確，符合題意，故為答案。以上利用刪去法、邏輯推演法以及關鍵字法，即使在薄弱的背景知識的情況下，仍然可以選出正確答案。

9 杭亭頓（Samuel P. Huntington）所稱「第三波民主化」浪潮始於那些國家？
(A)南韓、印尼　(B)波蘭、捷克　(C)葡萄牙、西班牙　(D)烏拉圭、巴拉圭

第9題考第三波民主化的觀念，也是一題需要背景知識的考題。如果沒有讀到這題，那就只好運用薄弱背景知識猜題了。首先巴拉圭和烏拉圭是否是民主國家，你可能有點存疑，再者，就算是民主國家，「第三波民主化浪潮」的字面意義來看，想必民主化的過程有一個地理上的方向性，那麼是由西向東？還是由東向西？老牌民主國家是英美，而人事物的傳遞向來是水平傳遞快於垂直傳遞，陸路傳遞快於海路傳遞，因此，合理的邏輯推演第三波民主化浪潮的起源應該是從最接近英美的國家而起，由西向東，因此從地理上來看答案應該是選項(C)。這樣的推測是在不明白「第三波民主化」的意涵之下所做的推演，至於真正「第三波民主化」是否真是在這樣的推論下產生，那就未必。

10 由政府與雇主團體、工會直接協調，以達成政策共識，這是下列何者的觀點？
(A)菁英主義　(B)資本主義　(C)統合主義　(D)多元主義

第10題問觀念，關鍵字在「政府」、「雇主」、「工會」、「共識」，如果對這題沒概念，可以從刪去法做起。首先，看到「共識」就可以把選項(A)菁英主義刪去，因為這兩個是相對的概念。接著看到「工會」就可以把選項(B)資本主義刪去，因為這兩個也是相對的概念。最後，可能會在(C)和(D)之間游移，進一步思考題意，講求的是「政府」、「雇主」、「工會」三方達成「共識」，「統合」的字眼較能表達其意。可能看到三方，就認為是多元主義，但是要注意的是多元主義強調意見並陳，但不見得有共識，因此統合主義是為答案。

D　11　下列那個國家的部會首長不得兼任國會議員？
　　(A)日本　　　　　　　(B)英國　　　　　　　(C)德國　　　　　　　(D)法國

第11題問的其實是政府體制，部會首長不能兼任國會議員是總統制的特色。日本、英國、德國都是內閣制，答案是法國。即使不懂政府體制，這一題也可以靠微薄的背景知識作答。利用刪除法，先挑兩個最相近的選項剔除，日本和英國，都有皇室，率先剔除。而再挑與日本和英國較相近的選項，也就是說，比較德國和法國哪一個更貼近日本和英國的政府體制，於是你會想到日本、英國、德國這三者都是首相或總理，就是沒有總統（德國雖有總統，唯虛位），因此選項僅剩法國，就是答案。

C　12　在國會內一般負責審查法案的委員會是：
　　(A)監督委員會　　　　(B)調查委員會　　　　(C)常設委員會　　　　(D)選任委員會

第12題問立法院的組織，關鍵在於「一般負責審查法案」，如果沒有念到這一題，看到四個選項肯定頭昏眼花。使用刪去法，先挑出最相近的選項，「監督」與「調查」兩者都有個案調查的意味，較為相近，率先刪除。常設與選任，從關鍵字「一般負責審查法案」來看，應該需要一個常態性持續運作的組織來擔任，而選任委員會有一種臨時編組，非常態性持續運作的意味，選擇常設委員會較為適當。

A　13　下列那一國國會是實施一院制？
　　　(A)以色列　　　　　　　　(B)美國　　　　　　　(C)英國　　　　　　　(D)德國

第13題問國會的組織型態，這題須注意的是國會的體制，而非政
府體制。可能無法盡知所有國家的國會體制，因此這題可運用刪
去法，首先剔除的是美國，就微薄的背景知識而言，美國有參議
院及眾議院兩院，因此不會是一院制。英國有上議院及下議院，
德國因採聯邦制故國會採兩院制，一院代表地方，一院代表中
央，故答案為以色列。

D　14　下列那一項是總統制的特徵？
　　　(A)行政權與立法權是融合的關係　　　　　(B)國會議員可以兼任內閣閣員
　　　(C)總統可解散國會　　　　　　　　　　　(D)總統與國會議員各自由人民選出

第14題問總統制的特徵，可採刪去法。如果無法找出兩個最相
近的選項，那麼就找出兩個最相對的選項。直觀之下，選項(A)
(D)可說是最相對的選項，「總統與國會議員各自由人民選出」
就表示總統與國會議院各自有民意基礎，各自代表行政權與立法
權，權力如果融合了，又何必多此一舉各自由民意選出？故與
選項(A)「行政權與立法權是融合的關係」相對立。接下來，再
看看選項(B)(C)如果兩者較為接近選項(A)的話，那麼答案就是
(D)；反之，如果選項(B)(C)較為接近選項(D)的話，那麼答案就
是(A)。先看選項(B)「國會議員可以兼任內閣閣員」表示行政權
與立法權有融合的情形，較為貼近選項(A)。再看選項(C)「總統
可解散國會」乍看之下好像是行政與立法是相對立的概念，實則
不然，總統可以解散國會，代表國會與總統各自代表的民意並不
相抗衡，也就是說，如果行政權與立法權是相對立的話，彼此對
立的基礎是因為各自擁有民意基礎，而若是各自擁有民意基礎的
話，立法權不能罷免行政者，行政權也無法解散立法者，因此是
較為貼近選項(A)，故答案為(D)。

C 15 主要意見集中於左右兩極端的民意分布形態，稱之為：
    (A) J 型曲線   (B)鐘型曲線   (C) U 型曲線   (D) Z 型曲線

第15題問型態分布，關鍵字在「左右兩極端」，表示左右兩邊是最多的，答案很容易是U型曲線。

B 16 下列那一項不是「比例代表制」（proportional representation）選舉制度所可能產生的影響？
    (A)大黨重視國會內的意見分布   (B)小黨的聲音在國會中被忽視
    (C)國會內部容易呈現社會的多元偏好   (D)小黨積極爭取選民的支持

本題題目的關鍵字是「不是」與「比例代表制」，由於題目問的是否定意涵的選項，在考試中由於時間緊迫，腦袋中的邏輯轉換有時候沒辦法太快速運作，因此由題意而言，問「不是」「比例代表制」的影響，言下之意，首先要作的事就是採用刪去法先把「是」「比例代表制」即正面意涵的選項刪除。如果對於比例代表制沒有概念的話，只好從「比例代表制」的字面意義去猜臆，亦即「按照比例選出代表」，由此選項(A)「重視……意見分布」、選項(C)的「呈現社會多元偏好」以及選項(D)「小黨積極……」等的意涵就與「按照比例選出代表」所產生的影響較為相近，因此可予以刪除。再看剩下的選項(B)「小黨……被忽視」就較為站在比例代表制的對立面，因為依從上面的邏輯分析法來看，「比例代表」幾乎可以與「小黨（能生存）」劃上等號，可以說是站在天平的同一邊，而選項(B)的「……被忽視」卻是像一個打上大叉叉的負面的、否定的意涵，像是站在天平的另一邊，因此依照題意所要求的「比例代表制」的否定意涵以及以上分析，正確答案是選項(B)。

B 17 以下何種制度可以提升政治參與動機較低的公民參與？
  (A)提升競選熱度   (B)強制投票   (C)管制政治獻金   (D)一人一票、票票等值

第17題問如何提升公民參與，這題可使用刪去法，首先選項(D)強調平等，或可提升投票率，這個選項模稜兩可，暫且擱置，選項(C)管制政治獻金由於公民影響政治的管道減少，反而降低公民參與，可刪除這個選項，選項(A)提升競選熱度與公民參與是否相關不得而知，且看選項(B)強制投票，肯定提升投票率，且不論是否符合人權，題目也沒有提及考慮是否可行以及道德因素，因此比較起其他選項，選項(B)是較佳選項。

C 18 從事社會運動是政治參與的一種方式，而在二十世紀末出現了所謂的「新社會運動」。新社會運動與傳統社會運動在許多面向上都有所不同，請問下列那一項並非新社會運動的特徵？
  (A)參加者多半為年輕人及教育程度較高者   (B)較關心生活品質的問題
  (C)不具有意識型態   (D)具有後物質（postmaterial）的傾向

第18題新社會運動，假設不懂什麼是新社會運動，本題亦可使用刪去法。首先先找出兩個最相近的選項，直觀之下選項(B)和選項(D)較為相近，關鍵字在「生活品質」和「後物質」，所有社會科學中提到「後（post-）」的專有名詞，都有反對「後（post-）」後面那個名詞的意味，例如後物質有反物質的意味，後現代有反現代的意味，因此選項(B)「關心生活品質」有相對於物質，更強調精神品質的意味，與選項(D)較為相近。接下來，在選項(A)和(C)中選擇較為接近選項(B)和選項(D)者。選項(A)與選項(B)和選項(D)是否相近或相遠可能不得而知，但是選項(C)說不具有意識型態那絕對與選項(B)和選項(D)相遠，因為任何一種想法的堅持就是一種意識形態，因此答案為(C)。

19　在實施單一選區兩票制的國家中，政黨應獲席次率係由其在比例代表制中的得票率決定，扣除區域所獲席次後，再補足比例代表部分的席次。這是下列那一個國家國會議員之選舉方式？
(A)日本　　　　　　　(B)韓國　　　　　　　(C)德國　　　　　　　(D)中華民國

第19題比較困難，問的是選舉制度，依照題旨看來是單一選區兩票制中較強調政黨票的一種制度，也就是説較注重選票分配的比例性。本題使用刪去法，首先率先刪去中華民國，可憑常識及記憶猜想，台灣只有兩大政黨，稱不上多黨制，如果是採用題旨所述的選舉制度的話，不會是只有兩大黨的情形。接著，刪去韓國，原因是就念過的考用書中，應該從未看過以韓國政治為例的內容，因此該選項遂可刪去。剩下日本及德國，如果有隱約的殘存記憶的話，可能會想起台灣的選舉制度是模仿日本的，因此可以把日本刪去。德國是聯邦制，且自東西德合併以來，不同經濟制度與歷史背景的磨合，使得德國必須有個能夠讓各種利益代表能發聲的選舉制度，使分歧結構的社會能得到共識，而題旨的選舉制度能有效地使不同利益代表以較少的得票率取得席次，有利多元社會取得共識，因此答案為德國。

20　按照杜佛傑（M. Duverger）的看法，半總統制有三個重要的特徵，下列何者不包括在內？
(A)總統民選　　　　　　　　　　(B)總統有相當大的權力
(C)內閣向國會負責　　　　　　　(D)行政與立法部門分立與制衡

第20題問半總統制，這一題會的人會覺得很簡單，不會的人會覺得很困難。如果不會的話，這一題可使用邏輯法及倒推法。首先半總統制的概念是在內閣制與總統制之間取得平衡，同時有內閣制與總統制的優點，至於取什麼優點就是本題的意旨。經過分析選項，你會發現選項(A)(B)(D)都是總統制的特色，只有選項(C)內閣制的特色，率先把選項(C)刪除，因為既然是要有內閣制也要有總統制的特色，那麼至少一定要有一個是內閣的特色，那

就是選項(C)。接下來要在選項(A)(B)(D)中挑選，選項(A)總統民選，利用倒推法思考，如果沒了這個特色，那就代表總統由國會選出，那跟內閣制有什麼兩樣，因此選項(A)是總統制關鍵特色，是重要特徵，不符題旨（題旨要求不是者）故刪去。再看選項(B)總統有相當大的權力，利用倒推法思考，如果總統沒有權力的話，那不就是一個虛位元首？那麼由民選出一位虛位元首的意義何在？故選項(B)是重要特徵，也可刪去。剩下選項(D)即為答案。

21　1997年，英國工黨布萊爾（T. Blair）政府通過何種法案，賦予蘇格蘭與威爾斯 統治家園 （home-rule）的權力？
(A)邦聯（confederation）　　　　　　　　(B)聯邦（federation）
(C)權力下放（devolution）　　　　　　　(D)自治區（autonomias）

第21題問法案名稱，可用刪去法，關鍵字是「統治家園」，首先選項(A)(B)可率先刪去，因為這兩者是一種國家制度，是一種國家政治體制的重大改變，不太可能一朝一夕改變。接著，看到自治區也可刪去，這也是將更大的權力賦予當地人民的做法，可能需要人民投票決定，亦非一個法案能改變，選項(C)較為保守，是為答案。

22　根據奧蒙（Gabriel Almond）對政治團體的分類，樂師公會與律師公會可視為那一類型的利益團體？
(A)組織性的利益團體　　　　　　　　　　(B)制度性的利益團體
(C)臨時性的利益團體　　　　　　　　　　(D)非組織性的利益團體

第22題問團體組織，可用刪去法。首先看到選項(C)(D)可率先刪去，因為公會不可能是臨時性或非組織性的，再看到選項(B)制度性通常指涉與政府機關有關，與題旨不符，故選項(A)為答案。

D 24 從「權力」角度來從事政治學研究，最大的限制是：
(A)權力使人及政府腐化 　　　　　　(B)權力並不存在公民生活之中
(C)只有法律中才看得到權力 　　　　(D)權力這個概念不易被清楚界定

第24題問權力的概念，關鍵字在「研究」及「限制」，所謂限制
就是指缺點的意思，本題的意旨是指用權力這個概念來研究政治
學的缺點，最貼近此概念的是選項(D)。

A 23 目前有各種不同形式的國家理論，而美國著名的政治哲學家諾茲克（R. Nozick），他的國家理論屬於下列那一種形式？
(A)小而美式國家 　　　　(B)發展式國家 　　　　(C)社會民主式國家 　　　　(D)集體式國家

B 25 主張抗拒不公道法律，並且著有「論公民不服從」一書的思想家是：
(A)杜威（John Dewey） 　　　　　　(B)梭羅（Henry David Thoreau）
(C)傅柯（Michel Foucault） 　　　　(D)沙特（Jean-Paul Sartre）

第23題及第25題考作者作品與觀念，也是一刀斃命的考題，會的
會覺得很簡單，不會的只能猜。
第23題如果要猜的話就僅有的線索，看到關鍵字「美國」是個較
講究個人主義自由人權的國家，這樣的環境之下大概也會產生出
講求小政府的思想家吧，也就是政府管越少越好，不要侵犯到人
權及自由，亦即答案選擇(A)。
第25題更難猜了，線索更少了。應該有個觀念，當代政治學的
起源在英美，甚至可以說是美國，因此如果說有什麼重要觀念的
話，通常都是用英文或英美人發起，這題可以用這樣的思維來思
考。因此，選項(C)(D)兩個法國人可以先刪除，留下選項(A)(B)
兩位美國人，要猜答案的話至少提高了答對的機率有50%，如果
有印象的話，杜威是教育家，跟題旨的關係較遠，答案為選項
(B)。

　　以上展示做選擇題的猜答思維方式，目的並非鼓勵不需要念書就可以僥倖答對題目，而是向你說明如果運用這樣的思維方式如關鍵字法、邏輯法、倒推法以及刪去法做題，再加上你原有的豐富的背景知識，選擇題是非常好拿分數的，且應該是成為你的拿手項目，不應失分，也很難失分。平時唸書是基本功，答題技巧是技術，幫助你在考場用最短的時間正確地答題，以便有更多的餘裕時間來寫申論題。

網路免費下載資源

1. 文書處理手冊：http://www.ey.gov.tw/news.aspx?n=950a35056632339b（行政院官網首頁＞資訊與服務＞行政事務＞文書處理手冊）
2. 公文寫作及技巧（行政院綜合業務處翁參議玉麟103.5.15）：http://boe.tn.edu.tw/boe/wSite/public/Attachment/f1405058103475.pdf
3. 空白試卷範例：http://wwwc.moex.gov.tw/main/content/wfrmContentLink3.aspx?menu_id=246（考選部官網首頁＞應考人專區＞試卷、試卡作答注意事項及範例）
4. 歷年考畢試題查詢（含測驗題答案）：http://wwwc.moex.gov.tw/main/exam/wFrmExamQandASearch.aspx?menu_id=156&sub_menu_id=156（考選部官網首頁＞應考人專區＞歷年考畢試題查詢（含測驗題答案）
5. 國立臺灣大學考古題：http://exam.lib.ntu.edu.tw/
6. 國立政治大學考古題：http://vms.lib.nccu.edu.tw/past_exam/
7. 國立臺北大學考古題：http://lms.ntpu.edu.tw/site/testservice
8. 臺灣大學開放式課程：http://ocw.aca.ntu.edu.tw/ntu-ocw
9. 財團法人台灣開放式課程聯盟：http://www.tocwc.org.tw/
10. 自由時報中英對照讀新聞：http://iservice.ltn.com.tw/Service/english/
11. 聯合電子報讀紐時學英文：http://paper.udn.com/papers.php?pname=POH0067

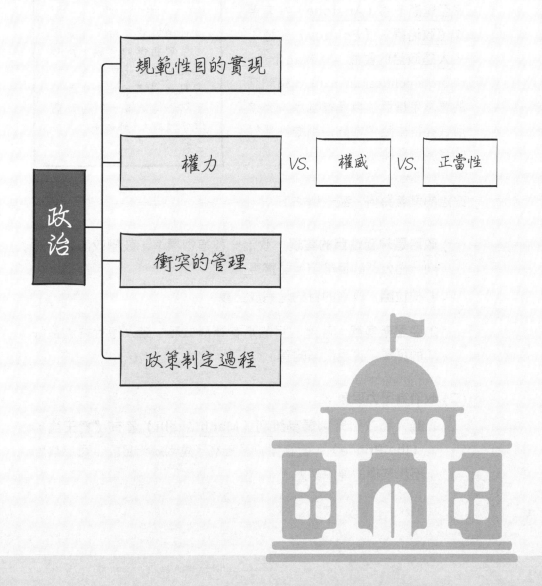

第一章 │ 政治學概論

01 政治之概念

1-1 何謂政治

98普、99地四、99普、102地四、104普、104地四、106地四

「政治」（politic）字源來自希臘文「城邦」（polis）。希臘哲學家**亞里斯多德（Aristotle）**在其著作**《政治學》（Politics）**寫道：**「人是政治的動物」**（Man is by nature a political animal）。這句話的意思是指亞里斯多德認為人必須活在社群生活中才能得到德性最好的發展與發揮。

> 💡 **人是天生的政治動物**
>
> *Man is by nature a political animal*
>
> 這句話與亞里斯多德是常常緊密相連的考點，務必熟記。有關亞里斯多德的考點這是其一，其二是亞里斯多德是第一個將政體做分類的人，詳如第一章第二節。

政治的意義為何？茲分述如下：

(一) 政治是規範性目的實現：政治一種道德標準，鼓勵政治社群朝向一個公益的目標前進並實現。

　　1.柏拉圖：政治的目的是完成正義。

　　2.亞里斯多德：政治的目的是在社群生活中讓人德行得到最好的發揮，實現最高的善。

(二) 政治為權力現象：

　　1.義大利政治學家**馬基維利（Machiavelli）**著有**《君王論》（the Prince）**，旨在闡述君王為了達到統治目的，可以無所不用其極的運用權力。

2. 美國政治學者**拉斯威爾（Harold D. Lasswell）**在其著作《政治：誰得到什麼、何時得到、如何得到》（Politics：Who Gets What, When, How）指出，政治的研究就是勢力和擁有勢力者的研究，政治關心的重點在於，誰取得甚麼？何時取得？如何取得？（Who gets what？ when and how？）換言之，「**政治是權力的形成與互動**」。

3. 受反駁之處：

   (1) 權力未必都是政治，例如在家庭裡父母親對小孩亦有一定程度的權力，即家長權。

   (2) 權力概念不易明確定義。

(三) 政治是衝突的管理：政治是人類管理衝突的過程。

(四) 政治是政府制定政策的過程：美國政治學學者**大衛伊斯頓（David Easton）**認為，政治是「**政府為權威性價值分配的過程**」（politics is authoritative allocation of value）。

政治小學堂

大衛伊斯頓的這個政治定義非常重要，可以說是政治學裡頭對於「政治」一詞最經典的定義，請務必熟記。「權威性價值分配的過程」這一句話裡有三個重點，第一、權威性。第二、價值。第三、分配。權威性表示是政府來決定，而不是民間團體。價值表示被決定的東西不只是物品，更多的是無形的利益，而這些利益本身沒有是非對錯，只有價值的優先順序。分配表示有大有小，有多有少，有人得到的多，有人得到的少。

1-2 權力、權威、正當性

104普、106地四、
108普、109普

(一) 權力（power）

權力是指一方能**迫使**另一方從事其所不願做的事的能力。如同「威之以**力**、誘之以**利**、劫之以**勢**、齊之以**刑**」所言。所強調的是一種**強制力（coercion）**，對受權力影響者有一種非自願力，不論權力行使的樣態是棒子（力、刑），還是胡蘿蔔（利、勢）等。

政治小學堂

政治權力的來源可分為五種，茲分述如下表：

來源說	理論內容
生物的說法	亞里斯多德最提出，「人是天生的政治動物」。認為人天性是群居的，在生物學本能上相互依存而自然產生領導者。
心理的說法	由長期過程中了解到「服從是必須的」的假設，大多數人都是順從主義者。
文化的說法	人的文化是**學習**而來，以學習好的來抵禦壞的。
理性說法	人們多半能具有自我偏好的排列。統治者相信人民是理性的，但也可能導致統治者暴政的瓦解。
非理性說法	政治是人們的衝突所建立，利用人性的恐懼來掩蓋理性。

(二) 權威（authority）：權威的能力範圍大於權力，權力帶有強迫使人屈從的意謂，而權威則是使人有做或不做的義務。

德國學者**韋伯（Max Weber）將權威分成三種類型**：

1. 傳統型（traditional）權威

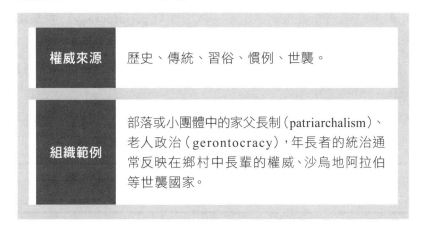

權威來源	歷史、傳統、習俗、慣例、世襲。
組織範例	部落或小團體中的家父長制（patriarchalism）、老人政治（gerontocracy），年長者的統治通常反映在鄉村中長輩的權威、沙烏地阿拉伯等世襲國家。

2. 領袖魅力型（charismatic）權威

(1) **權威來源**：個人魅力，又稱克里斯瑪。

(2) **範例**：如拿破崙、希特勒、卡斯楚等。

3. 合法理性型（legal-rational）權威

(1) **權威來源**：憲法、法律、規則、章程、規定等。

(2) **範例**：大部分現代國家典型的權威運作方式。例如總統的權威是來自於選舉而來，而選舉此一制度是憲法所規定的；而總經理的權威是來自於公司章程規定。

權威類型	正當性來源	例子
傳統型權威	傳統、習俗、世襲、歷史等	在部落或小團體中的家父長制（patriarchalism），由父親支配的家庭、老人政治（gerintocracy）、世襲國家。
領袖魅力型權威	個人魅力	拿破崙、希特勒、卡斯楚等
合法理性型權威	憲法、法律、規則、章程、規定等。	選舉產生的**總統、總理、立法委員、民意代表**等。

權威與權力的比較

項目	權威（authority）	權力（power）
定義	使人有做或不做的義務。	一方能**迫使**另一方從事其所不願做的事的能力。
相同處	都能使人做或不做一定的行為	
相異處	能力**範圍較大**	能力範圍較小
	服從者是**發自內心**的認同與服從，並認為有服從的義務。	服從者是**非自願、被強制力迫使**的。

(三) 正當性（legitimacy）：

1. 正當性是指一種**合理**（rightness）的性質讓服從者**發自內心**願意服從統治者，且認為服從統治者是應該的。

2. 正當性與權力不同之處在於，正當性是發自內心的願意服從，而權力則是被迫、非自願性的作為或不作為。

3. 正當性對一個政權的統治與維繫相當重要，有效統治的最根本基礎就是正當性。只要人民認為領導者是值得服從的，就不會有反叛之心，領導者就能有效統治。而當人民認為政權失去正當性，就有了反叛之心，此時領導者可以用武力鎮壓以維繫其政權正當性，但此時領導者就連武力動員的正當性也應該審慎思慮，否則動輒得咎。

申論題精選

韋伯（Max Weber）在論述人類群體中的權威（authority）是如何產生時，曾提出所謂正當性（legitimacy）的概念，並提出三種正當性的類型，請說明之。　　　　　　　【104普】

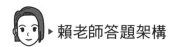▶ 賴老師答題架構

(一) 權威之定義與內涵

(二) 韋伯的正當性概念 ┬ 1. 傳統型正當性
　　　　　　　　　　　├ 2. 魅力型正當性
　　　　　　　　　　　└ 3. 理性合法正當性

選擇題

( )　**1** 下列何者**不屬於**吾人對「**政治**」的界定？
　　　(A)有關政府的藝術　　　(B)公共事務
　　　(C)妥協與共識　　　　　(D)追求利潤。　　　　　【104地四】

( )　**2** 「威之以**力**、誘之以**利**、劫之以**勢**、齊之以
　　　刑」。這是政治上的什麼作用？
　　　(A)合法性　　　　　　　(B)主權
　　　(C)權威　　　　　　　　(D)權力。　　　　　　　　　【普】

( )　**3** 在**現代民主社會**中，人們一般都相信政府領導
　　　人的**權力來源**為：
　　　(A)繼承　　　　　　　　(B)遴選
　　　(C)任命　　　　　　　　(D)選舉。　　　　　　【102地四】

( )　**4** 影響人們從事**非自願**行為的能力，稱之為：
　　　(A)權力　　　　　　　　(B)競爭力
　　　(C)說服力　　　　　　　(D)動員力。　　　　　　　【地四】

( )　**5** 下列何者**不是韋伯**（Max Weber）所區分的三種
　　　類型的權威？
　　　(A)傳統型　　　　　　　(B)現代型
　　　(C)領袖魅力型　　　　　(D)理性－合法型。　　　　　【普】

( )　**6** 民眾**覺得**政府之統治是**正確的且應該服從**，是
因為政府具有：
(A)主權（sovereignty）
(B)權力（power）
(C)權威（authority）
(D)正當性（legitimacy）。　　　　　　　【106地四】

( )　**7** 歷史上許多非凡的人物，其權力的正當性來自
追隨者難以理性解釋的**崇拜心理**，他們相信這
些領導人具有**天賦異稟**，其欲達成的目標必然
成功。這類領導稱為：
(A)傳統型（traditional）領導
(B)現代型（modern）領導
(C)理性／法律型（rational-legal）領導
(D)克里斯瑪（charismatic）領導。　　　　【104普】

( )　**8** 如果權威（authority）的定義是「具有**影響**他人
的能力而且具有行使這種**能力**的資格」，那麼
權威是下列那二種概念的集合？
(A)權利（rights）與正當性（legitimacy）
(B)權利（rights）與強制力（coercion）
(C)權力（power）與正當性（legitimacy）
(D)權力（power）與強制力（coercion）。　【106地四】

( )　**9** **有效**統治的最根本基礎是什麼？
(A)正當性　　　　　　(B)意識型態
(C)國會　　　　　　　(D)武力。　　　　　　【普】

解答與解析

1 (D)

政治的界定包括規範性的實現、權力的過程、政策制定的過程、以及衝突管理等。(D)是企業組織的目標。

2 (D)

權力係指在人類社會中,某種不對等關係中較強一方使較弱一方依從己意的能力。權力與權威的差別在於,權力具有強制力,而權威係義務性的服從。

3 (D)

現代民主社會中,領導人的權威來源來自選舉,即屬於韋伯所說的三種權威來源的第三種,理性合法權威。

4 (A)

權力係指在人類社會中,某種不對等關係中較強一方使較弱一方依從己意的能力。本題關鍵字在於非自願行為,因權力帶有強制性質。

5 (B)

韋伯(Max Weber)區分的三種類型的權威:

(1) 傳統型(traditional)權威是以歷史的傳統為其基礎。

(2) 領袖魅力型(charismatic)權威是源自於對某種類型性格的崇拜。

(3) 合法理性型(legal-rational)權威則是奠基在一系列非個人取向的法規。

6 (D)

民眾之所以在心理層面願意服從政府,係因為「覺得政府之統治是正確的且應該服從」,此即為正當性的定義。權力的定義關鍵字在具有「強制力」或「不情願」、「非自願」。

7 (D)

克里斯瑪(charismatic)領導或稱魅力型領導的關鍵字在於個人崇拜、天賦異稟,是以,依據題選項(D)為正解。

8 (C)

權威（authority）是權力（power）與正當性（legitimacy）兩個概念的集合，「具有影響他人的能力而且具有行使這種能力的資格」。

9 (A)

正當性對一個政權的統治與維繫相當重要，有效統治的最根本基礎就是正當性。只要人民認為領導者是值得服從的，就不會有反叛之心，領導者就能有效統治。而當人民認為政權失去正當性，就有了反叛之心，此時領導者可以用武力鎮壓以維繫其政權正當性，但此時領導者就連武力動員的正當性也應該審慎思慮，否則動輒得咎。

政治學發展與研究取向

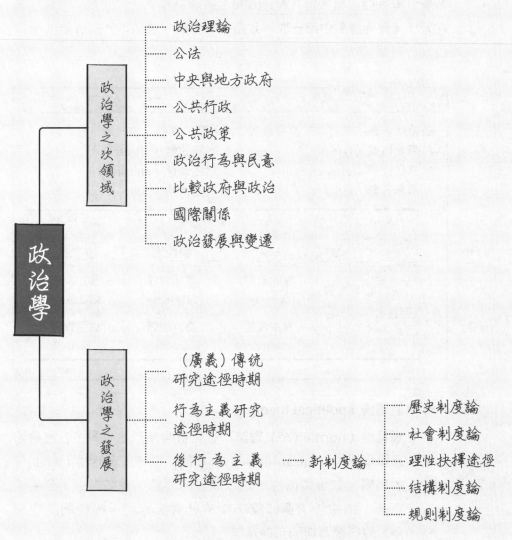

政治學

政治學之次領域
- 政治理論
- 公法
- 中央與地方政府
- 公共行政
- 公共政策
- 政治行為與民意
- 比較政府與政治
- 國際關係
- 政治發展與變遷

政治學之發展
- （廣義）傳統研究途徑時期
- 行為主義研究途徑時期
- 後行為主義研究途徑時期

新制度論
- 歷史制度論
- 社會制度論
- 理性抉擇途徑
- 結構制度論
- 規則制度論

2-1 政治學與其次領域 | 99地四、102地四、105地四、107地四、110普

希臘哲學家**亞里斯多德（Aristotle）**被認為是第一位政治科學家，其在著作**《政治論》**中**第一次**將**政體**進行**分類**，是最早針對政治此一議題進行科學研究的學者。

政治小學堂

亞里斯多德以統治者以及受益者作為分類的標準，將政體分為六類：
1. 暴君政體（tyranny）　　　　2.寡頭政體（oligarchy）
3. 暴民政體（democracy）　　　4.君主政體（monarchy）
5. 貴族政體（aristocracy）　　　6.民主政體（polity）

<table>
<tr><td colspan="2" rowspan="2"></td><th colspan="3">統治者</th></tr>
<tr><th>一人</th><th>少數人</th><th>多數人</th></tr>
<tr><td rowspan="2">受益者</td><td>統治者</td><td>暴君政體（tyranny）</td><td>寡頭政體（oligarchy）</td><td>暴民政體（democracy）</td></tr>
<tr><td>所有人</td><td>君主政體（monarchy）</td><td>貴族政體（aristocracy）</td><td>民主政體（polity）</td></tr>
</table>

(一) 政治理論（political theory）

1. **規範性（normative）理論**：通常被視為政治哲學，包含政治意識型態（political ideology）理論、道德或應然性（ought）的問題，討論價值性、難以驗證的問題，譬如自由、公平、正義、道德等。例如霍布斯的社會契約説、柏拉圖的理想國、約翰羅爾斯的正義論等。

2. **經驗性（empirical）理論**：常被視為政治科學，強調理論建構，需要運用科學方法，客觀地、重複地驗證。例如理性抉擇理論、選舉研究、民意調查研究等。

(二) **公法（public law）**：最主要的部分是憲法研究，包括憲法的內涵、演進變遷、解釋，以及其對政治體系的影響。

(三) **中央與地方政府**：最主要是政治制度的研究，其探討焦點有二：

1. **中央決策體系的類型**：包括內閣制、總統制、半總統制、重要機關的組織、職權及彼此間的互動關係。

2. **地方政府的組織及其與中央政府的互動關係和權限劃分問題。**

(四) **公共行政（public administration）**：探討有關公共管理、人事行政、預算與財政、領導行為、行政效率與效能、官僚的決策行為、行政法，以及行政倫理等問題。

(五) **公共政策（public policy）**：探討政府如何制訂政策，焦點包括政策的規劃、政策的制定、政策的執行、政策的評估。

(六) **政治行為與民意（political behavior and public opinion）**：探討影響政府行到決策的個人與團體的行為與意見，如個人、壓力團體、政黨、社會運動的活動，以及對個人或團體政治價值等問題，包括如選舉研究、政治文化、政治社會化等。

(七) **比較政府與政治（comparative government and politics）**：就不同社會、區域、國家加以比較其政府體制與政治現象的異同時，即是。

(八) 國際關係（international relations）：主要在分析國際社會的互動關係，包括國際法、國際組織、區域聯盟、戰爭、國際衝突的解決、外交政策的制定與執行等問題。

(九) 政治發展與變遷（political development and change）：主要探討政治的現代化、制度化、民主化、全球化以及發展與變遷的動態過程等問題。

2-2 政治學之發展

美國政治學學者大衛伊斯頓（David Easton）將20世紀以來西方政治學的發展分為四個階段：

19世紀末葉至1920年代	正式的（法制的）階段 （the formal/legal stage）
1920～1940年代	傳統的階段 （tranditional stage）
1945～1960年代	行為階段 （the behavioral stage）
1970～迄今	後行為階段 （the post-behavioralism stage）

政治小學堂

1. **典範（paradigm）**

   典範（paradigm）係湯瑪斯・孔恩（Thomas Kuhn）於1962年所著《科學革命的結構（The Structure of Scientific Revolutions）》一書中所提出。典範係指能夠代表某一科學社群成員<u>共有的信仰、價值、技術</u>所構成整體，能夠提供問題解答或作為常態科學研究中的基礎者。

2. **典範轉移（paradigm shift）**

   典範轉移（paradigm shift）是指當科學中的<u>異例增多</u>到典範無法全面涵蓋解釋時，典範便產生危機，<u>新典範取代舊典範</u>的過程即科學革命所造成的典範轉移，並由新的典範更適切的解決問題。

2-3 廣義的傳統政治學時期（19世紀末葉～1940年代）

97普、100地四、101地四、103地四

(一) 緣起：19世紀末，民族國家形成，民族國家之結構、統治型態乃至政策活動較早期封建國家有明顯相異，新時代現象該如何理解成為此一時期學者面對的考驗。

(二) 代表人物：

1. **布丹（Jean Bodin）**：<u>主權是國家絕對而永久的權力</u>。

2. **馬基維利（Niccolo Machiavelli）**：著有<u>《君主論》</u>，提倡統治者應該採取一切可能手段以達到自身的目的，而不受任何道德束縛。

(三) 研究議題：

1. 以國家為討論與分析的主軸，描述政府組織、分析統治作用，乃至探討權利義務關係，大多牽涉到制度規定或其他正式規範。

2. 此時期政治學與法學、史學與哲學密切相關。

3. 研究方法：描述、論述，分析比較、邏輯推理，意義詮釋。

(四) 研究途徑： 規範（哲學）研究途徑、歷史研究途徑、法制研究途徑、制度研究途徑、分析研究途徑、比較制度研究途徑。

(五) 優點與缺點

此時期之優點主要有四：

- 描繪出現代國家的制度型態，並對國家的政治運行發揮一定的說明與指導作用。

- 比較與整理國體、政體、制度建構。

- 反映出西方文明的基本內涵有文化傳承之作用。

- 對非西方國家政治發展有指導作用。

此時期之限制（缺點）在於：

- 國家正式結構以外的政治單元，例如政黨或利益團體，較不受到注意。

- 個人行為或政治行為較少。

- 多取自於西方國家的政治經驗，非西方國家之社會是否能受益存疑。

- 對政治價值的討論流於主觀或空泛。

2-4 政治學行為主義時期（1945～1960年代）

98普、99普、100普、103普、104地四、106普、106地四、107普、109身三

行為主義來自二戰後流行於美國的「行為科學」（behavioral science），其認同自然科學的**科學觀**，以**行為**作為研究重點，以**個人**為活動單位，行為科學受**生物學**、**心理學**、經濟學等學科影響密切。

(一) 緣起

1. 國際政治局勢轉變：第一次世界大戰、俄國革命、1930年代經濟大恐慌到第二次世界大戰爆發等，使既有的政治理論受到挑戰，人們思考民主政治如何帶來世界和平。

2. 政治學科自然的演進：由於傳統政治學過度仰賴歷史的敘述與主觀規範性的分析，本身已顯現出缺陷。

3. 傳統研究方法所提出的解釋缺乏可信度，難以應付大量工業化所產生的社會問題，也無法解決、了解政治制度與政治過程所產生的許多困難問題。

4. 自然科學影響：與其他科學如心理學與經濟學採用嚴謹的方法來搜集資料與分析資料，導致知識論上的成就，對政治學產生深遠的影響。

(二) 科學化運動之轉變

1	**學者注意的對象**	從西方擴及到**非西方**,從侷限特定國家與文化到極力擺脫文化種族或是其他寄存成見的限制。
2	**研究者觀察的層次**	從法律制度轉移到**行為或實存現象**,從關注體制規範到極力掌握各種影響界定**人類行為**的其他因素。
3	**研究者鑽研的議題**	從靜態的描述說明,到**動態的比較分析**,乃至發展變遷軌跡的尋求。
4	**學者使用的方法**	從法律規範與政府制度的詮釋,到實際觀察**統計**,甚至更為精確的資料蒐集與處理途徑。
5	**決策者之目的**	政治決策者不再滿意於政治學家過去的概括分析,鼓勵針對社會問題進行研究分析並提出對策。

(三) 科學化運動的主張

1. **就知識的性質而言**:行為主義認為科學知識是**經驗性**的知識。政治學應將倫理評價從經驗性的議題清楚分開,俾使政治學經驗性的研究得以有效進行。

2. **就研究的目的而言**：行為主義者認為科學知識中經驗性研究之主要目的在於「純粹政治知識」的取得，也就是發現政治行為的**規則性（regularities）**，找到政治活動放諸四海而皆準的不變定則（uniformities）。

3. **就理論與研究的關係而言**：行為主義者認為，理論研究是知識追求過程中兩個不可分割的部分。理論指導議題的選擇與研究的進行，而研究印證理論是否正確。

4. **就研究的方法而言**：研究方法應該強調三者：

☑ 量化　　☑ 技術　　☑ 驗證

(四) 行為主義的特徵

1. **一致性且可驗證。**

2. **量化方法**：包括問卷、訪問、抽樣、統計學分析法，如因素分析、回歸分析及理性模型等。

3. **價值中立**：研究者在研究中應完全摒除且不摻雜自己的價值觀念或是非判斷。

4. **客觀經驗理論的建立**：建立理論的目的在於幫助人們**了解、解釋甚至預測**現實與未來。

(五) 代表性理論－政治系統論

1953年美國政治學者**大衛伊斯頓（David Easton）**出版著作《**政治系統》（The Political System）**，批評當時政治學界，缺乏一般性理論，認為當時（傳統時期）的政治學所謂的實徵研究主要只是搜集事實、堆積事實而已，是一種「**粗礪的實證主義（raw empiricism）**」並不能使政治學接近科學化的目標。

(六) 研究途徑及議題

政治上個人人格、認知、態度和行為，如投票行為、立法行為、領導行為、決策行為等。

2-5　政治系統論

97地四、98普、101地四、106普

美國政治學者大衛‧伊斯頓（David Easton）提出「政治系統」（The Political System）作為一個能了解、解釋甚至預測政治行為的一般性理論，其內涵分述如下：

所謂政治系統是將「社會價值權威性配置」看成一個互動體系，亦即是指經由互動而使政治事務因而得以處理的整體表現。

(一) 政治系統論之基本假設：

1. 政治生活為一組**互動行為**的觀念，被其他社會系統所包圍，而以邊界區分，但經常暴露於環境的影響之下。

2. 政治系統是一**開放系統**：受到外環境的影響，需處理因而產生之問題，若要持久存在，須適當反饋並採取措施調整其政治行為。

(二) 政治系統之基本概念

政治系統之概念包含**環境**（environment）、**政治系統**（political system）、**輸入項**（input）、**輸出項**（output）以及**反饋**（feedback）。

1. **環境（environment）**：所有具有政治性質的事務都是政治系統的構成成份；而不具政治性質的歸於環境。

2. **輸入項**：

   (1) **需求**：例如**利益團體、政黨、大眾媒體**把分散的需求集結以明確的方式表達給權威者。

   (2) **支持**：分為三種層次：對**權威者的支持、對典章（the regime or constitutional order）與對政治社會（political community）**的支持。系統的持續存在依賴「對這三種事物最低限度的情感之保持」，當支持的輸入項降低至限度以下時，任何系統的持續生存都會受到危害。

   支持又分為**分散的支持**（diffuse support）以及**特殊的支持**（specific support）：

1　分散的支持
成員基於社會化、愛國心、對憲法與領導者的無條件的信熱與忠貞所建立的。伊斯頓指出任何政治系統若缺少此種支持恐不易維持生存。

2　特殊的支持
成員基於獲得某種固定的報酬或利益所產生的支持行為。

3.**輸出項**：為系統對現存及預期的需求之反應，權威者為滿足需求可採三種方式：

☑ **例行的轉換**　　☑ **改變環境**　　☑ **修改政治系統**

4.**反饋**：把關於系統情況與環境的資訊輸送回至權威者。權威者必須藉此獲得資訊來進一步反應、調適、改變或修正以前的決策。

5.**轉換與均衡**：

(1) **轉換（conversion）**：當某些事物具有重要性需要經政治作用加以解決時，就可能會從環境（environments）穿過疆界（boundary），進入政治系統，而政治系統本身的運作像黑盒子一般未知，所知道的是其轉換後達到社會價值權威分配的結果，具體成為「輸出」面的政策或作為。

(2) **均衡（equilibrium）**：系統與環境之間應該維持必要的均衡，若之間存在緊張（stress）關係超過限度，即有「系統崩潰」（system breakdown）的可能。

大衛伊斯頓政治系統論

(三) 與結構功能論之淵源【97地三】

結構功能論（structural－functionalism）是政治系統論重要的理論淵源，此理論緣起於人類學，二次大戰前後曾是領導西方社會學發展的主要思想。

1. **起源**：起源於**生物學**。對於政治學家影響最大的結構功能論者為**美國社會學家帕森斯（Talcott Parsons）**。

2. **基本假設**：凡系統皆有其結構，凡結構必有其功能，功能對系統的維持與穩定具有作用。

3. **特徵**：

   (1) **功能互依性**：系統的各成分相互間的關係與他們與整個系統的關係具有互賴性。

   (2) **均衡（equilibrium）**：任何變項，就其與其他變項的相對地位及關係而言，保持不變。

   (3) **結構**：指一個社會及其次級單位的種種安排（arrangements）、建制（institution）。不僅包括正規的建制，還要注意其他非正規的結構。

   (4) **功能**：指一項活動的後果（consequences），可分為幾種類型：

   A. 顯性功能與**隱性功能**：前者係指行為者蓄意達到者，後者係指行為者非蓄意達到者。例如，美國社會學者莫頓（Robert Merton）曾對美國政黨的地方首腦及其控制的政治機器之隱性功能做分析，政黨地方首腦雖帶給社會不好觀感，但莫頓發現它為社會帶來功能，

即為貧苦的移民提供救助，使其易於適應新的環境，
有助於社會的安定與和諧。

B. 正功能與反功能：前者係指對系統的維持與穩定有正面
貢獻者；後者係指對系統的維持與穩定有反面貢獻者。

C. 社會系統模式中，四種必須的功能：

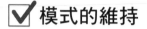 模式的維持　　　　☑ 目標的達成

 調適　　　　　　　☑ 整合

2-6 政治學後行為主義時期　97普、97地四、100 普、102地四

美國政治學家**大衛伊斯頓**於1969年**提出「後行為主義運動」**
（post－behavioralism），代表對**行為主義的不滿**，但是並沒有放
棄採用**科學方法**研究政治學。

(一) 緣起

1. **科學化運動**有時會使政治學部分的研究趨於**瑣細與技術化**，
與群體生活越來越遙遠。

2. 人類行為太多且複雜，且人具有自由意志，難以測定，使得
以建立通則化理論的目標，難以實現。

3. 1970年代前後西方社會動盪，例如反戰運動、黑人運動與婦
女民權運動，強調價值中立的科學化運動對這些價值問題無
動於衷，無助於問題解決。

(二) 後行為主義的核心特徵

1. **主張研究實質內涵與研究技術並重**：後行為主義**接受**行為主義追求**科學**的精確性，但認為行為研究途徑在力求科學化的同時，已與社會需要脫節，研究成果過於瑣碎。因此後行為主義認為重點應該在於能**對實務政策走向提出建言**，而非注重政治表象。

2. **科學不能達成價值中立**：人類受到社會結構與自身價值觀的影響，對事物有其主觀評斷，要在研究中完全摒除研究者的價值觀或判斷是不可能的，換言之行為主義所標榜的價值中立是不可行的。後行為主義認為，知識份子**對於公共議題不能置身事外，不應規避社會改革的問題**。

(三) 研究途徑及主題

1. **政策分析**：強調知識的應用，探討政策的形成、執行，也提出不同的政策方案，以協助解決當前社會所面臨的急迫問題。

2. **政治經濟學**：研究政治因素與經濟因素的互動關係，主要政治經濟學理論有五：自由經濟學派、現代化理論、馬克思理論、發展國家理論、統合主義。

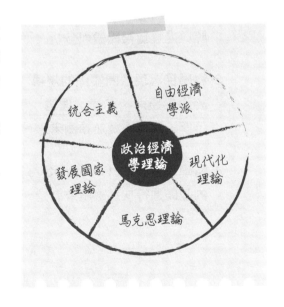

3. **理性抉擇理論**：受到經濟學概念與理論的影響而發展，包括賽局理論（game theory）、形式理論（formal theory）、公共選擇理論（public choice theory），強調人類行為理性，假定行為者的行為有其目的，且經過算計的，行為的成本效益可以量化。運用在選舉制度、決策行為、投票行為、政黨聯盟、談判等。

2-7 政治學是否為科學？ 　103地四

(一) 科學的特徵

1. **經驗性（empirical）**：研究的對象是可以**觀察**或可以**測量**的現象。

2. **方法是可驗證的（testable）**：不同人可根據相同的研究步驟與過程**重複驗證**與分析，而**得到相同的結果與結論**。

3. **科學探尋現象間關係的規律（regularities）**：科學的目的於建立通則、定律、**理論**，而這些理論的目的在於讓人類了解、解釋現實並預測未來。

4. **科學是累積的（cumulative）**：任何人都可基於現有理論的基礎進行推翻檢證或者進一步推展。

(二) 政治科學的批評

　　1. **政治學不是一種真正的科學**：

有些政治 **概念模糊、多種含義**	理論要有非常強的 **解釋力與預測力**
▼	▼
科學講求清楚明確的概念，例如閃電，而政治學例如正義、民主等定義多重。	政治科學很難找到一致同意的連貫性概念、理論和解釋規則。

　　2. **政治科學的研究主題很難獲得通則**：人類行為太複雜，太難預測，因此要得到有系統的通則太困難。

　　3. **政治科學不可能是客觀（objective）的**：政治研究者在選定研究題目，界定、測量與分析變數方式時，在受到研究者的社會實體（即文化、觀念、生活經驗等）的影響。因此，得出的結論會有隱含價值的存在，所謂價值中立是種迷思。

　　4. **科學方法本身無助於解答重大的規範性政治問題。**

2-8 傳統時期、行為主義時期、後行為主義時期之比較

97地四、98普、101地四、106普

階段名稱	傳統時期	行為主義時期	後行為主義時期
時期	19世紀末葉～1940年代	1945～1960年代	1970迄今
緣起	19世紀末，民族國家形成，民族國家之結構、統治型態乃至政策活動較早期封建國家有明顯相異，新時代現象該如何理解成為此一時期學者面對的考驗。	1. 國際政治局勢轉變。 2. 政治學科自然的演進。 3. 傳統研究方法所提出的解釋缺乏可信度，難以應付社會產生的許多困難問題。 4. 自然科學影響。	美國政治學家**大衛伊斯頓於1969年提出「後行為主義運動」（post-behavioralism）**，代表對**行為主義的不滿**，但是並沒有放棄採用**科學方法**研究政治學
主要內涵	1. 以國家為討論與分析的主軸，大多牽涉到制度規定或其他正式規範。 2. 此時期政治學與法學、史學與哲學密切相關。	1. 一致性且可驗證。 2. 量化方法：包括問卷、訪問、抽樣、統計學分析法等。	1. 主張研究實質內涵與研究技術並重。 2. 科學不能達成價值中立。後行為主義認為，知識份子對於公共議題不能置身事外，不應規避社會改革的問題。

階段名稱	傳統時期	行為主義時期	後行為主義時期
主要內涵	3. 研究方法：描述、論述，分析比較、邏輯推理，意義詮釋。	3. 價值中立：研究者不摻雜自己的價值觀念或是非判斷。 4. 客觀經驗理論的建立。	
代表理論	1. 布丹（Jean Bodin）：主權是國家絕對而永久的權力。 2. 馬基維利（Niccolo Machiavelli）：著有《君主論》提倡統治者應該採取一切可能手段以達到自身的目的，而不受任何道德束縛。	大衛伊斯頓：政治系統論	新制度論：簡言之是在研究「制度」，只是相較於（舊）制度（傳統時期），新制度論用不一樣的研究方法與研究途徑。而所謂的制度不外乎政府、法律、規章等。
研究途徑及主題	規範（哲學）研究途徑、傳統研究途徑、分析研究途徑；國家、政府、憲法、公法、制度	行為研究途徑；政治上個人人格、認知、態度和行為，如投票行為、立法行為、領導行為、決策行為等。	後行為研究途徑；政策分析、政治經濟學、理性抉擇、選舉制度、決策行為、投票行為、政黨聯盟、談判等方面。

階段名稱	傳統時期	行為主義時期	後行為主義時期
研究限制	1. 國家正式結構以外的政治單元，例如政黨或利益團體，較不受到注意。 2. 個人行為或政治行為較少。 3. 非西方國家之社會是否能受益存疑。 4. 對政治價值的討論流於主觀或空泛。	1. 科學化運動使得與群體生活越來越遙遠。 2. 人類行為多且複雜，難以建立通則化理論的目標。 3. 1970年代前後西方社會動盪，強調價值中立，無助於問題解決。	─

政治小學堂

行為主義與後行為主義之異同

行為主義與後行為主義在運用科學方法進行研究上是一致的。兩者所不同之處在於後行為主義並不像行為主義這麼絕對性地強調科學、價值中立、客觀，可以說後行為主義比行為主義多一些人文關懷、也容納傳統時期的研究議題，包括制度研究，但後行為主義並不是沿襲傳統時期的老方法來研究制度，而是以新的（科學的方法、跨科際，不同學術領域，包括經濟學、社會學等理論）的研究途徑來研究制度，所以稱為「新」制度論。

2-9 新制度論

99地四、100普、101普、102地四、103地四、104普、104地四、105普、106地四

(一) 緣起

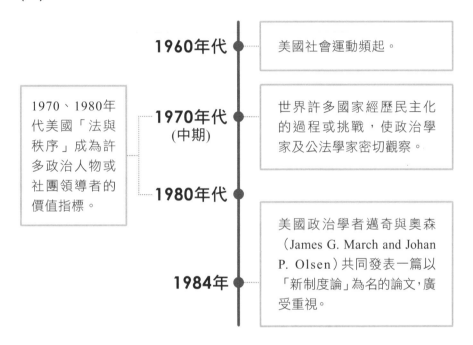

1960年代 ●┈┈┈ 美國社會運動頻起。

1970、1980年代美國「法與秩序」成為許多政治人物或社團領導者的價值指標。

1970年代
(中期) ●┈┈┈ 世界許多國家經歷民主化的過程或挑戰，使政治學家及公法學家密切觀察。

1980年代 ●

1984年 ●┈┈┈ 美國政治學者邁奇與奧森（James G. March and Johan P. Olsen）共同發表一篇以「新制度論」為名的論文，廣受重視。

(二) 新制度論針對行為主義之觀點

1. 僅重視政治為大社會的環節，而未能正視政治或政體分析上時應有別於「社會」，而本身自有其特性。

2. 過度強調政治乃是個人政治行為的聚合表現，而忽略了政治同樣受到組織結構與行為規範的指導規約。

3. 相信政治行動決定於個人計算,而未曾考慮到期間
是否另有人們對職責義務之反應。

4. 相信歷史演進的方向是走向恰當的均衡狀態,而漠
視了可能存在的緊張失調。

5. 只將政治看成有關價值配置的活動,而無法意識到
政治已出現某種可稱為新制度論之理論走向。

(三) 邁奇與奧森主張新制度論之立場

1. 不過度強調政治單純是社會的反應,而相信政治與
社會實是相互影響,且在制度面各有其自主領域。

2. 不一味相信政治單純乃是個人行動的聚合,或者歷
史有其必然性,而主張政治乃是一種相對複雜的過
程,歷史也有其未必圓滿之面向。

3. 不僅以決策或價值分配為政治的核心內涵,而相信
政治另有其他的行動邏輯,且意義及符號行動也有
其核心之重要性。

(四) 傳統制度VS.新制度論

兩者相同之處在於，皆是對將研究對象放在「制度」此一面向，然而其相異之處多於相同之處，其內涵表列如下：

比較項目	傳統制度	新制度論
知識目的	制度、或規範內涵之詮釋。	制度或與其他因素間互動關係或演變趨勢。
理論思考層次	規範層次。	結合其他相關社會科學理論，加深加廣理論思考範圍。
研究方法	沿襲傳統之公法及哲學方法。	運用科學方法，包括個案研究、統計、或比較方法。
議題內涵	限於制度本身。	制度之規劃、制度抉擇、制度與政治文化之關係、制度對政策之影響等。
制度指涉層次	正式具有法律地位之制度。	除了正式法制化之制度外，亦關心未完全正式化或法制化的持續性結構關係或遊戲規則。
與其他學科關係	與法學、哲學或史學等關係密切。	與其他學科有交互影響或相互借用之新關係，特別是經濟學中之制度經濟學、組織理論。

(五) 新制度論之內涵

內涵項目	主要內涵	代表性研究
結構制度論 structural institutionalism	1. 與傳統制度論最具銜接性的新制度研究走向。 2. 研究焦點在於制度結構的異同比較，以及各制度結構特徵所牽涉的正負意涵。	1. 李帕特對民主制度的分類比較。 2. 總統制與內閣制優劣的研究。
歷史制度論 Historical institutionalism	1. 由時空演變角度，來考察說明制度或各個制度角色之開始，接續經歷的變遷，以及此制度形成與變遷兩者之間存在的關聯。 2. 強調「路徑依賴」（path depent），整個制度建構的過程被視為一次路徑的選擇過程，政治行為者在一個時間點所做的路徑選擇不會因既有制度和環境條件的制約，而限制下一個時間點的路徑選擇。	—
社會制度論 Social institutionalism	1. 兼顧「國家」與「社會」，或進而涉及兩者互動的制度研究。 2. 組織的產生和持續不僅要合乎理性與效率，尚須考慮文化脈絡的因素，	團合主義(Corporatism)、網絡(Networks)、社群(Communities)、執行結構(implementation structures)

內涵項目	主要內涵	代表性研究
社會制度論 **Social** **institutionalism**	制度不僅包含正式的規章、法令和規範，亦包含為人類行為提供「意義框架」的符號系統、認知圖章及道德模板。	
理性抉擇研究 **Rational choice** **approaches**	1. 原本是經濟學支派之一，假定個人一理性而選擇並行動，故依此角度分析人類的經濟行為。 2. 人都有各種不同且複雜的偏好，且會用高度策略性的態度及計算極大化其利益，個人具有效用極大化（utility－maximization）的意圖，因此制度安排是個人表達偏好和理性計算後的結果。	賽局理論（game theory）、 公共抉擇理論、 形式理論、 奧森《集體行動的邏輯》
規則制度論 **Normative** **institutionalism**	所稱之「規則」並非法律意義的規則，而是組織理論密切相關的原則或恰當性，亦即合理運行之制度應具有之特徵及作用。	－

選擇題

( )　**1** 下列那一位思想家將政治學視為**首要科學**
（master science）？
(A)柏拉圖　　　　　　　(B)蘇格拉底
(C)馬基維利　　　　　　(D)亞里斯多德。　　　　　【105地四】

( )　**2** 依據**亞里斯多德**（Aristotle）對**政體的分類**，由
少數人所統治且**為私利**而運作權力者，稱之為：
(A)暴民政體（Mobocracy）
(B)暴君政體（Tyranny）
(C)君主政體（Monarchy）
(D)寡頭政體（Oligarchy）。　　　　　　　　【101地四】

( )　**3** 以分析政治**現象**的**實然面**作為研究重點的政治
學，稱作：
(A)規範的政治學　　　　(B)經驗分析的政治學
(C)辯證批判的政治學　　(D)理想的政治學。　【102地四】

( )　**4** 政治學研究議題可區分為規範性與經驗性之研
究，下列何者屬於**經驗性**之研究議題？
(A)利益應該如何分配
(B)個人自由應該如何確保
(C)選舉制度如何影響政黨發展
(D)社會正義應該如何實現。　　　　　　　　【107地四】

(　) **5** 下列何者**不是傳統政治學**所採用的研究途徑？

(A)行為研究途徑　　　　(B)歷史研究途徑

(C)分析研究途徑　　　　(D)規範研究途徑。　　　　【普】

(　) **6** 下列政治學研究途徑中，那一項最為**傳統**？

(A)「理性選擇」途徑

(B)「政府或政治機構」途徑

(C)「心理與文化」途徑

(D)「跨領域」途徑。　　　　【地四】

(　) **7** 下列何者不是政治學的**傳統**研究途徑？

(A)歷史　　　　　　　　(B)心理

(C)哲學　　　　　　　　(D)法制。　　　　【101地四】

(　) **8** 政治學研究中，**傳統**的哲學途徑，主要討論的
是下列那一種命題？

(A)描述性　　　　　　　(B)預測性

(C)規範性　　　　　　　(D)經驗性。　　　　【103地四】

(　) **9** 下列何者**不屬於當代政治學**的研究途徑？

(A)法制研究途徑　　　　(B)後行為主義

(C)理性抉擇　　　　　　(D)新制度論。　　　　【110普】

(　) **10** 有關**當代**政治學理論的論述，下列何者正確？

(A)行為主義強調價值中立與實證研究

(B)系統理論的研究本質上是動態的，能夠對激烈的變動加
以解釋

(C)現代化理論忽視整體性的變遷

(D)理性選擇理論強調國家整體利益大過於個人利益。

【107普】

（　）**11** 下列何者**不是**政治學**行為主義**之主張？

(A)將政治學發展成為科學

(B)著重道德倫理的價值判斷

(C)對實然問題的探討

(D)價值中立。　　　　　　　　　　　　　　　　【107普】

（　）**12** 下列何者**不是**學者**伊斯頓**（D. Easton）所提出
的政治支持之標的？

(A)政治社群（political community）

(B)典則（regimes）

(C)權威當局（political authorities）

(D)宗教教派（religious denomination）。　　　【106普】

（　）**13** 下列對政治學的**行為主義**與**後行為主義**之陳述
何者正確？

(A)行為主義強調以質化方法研究政治學

(B)後行為主義主張以歷史研究途徑研究政治學

(C)後行為主義較行為主義具有更多的人文關懷

(D)兩者皆重視正式制度的研究。　　　　　　　　【普】

（　）**14** 下列那一位學者，於1969年率先提出「**後行為
運動**」？

(A)拉斯威爾（H. D. Lasswell）

(B)道爾（R. Dahl）

(C)伊斯頓（D. Easton）

(D)蘭尼（A. Ranney）。　　　　　　　　　　【102地四】

( )　*15*　下列何者**不是**建構一門**政治科學**勢必面對的
困境？
(A)資料的取得
(B)研究者的能力
(C)隱含價值的存在
(D)中立性的迷思。　　　　　　　　　　　【103地四】

( )　*16*　下列何者**不是**政治學**新制度主義**的研究核心？
(A)立法機關　　　　　　(B)政黨
(C)新聞媒體　　　　　　(D)文官體系。　　【106地四】

( )　*17*　下列何者是**新制度主義**（new institutionalism）
才有的特徵？
(A)個人理性且自利的行為是構成政治活動的基本單元
(B)研究對象是政府部門的正式組織及其中運作之規則或程序
(C)相信政治制度是塑造個人行為的前提
(D)所謂政治制度不僅包含正式規則，非正式的慣例等也屬之。

【104地四】

( )　*18*　下列對**理性選擇途徑**的**批判**，何者**錯誤**？
(A)高估人類理性
(B)人們往往能夠根據精確訊息進行判斷
(C)忽略人類的自利傾向甚受社會制約
(D)未注意到足夠的社會及歷史因素。　　【102地四】

（　）**19** 以下何者為<u>**歷史制度主義**</u>（historical institutionalism）
的分析概念？
(A)理性計算
(B)價值規範
(C)社會資本
(D)路徑依賴。　　　　　　　　　　　　　【105普】

（　）**20** 研究各國選民的<u>**投票行為**</u>屬於那一個政治學的
次領域？
(A)國際關係
(B)政治哲學
(C)公共行政
(D)比較政治。　　　　　　　　　　　　【103地四】

（　）**21** 根據<u>**奧爾森**</u>（M. Olson）的研究，<u>**集體行動**</u>常常
無法成功的原因為何？
(A)集體行動產出的成果具有公共財的性質
(B)缺少領導者
(C)溝通上的困難
(D)來自政府的壓制。　　　　　　　　　【104地四】

解答與解析

1 **(D)**

將政治學視為首要科學的亞里斯多德。

2 **(D)**

亞里斯多德是第一位對政體分類的人，他以「統治者」以及「受益者」兩項標準將政體分為六種政體：暴君政體、寡頭政體、暴民政體、君主政體、貴族政體、民主政體。由少數人所統治且為私利而運作權力者，稱之為寡頭政體。

3 **(B)**

本題關鍵字在現象、實然面，這是行為主義時期政治學的特徵，對應到(B)的經驗分析。經驗也是行為主義的關鍵字與特徵。(A)(D)是傳統時期的政治學。

4 **(C)**

本題題目的關鍵字是經驗，聯想到行為主義時期或後行為主義時期的政治學，都是運用科學方法研究，研究議題包括投票行為、各種制度的演變進展影響等。(A)(B)(D)有關於利益分配、自由、社會正義這些概念都是難以定義的，是科學化運動排斥的研究主題，因為其無法量化、客觀經驗。

5 **(A)**

本題如使用刪去法，先把一目了然的傳統政治學研究途徑(B)(D)刪去，接下來其實(A)關鍵字「行為」是很明顯的行為主義的關鍵字。但可能有考生在(C)猶疑，傳統政治學也採用分析，但此時的分析並非科學的分析，而僅是描述性、比較性、官方性或歷史性的分析。

6 **(B)**

「政府或政治機構」途徑為傳統政治學所採用的研究途徑；「心理與文化」途徑及「跨領域」途徑為行為主義時期所採用之研究途徑；「理性選擇」途徑為後行為主義所採用之研究途徑。

7 (B)

傳統政治學所採用的研究途徑包括規範（哲學）研究途徑、傳統研究途徑、歷史研究途徑、分析研究途徑、制度研究途徑。心理研究途徑為行為主義時期所採用之研究途徑。

8 (C)

傳統的哲學途徑主要討論包含政治意識型態（political ideology）討論理論、道德或應然性（ought）的問題。屬於規範性命題。

9.(A)

當代政治學研究途徑有三：後行為主義、理性抉擇主義以及新制度論。題目問「不屬於」者，選項(A)為正解。

10 (A)

系統理論的研究本質上是靜態的，主要用來解釋系統存續，無法解釋激烈的動盪如何產生及應變；現代化理論用以解釋長期且大規模的社會變遷如何

產生，因此重視總體性的變化；理性選擇理論以個人行為由研究單位，強調個人甚於國家。

11 (B)

行為主義的關鍵字：科學、量化、經驗、價值中立、客觀、現象、實然面。(B)注重道德判斷是行為主義的大忌。

12 (D)

美國政治學家大衛伊斯頓所提出的政治支持之標的分為三種層次：對權威者的支持、對典章（the regime or constitutional order）與對政治社會（political community）的支持。系統的持續存在依賴「對這三種事物最低限度的情感之保持」，當支持的輸入項降低至限度以下時，任何系統的持續生存都會受到危害。

13 (C)

行為主義與後行為主義在運用科學方法進行研究上是一致的。兩者所不同之處在於後行為主義並不像行為主義這麼絕

對性地強調科學、價值中立、客觀，可以說後行為主義比行為主義多一些人文關懷、也容納傳統時期的研究議題，包括制度研究，但並不是用傳統時期的老方法來研究制度，而是以新的（科學的方法、跨科際，不同學術領域，包括經濟學、社會學等理論）的研究途徑來研究制度，所以稱為「新」制度論。

是以，(A)質化改為量化。(B)歷史研究途徑是傳統時期的方法。(D)重視正式制度的研究是後行為主義。

14 (C)

大衛伊斯頓於1969年提出「後行為主義運動」，代表對行為主義的不滿，但是並沒有放棄採用科學方法研究政治學。

15 (B)

政治學成為一門科學的問題在於「科學性」。所謂科學性就是客觀、經驗性、價值中立、量化等。政治學是研究人類政治行為的學門，人類行為難以量化，量化是為了取得研究分析的資料。同時，研究者在取得、判定資料的取得時難以排除本身的隱含價值觀，所得出的研究成果也很難價值中立。是以，本題採用刪去法可得(B)為正解。

16 (C)

新制度論簡言之是在研究「制度」，只是相較於（舊）制度（傳統時期），新制度論用不一樣的研究方法與研究途徑。而所謂的制度不外乎政府、法律、規章等。(C)媒體並不屬於典章制度內的體制，是為正解。

17 (D)

(A)行為主義時期與新制度論都假設個人理性且自利的行為是構成政治活動的基本單元。

(B)傳統時期與新制度都是研究政治組織。

(C)行為主義時期與新制度論都是以研究個人行為為研究對象單位。

(D)新制度論與傳統時期不同之
　　處在於，新制度論不僅研究正
　　式制度也研究非正式慣例。

18 (B)

理性選擇途徑主張假定個人
一理性而選擇並行動，故依
此角度分析人類的經濟行為。
然而，針對理性選擇途徑的批
判則為其高估人類的理性，人
們未必能根據精確訊息進行判
斷，忽略人類的自利傾向甚受
社會制約，且未注意到足夠的
社會及歷史因素。

19 (D)

歷史制度主義強調「路徑依
賴」（path depent），整個制
度建構的過程被視為一次路徑
的選擇過程，政治行為者在一
個時間點所做的路徑選擇不會
因既有制度和環境條件的制

約，而限制下一個時間點的路
徑選擇。

20 (D)

本題關鍵字在於各國選民的投
票行為，答案即為比較政治。
比較政治即為研究不同國家或
政治體之間的政治行為以及政
治度。國際關係研究國際間各
國的政治互動與交往關係及相
互影響作用。

21 (A)

集體行動的邏輯是美國經濟學
家奧爾森（M. Olson）說明個
人理性不是實現集體理性的充
分條件，其原因是集體行動
產出的成果具有公共財的性
質，而理性的個人在實現集體
目標時往往具有搭便車（free-
riding）傾向的理論。

 **政治意識型態**

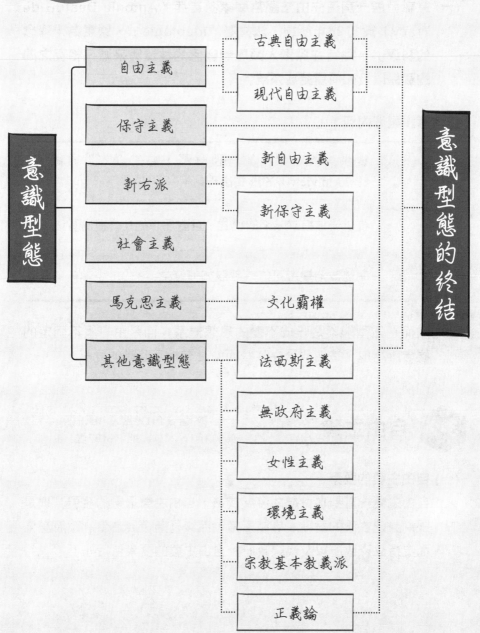

意識型態

- 自由主義
  - 古典自由主義
  - 現代自由主義
- 保守主義
- 新右派
  - 新自由主義
  - 新保守主義
- 社會主義
- 馬克思主義
  - 文化霸權
- 其他意識型態
  - 法西斯主義
  - 無政府主義
  - 女性主義
  - 環境主義
  - 宗教基本教義派
  - 正義論

意識型態的終結

意識型態定義 ┃ 97普、99地四、100高、
　　　　　　　　　　　┃ 100地四、102普

(一) 意識型態一詞最先由法國哲學家狄崔西（Antonie Destutt de Tracy）於1796年所創，法文為「ideologie」，原意為「理念的科學」，意旨在探索人類思想觀念的性質與來源、相互之間的關係以及如何連結成系統。

(二) 意識型態內涵：

1	提供對既有秩序的一種解釋，通常以「世界觀」（world view）的形式出現。
2	提供一種追求未來的模式，且對理想的社會提出看法。
3	闡述政治變遷可能或應該如何發生。

然而意識型態不是一成不變的思想體系，而是由一組不固定的觀念所組成，這些觀念在某些面向具有相互重疊的見解。

 自由主義 ┃ 100普、101地四、103地四、
　　　　　　　　┃ 104普、105地四、107普

(一) 自由主義的要素

自由主義一直到19世紀才發展成熟，自由主義最初的發展契機是限制封建主義的君權、專制王權，而後逐漸發展為限制政府濫權而支持立憲政府以及代議政府。自由主義的要素包括如下：

1. **個人主義（individualism）**：個人主義是自由主義意識形態的核心原則。相對於任何社會團體或集團，其反映出人類個體的極度重要性。

2. **自由**：認為個人應該享有最大可能的自由，但是也必須能使其他所有人享有同樣的自由。

3. **理性**：相信個人是有理性的，個人有能力為其自身著想而做出明智的抉擇，且在大部分的情況下，個人能對自身利益做出最佳判斷。

4. **平等**：相信人人「生而平等」。反映在制度上如法律之前人人平等、一人一票票票等值。

5. **寬容**：包容不同文化、價值觀、族群、種族。

6. **同意**：統治關係建立在被統治者的同意基礎上。政府必須建立在「被統治者的同意」之上，權威源自於「在下位者」的同意。

7. **憲政主義**：認為權力導致腐化，相信有限政府（limited government），透過憲法上的制度設計使政府各種機構之間形成牽制與平衡（checks and balances），以分散政府的權力，並保障人權。

(二) 古典自由主義（classical liberalism）

1. **代表性人物**：洛克《政府論》、約翰彌爾（John Stuart Mill）《論自由》及《論代議政府》、亞當斯密《國富論》。

2.內涵：

(1) 特徵：**個人主義**與**個人自由**的保障。認為人是**自私自利**的，強調個人自由來自政府的**不干預**或不對個人施加不必要的束縛，反對國家或所有形式的政府干預。

(2) 小而美政府：將國家視為「**必要之惡**」（neccessary evil），亦即國家僅需負責維持秩序和安全以及確保契約執行即可，扮演「**守更人**」（night watchman）的角色，其功能限定於保護公民免於受到國家的侵擾。

(3) 自由放任市場經濟：主張**自由放任**（Laissez－faire）的**市場資本主義**，捍衛**私有財產制**，並根據個人功績決定盛衰榮辱，以保證社會正義的實現。

(三) 現代自由主義（modern liberalism）

1.代表性人物：格林、霍布豪斯、霍布森、凱因斯。

2.內涵：

(1) **自由的定義**：自由並不是放任，自由應和個人的發展與進步有關，以及個人應有滿足願望與自我實現的能力。

(2) **支持大有為政府**（Big government）：由於認為工業資本主義造成新的不正義，**國家干預**是必要的，國家必須**濟弱扶傾**，特別是**社會福利**方面，國家干預可經由擴大自由權而保護個人免受社會禍害（social evil）的侵擾。

(3) **凱因斯主義**：唯有將主要的經濟權責置於國家手中，由國家管理或節制資本主義體制，方能維持經濟成長與繁榮。

3-3 保守主義

104普、108原四、109原四

(一) 源起

源起於十八世紀末及十九世紀初期，保守主義源自於對經濟和政治快速變遷的恐懼，渴望回到舊體制的狀態。代表人物為英國學者柏克（Edmund Burke）。

(二) 保守主義的要素

1. **傳統**：保守主義的核心觀念是「**渴望保持現狀**」，肯定傳統的優點、尊重既有的習慣以及歷久彌新的制度，認為傳統反映過去智慧的累積，經得起時間的考驗，注重**歷史感**。

> **保守主義的關鍵字**
> 歷史、傳統、經驗、制度、國家、家庭、權威、財產私有制、安定。

2. **實用主義**：保守主義強調人類理性的侷限性，較信任經驗和歷史。

3. **人類的不完美性**：認為**人性本惡**，因此需要強而有力的國家以及**嚴刑峻法**。

4. **有機體論**：將社會視為一種有機式的整體或活生生的實體，而非基於人類巧思所精心設計的人為產物。

5. **層級體系**：社會的流動是自然而然且無可避免的，階層化與不平等的現象並不會導致衝突，因為透過彼此交叉且重疊的職責與互惠，社會就會緊密結合在一起。擁有特權者更應該承擔特定職責照顧不幸的人。

6. **權威**：肯定權威，認為權威「由上而下」領導、指導和支持，協助他們能依其自身的利益明智地行事。

7. **財產**：相當重視財產所有權，因為它給予人們安全感，同時也是使人們獨立於政府之外的工具。

3-4　新右派（the New Right）

新右派是保守主義思想的一支，反對國家干預、自由主義式價值的擴散。新右派的理念可追溯至1970年代凱因斯社會民主主義的失敗，以及對社會秩序崩解和權威衰退的日益關注有關。新右派的思想對**英國和美國**造成極大的震撼力，在**1980年代以英國首相柴契爾夫人**及**美國總統雷根**所主導的政府及其政策出現，甚至全球性影響導致由國家取向轉變為**市場取向**。新右派主要思想有二：

(一) 新自由主義

1. **代表性人物**：自由市場經濟學家海耶克、傅利曼、哲學家諾茲克。

2. **內涵**：

(1) 特徵：重視**市場與個人**，主要重點在「**縮小國家的範圍**」，堅信不受干預的資本主義機帶來**效率**、成長與普遍的繁榮。

(2) 國家的黑手阻礙創新力，並妨礙企業發展。新自由主義對私有企業的偏愛勝過國營企業或國有化政策，秉持「私有是好的，而公有是壞的」之信念。

(3) 相信自助、個人責任以及企業家精神的重要性。

政治小學堂

到目前為止出現了三個自由主義，一個是古典自由主義，一個是現代自由主義，一個是新自由主義。三個自由主義的緣起與內涵主張都不盡相同，考生只要把握住它們的精髓就很容易分辨，特別提醒要從它們的緣起下手，因為不同的緣起導致它們有不同的主張，再來把主張的關鍵字與代表性人物牢記即可。

1. 古典自由主義

緣起於反對封建王權，強調個人自由，政府管得越少越好，小而美政府，反對干預，支持資本主義市場。代表人物洛克。

2. 現代自由主義

緣起於資本主義導致的社會不正義，強調政府應濟弱扶傾，支持大有為政府，凱因斯主義。代表人物凱因斯。

3. 新自由主義

緣起於凱因斯主義的失敗，主張縮小國家範圍，減少政府干預，重視市場與個人，強調自由市場機制。代表人物柴契爾夫人與雷根總統。

(二) 新保守主義

1. 新保守主義重申十九世紀保守主義的社會原則，重新樹立權威、回歸傳統價值，特別是與家庭、宗教和國家有關的價值觀。

2. 權威被視為是確保社會穩定的憑藉，因為這有助於紀律和尊重，至於共通的價值和共同的文化則被認為有助於社會團結，並創造出文明的社會。

3. 認為多元文化和多樣宗教的社會是衝突的導火線。

3-5 社會主義

十九世紀初期開始發展，是對資本主義的反擊。由於資本主義發展下工廠生產線過大，對手工藝者與工匠生存造成威脅，社會主義一開始是由手工藝業及工匠發生，後來逐漸發展與工廠的勞工階級相連結：

社群	社會主義的核心觀念是將人類視為社會的創造物，藉由普遍存在的人性聯繫在一起。
博愛	社會主義者偏愛合作勝於競爭，支持集體主義高過於個人主義。
社會平等	平等（equity）是社會主義最核心的價值。強調社會平等的重要性，特別是不同於機會平等（equality of opportunity）的結果平等（equality of outcome）。其相信社會平等的措施是社會穩定與團結的基本保證，並據此去鼓勵個人去認同其所隸屬的人群。
需求	社會主義認為物質的利益應該根據需求來分配，而非僅以能力或工作為基礎。
社會階級	主張替被壓迫和剝削的工人爭取權益，社會主義的目標便是在消除經濟和社會上的不平等，或縮小階級的實質差距。
共同所有權 common ownership	社會主義主張的共同所有權，世界由管理物質資源來創造共善（common good）的工具，因為私有財產被認為會助長人類的自私性、貪婪性和社會差異性。

3-6　馬克思主義（Marxism） | 107地四、109普、110普

馬克思主義係指由德國哲學家馬克思（Karl Marx）及恩格斯（Friedrich Engles）所提出之理論：

(一) 歷史唯物論

馬克思主義哲學的核心是唯物史觀，強調經濟生活的重要性，以及人們生產和再生產其維生手段的重要性。馬克思認為經濟是「下層結構」，主要包括「生產方式」或「經濟制度」，並限定或決定了意識型態和政治的「上層結構」。

(二) 辯證法的歷程

馬克思依循黑格爾的觀點，相信歷史變遷的動力經由辯證而來，是一種藉由競爭力量之間的互動，往較高階段發展的過程。

(三) 異化（alienation）

在資本主義之下，勞動淪為純粹商品以及工作變成非人性活動的歷程。勞工將逐漸對其勞動產物、勞動過程、勞工夥伴中感到疏離，最後使自己淪為不再具有創造力且非社會的人。

(四) 階級鬥爭

共產主義認為資本主義社會的主要矛盾來自於私有財產的存在，這導致資產階級（指擁有「生產工具」的人）與無產階級（指未擁有自身財產的人）之間的差異。後者必須出賣勞力以求溫飽，成為所謂的工資奴隸，而資產階級則是「統治階級」。資產階級不僅透過財產所有權而享有經濟權力，並可藉由國家機器來運用政治權力，且擁有掌握意識型態的力量，因為資產階級的觀念就是當時的「統治觀念」。

政治小學堂

葛蘭西的文化霸權（Cultural hegemony）理論

葛蘭西係義大利共產主義思想家，提出「文化霸權」的概念，認為資本主義利用「文化霸權」作為維護政權以及合法化統治的手段。資本主義社會中的一個**統治階層**通過**操縱社會文化（信仰、解釋、認知、價值觀等）**，支配或統治整個多元文化社會。統治階級的世界觀會被視為唯一的社會規範。

(五) 剩餘價值

馬克思認為所有價值均源自於生產物品的勞動力，這意謂著利潤取向的資本注意企業將支付工人低於其勞動價值的薪資，而從工人身上詐取「剩餘價值」（susrplus value）。

(六) 無產階級革命

馬克思相信資本主義注定走向滅亡，資本主義將面臨日益嚴重的生產過剩危機，而逐漸瓦解，這使無產階級具備革命的階級意識（class consciousness）。原有的社會經濟秩序會用盡一切手段阻止改革，故惟有訴諸暴力才能成功。

(七) 共產主義

在過渡到「社會主義」的階段，馬克思預測無產階級革命將會降臨，此時，為了剷除反革命的資產階級，「無產階級專政」有其存在必要。共產主義社會將是一個無階級的社會，財富為所有人共同享有，而能滿足人類真正需求的「為使用而生產」，將取代「產品生產」的制度。

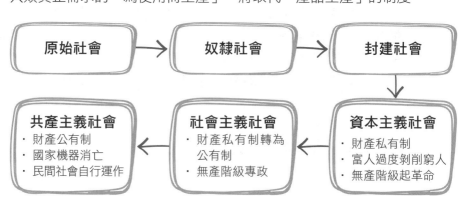

其他意識型態 │ 98普、99地四、99普、102地四、104普、104地四、106地四、109高三、109原四

(一) 法西斯主義【97地四】

1. **代表性人物**：義大利墨索里尼、德國希特勒。

2. **緣起**：發展於1918年第一次世界大戰後，當時的歐洲百廢待舉，各個國家為了凝聚人民向心力，戰敗國的人民期待英雄領導的出現，法西斯主義的思想在這樣的背景下開始萌生。

3. **內涵**：法西斯主義拋棄西方原本的理性主義、進步、自由與平等，取而代之的是鬥爭、領導權、權力、英雄主義與戰爭。其特徵在於強調民族性與群體性，民族共同體強而有力地團結在一起，個人必須臣服於共同體或社會團體之下。強調為國家民族犧牲的責任心、榮譽感與自我犧牲動機，並對最高領袖表達百分之百的服從。因此法西斯主義是極右派。

(二) 無政府主義

1. **代表性人物**：普魯東、克魯泡特金。

2. **內涵**：無政府主義的主要命題是相信所有形式的政治權威，特別是國家，不僅是邪惡的，也沒有存在的必要。個人透過自願性的協議和合作處理自身的事務。

(三) 女性主義

1. **代表性人物**：瑪麗·伍史東克拉夫特（Marry Wollstonecraft）、傅瑞丹（Betty Friedan）

2. **第一波女性主義（first-wave feminism）**：1840年代至1850年代女性選舉權運動展開後，女性主義的觀點逐漸吸引人們的注意。二十世紀初西方國家開始陸續賦予女性選舉權。

3. **第二波女性主義（second-wave feminism）**：1960年開展，較第一波激進，提出**「個人的就是政治的」**的口號，主張凡是知識的來源皆有相同的參考價值，反對傳統政治學將公、私領域分割屬於為男人、女人的區別。期望透過任何手段來促進女性的社會地位。認為社會充斥著以性或性別為特徵的不公平現象，以男性為主的權力結構可以且應該被顛覆。

(四) 環境主義（environmentalism）

1. **代表性人物**：洛夫洛克（Lovelock）

2. **緣起**：十九世紀對工業化的反擊，關切因經濟發展所帶來對環境的破壞。環境主義發展出一種**生態中心論（ecocentric）**，亦即人類只是自然環境的一部分而已。此點是他與其他意識形態不同之處，其他意識形態均主張人類中心論（anthropocentric），換言之是以人類的角度為出發點看待環境。

3. **生態主義（ecologism）**：以生態學的假設為基礎建立的政治原理或意識型態，人類是其主人。生態主義有時與環境主義所有差別，前者採取生態中心論的觀點，而後者則關心最終將帶給人類好處之自然環境的保護。

(五) 宗教基本教義派（Fundamentalism）

1. **內涵**：所謂基本教義派是指將某些原理原則視為至高無上、神聖不可犯的信條，無可妥協，通常帶有激進主義的思想，

也就是說凡地處這些基本教義者有被殲滅的必要。而這些原理原則如果是有關宗教的原理原則就稱為宗教基本教義派。

2. **例如**：現代宗教基本教義派最具政治重要性的是伊斯蘭教基本教義派。伊斯蘭教政治因為1979年伊朗革命而受到矚目，而此革命也導致世界上第一個伊斯蘭教國家伊朗的建立，由柯梅尼所領導，對西方強權的新殖民主義抱持反對的態度。

3-8　意識型態的終結

第二次世界大戰後法西斯主義崩潰，以及西方陣營中共產主義發展衰退的刺激，1950年代興起「意識型態終結」的爭辯。

(一) 美國社會學者貝爾（D. Bell）於1960年所著《意識型態終結了嗎？論1950年代政治觀念的窮盡》一書中指出意識形態的尖銳對立已經走到窮途末路，他認為倫理與意識型態兩者的相關問題已變得無關緊要，因為大部分西方社會的政黨，皆提出提升經濟水準與高品質生活的承諾來爭取選民支持，政黨之間的差異越來越少。與其說是意識形態的終結，不如說是注意到各大政黨在意識形態上已經達成廣泛的共識，進而導致意識形態爭辯的結束。

(二) 美國學者福山（Francis Fukuyama）在1989年所著《歷史的終結》一書指出自由主義式民主，此一意識型態已經勝過其他對立的意識型態，而且自由主義式民主的勝利即是最後的勝利。此一論點是用來解釋東歐共產政權瓦解後的背景，福山指出馬列主義意識型態將在世界歷史中逐漸喪失其重要性。

申論題精選

～～～～～～～～～～～～～～～～～～～～～～～～～

一、何謂政治意識型態（political ideology）？
　　其特質為何？試說明之。　　　　　　　【高三】

 ▶ 賴老師答題架構

(一) 政治意識型態（political ideology）**之內涵**

(二) 政治意識型態（political ideology）**之特質**

～～～～～～～～～～～～～～～～～～～～～～～～～

二、試比較古典自由主義（classical liberalism）
　　與現代自由主義（modern liberalism）之異同？

【101地四】

 ▶ 賴老師答題架構

(一) 古典自由主義之內涵

(二) 現代自由主義之內涵

(三) 古典自由主義與現代自由主義之異同
　　　1. 兩者相同之處　　　2. 兩者相異之處

選擇題

( )　**1** 下列何者**不是**政府如何**管理經濟**的政府類型？
(A)民族國家　　　　　(B)福利國家
(C)自由放任　　　　　(D)社會主義。　　　　　【110普】

( )　**2** 下列何者**不是**使威權政體長久維繫的條件？
(A)威權政黨有綿密的組織
(B)執政者進行利益分配
(C)寡頭統治以鞏固領導中心
(D)經濟持續發展。　　　　　【110普】

( )　**3** 關於**共產主義**的説明，下列敘述何者正確？
(A)共產主義一詞的根源來自於社區（community）
(B)馬克思認為無產階級的困境會導致革命
(C)馬克思認為宗教信仰能夠解決人類不平等的問題
(D)列寧與史達林對共產黨的看法相同。　　　　　【110普】

( )　**4** 下列關於**意識型態**的敘述，何者**錯誤**？
(A)提供政治行動的基礎
(B)闡述政治變遷如何發生
(C)包含一組相互連貫的觀念
(D)強調價值中立。　　　　　【107地四】

( )　**5** 「**觀念**學」（science of ideas）指稱以下那一
概念？
(A)民主政治　　　　　(B)種族主義
(C)民意　　　　　　　(D)意識型態。　　　　　【地四】

( )　**6** 西元1776年**亞當斯密**出版「**國富論**」一書，
強調：
(A)階級鬥爭　　　　　(B)自由放任
(C)權威領導　　　　　(D)公有財產。　　　　【103地四】

( )　**7** 一般而言，在意識型態的用詞中，所謂的「**右
派**」是指：
(A)基本教義派　　　　(B)反對激烈的政治變遷
(C)強調公民社會的角色　(D)社會主義的支持者。　【104普】

( )　**8** 有關**自由主義**的敘述，下列何者正確？
(A)強調秩序與穩定
(B)相信善用理性，可以解決問題
(C)肯定政府對經濟的管制功能
(D)否認人類社會進步的可能性。　　　　　【107普】

( )　**9** 下列何者**不是新自由主義**的思想元素？
(A)自助（self-help）　(B)社群主義
(C)個體責任　　　　　(D)企業家精神。　　　【105地四】

(　) **10** 下列那**兩位政治領袖**是1980年代**新右派**的代表？
(A)柴契爾夫人與卡特　　(B)柴契爾夫人與雷根
(C)梅傑與卡特　　　　　(D)梅傑與雷根。　　　　　【普】

(　) **11** 以下有關「**宗教基本教義派**」（religious fundamentalism）的敘述何者**不正確**？
(A)專指伊斯蘭政體的政教關係
(B)宗教教義凌駕政治之上
(C)對於宗教教義絕對服從，易流於威權統治
(D)伊朗的柯梅尼政權為具體例子。　　　　　【102普】

(　) **12** 下列敘述何者**不是馬列主義**（Marxism-Leninism）的主張？
(A)原有的社會經濟秩序會用盡一切手段阻止改革，故惟有訴諸暴力才能成功
(B)社會主義改造工程既複雜又困難，故必須建立強大的政府，才能促成物質生活平等
(C)政府採取溫和漸進的方式推動改革，個人權利和自由方能持續受到保障
(D)國家應該建立少數人組成的統治集團，進行獨裁統治。
【107地四】

(　) **13** 下列何者是**保守主義**的主張？
(A)人性本惡　　　　　(B)人性本善
(C)強調理性　　　　　(D)強調平等。　　　　　【104普】

( )　**14** 下列何種意識型態，強調「**個人的就是政治的**」，反對傳統政治學對於公私領域的分割？
(A)馬克思主義　　　　　(B)環境主義
(C)女性主義　　　　　　(D)後物質主義。　　　　【106普】

( )　**15** 在各種意識型態中，**環境主義**有其獨特之處。相較於環境主義，其他各種意識型態有何共同主張？
(A)均主張自由競爭
(B)均主張平等主義
(C)均主張實用主義
(D)均主張人類中心論。　　　　【104地四】

( )　**16** **葛蘭西（A. Gramsci）的霸權（hegemony）說**，特別強調下列那一面向的支配：
(A)文化　　　　　　(B)經濟
(C)暴力　　　　　　(D)宗教。　　　　【地四】

( )　**17** 下列有關**法西斯主義**（Fascism）的敘述，何者是**錯誤**的？
(A)是一種極端的民族主義（Nationalism）
(B)內含有軍國主義與社會主義的成分
(C)義大利的墨索里尼（B. Mussolini）是代表之一
(D)積極支持馬克思主義（Marxism）。　　　　【地四】

解答與解析

1 (A)

民族國家強調的是國家裡人民對族群、文化、語言及疆界等的認同，與經濟管理無關。因此，選項(A)為正解。

2 (C)

威權政體強調的是政權的控制、執政黨嚴密組織、利益分配以及經濟發展，並不強調寡頭政治，因此選項(A)為正解。

3 (B)

共產主義由馬克思提出，認為資本主義社會下導致無產階級形成，無產階級的困頓會導致革命，建立無產階級社會。而宗教信仰是思想的鴉片，並無助於解決人類不平等的問題。因此，選項(B)為正解。

4 (D)

意識型態是一組相互連貫的觀念，不論意識型態之意圖到底是維繫、修正或推翻既有的權力關係體系，意識型態確實提供將政治行動組織化的基礎。

5 (D)

意識型態一詞最先由法國哲學家狄崔西（Antonie Destutt de Tracy）於1796年所創，法文為「ideologie」，原意為「理念的科學」，意旨在探索人類思想觀念的性質與來源、之間的關係以及如何連結成系統。

6 (B)

亞當斯密出版「國富論」一書強調自由放任。階級鬥爭及公有財產係馬克思主義之主張。

7 (B)

右派通常相對於左派而言，是強調保守、反對激烈改革等主張之意識型態。左派的關鍵字包括：激進、改革、社會主義、群體性、基本教義派。

8 (B)

本題問自由主義，並沒有指涉哪一種次領域的自由主義，因此以最廣義的自由主義來設定。自由主義的關鍵字是，個人、理性、自由。

9 (B)

題目問新自由主義的否定，使用刪去法，新自由主義的特徵在於縮小國家範圍，強調企業家精神、個人責任、自助。

10 (B)

這題超簡單，看到新右派，問兩位政治領袖，兩個關鍵字，秒答(B)。

11 (A)

本題問宗教基本教義派的否定，宗教基本教義派是指宗教基本教義凌駕所有事物之上，且絕對服從，伊朗的柯梅尼政權為具體例子。並不是專指伊斯蘭的政教關係，每個宗教都有基本教義派。

12 (C)

本題問馬列主義的否定，馬列主義的關鍵字包括無產革命、階級鬥爭等，都是很激烈的手段。

13 (A)

保守主義的關鍵字包括傳統、人性本惡、約束、權威、私有財產制、實用、社會有機體。人性本善、強調平等是社會主義的特徵。強調理性是自由主義的特徵。

14 (C)

個人的就是政治的為第二波女性主義的口號。

15 (D)

環境主義的特徵是以環境為主體，發展出生態中心論，與其他意識形態的人類中心論有所不同。

16 (A)

葛蘭西提出文化霸權說，是對馬克思主義的修補，其認為文化的影響力對統治有深深地影響。

17 (D)

法西斯主義的特徵是民族主義、國家至上、激進征討、軍國主義、極右派，代表人物墨索里尼、希特勒。馬克思主義是極左派。

第二章 國家論與民主理論

01 民族主義與國家論

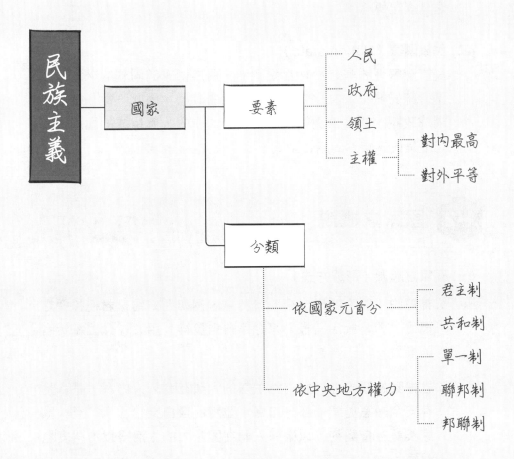

1-1 民族主義之內涵 ｜99高三、100地四

(一) 定義

民族主義（Nationalism）是以民族利益為最優先考量的意識型態，其認為民族有自我治理的主權，不受其他外力影響或干涉，並會積極培養以該民族為基礎之語言、文化、教育、傳統之延續與傳承。

(二) 民族國家（Nation state）

民族國家理論興起於19世紀歐洲，民族國家認同感的來源可以是傳統的歷史、文化、語言或新創的政體。因此，從一個民族構成政體，或者由數個民族經同一共享的政體組成的國族，都可能是民族國家的結合型式。

1-2 國家之概說 ｜98普、99普、101地三

(一) 國家之起源（形成方式）

1. **神意說**：國家的形成來自於神意，例如西方國家**君權神授之概念**，即是統治者權力來源係得自於神，用意在鞏固統治者的權力。

2. **社會契約說**：在原始自然狀態的人類社會，人們為了基本生存安全願意拋棄一部分自由，並將此自由交給國家，且與國家簽訂社會契約，以確保人們在國家內的生活得以獲得安全保障。

(1) 17世紀國哲學家霍布斯1651年著《利維坦》（Leviathan）：
- 在自然狀態下，每個人的生活是孤獨、貧乏、悲慘、短暫，並且隨時有生命的危險。
- 人為了獲得生命安全，願意放棄一部分的自由，並將權利託付給力量強大的政府以保障平安。
- 國家政府在為了防止動亂，在統治上具有絕對的威權。
- 人民必須絕對地服從政府。

(2) 18世紀法國哲學家盧梭1762年著《社會契約論》：認為人民透過「全意志」（general will）同意政府的統治，並與政府簽有社會契約，願意放棄部分自由獲得整體的和平與安全。

3. **家族起源說**：人類在自然狀態下群聚並繁衍後代，形成家族社會，演變成部落社會，以酋長為首，具備類似國家的雛型。

4. **武力說**：認為國家起源來自於武力征服。

5. **演化說**：認為國家是由各種因素交互影響產生，例如社會、經濟、戰爭、疾病、氣候等。

(二) 國家的定義與基本要素

1. 德國社會學家韋伯：國家是在特定領域內，正當地使用武力的權威（合法的暴力壟斷者）。

2. 根據1933年蒙特維多國家權利義務公約（Montevideo Convention on the Rights and Duties of States）第一條，國家的要素為：

(1) 常住**人口**（a permanent population）。

(2) 界定的**領土**（a defined territory）。

(3) **政府**（government）。

(4) 與其他國家**建立關係的能力**（capacity to enter into relations with the other states）。

3. 換言之，國家的基本要素有四，分別為：**國民、領土、主權以及政府**。

政治小學堂

失敗國家（Failed state）或失能政府，是指政府或國家未能滿足和履行某些應有的基本條件和責任。**和平基金會**將失敗國家定義如下：

1. 對其領土失去控制，或失去於領土內正當武力壟斷的使用。
Loss of control of its territory, or of the monopoly on the legitimate use of physical force therein.

2. 集體決策的正當性權威受到侵蝕。
Erosion of legitimate authority to make collective decisions.

3. 未能夠提供公共服務。
Inability to provide public services.

4. 未能夠以一個全權國際社群成員的身分與其他國家交往互動。
Inability to interact with other states as a full member of the international community.

(三) **主權之內涵**【97普、97地四、98地三、99普、101地四、102普、104地四、106普、106地四、107普、107地四】

1. **主權（sovereignty）**：此概念為16世紀法國學者**布丹（Jean Bodin）**提出，其主張主權為「**國家擁有對內最高，對外不受干預的權力。**」。

2. **主權之特徵：**

1	**對內最高**	國家在國內有最高統治權，行政權、立法權、司法權皆源於此主權，並須服從此主權。
2	**對外平等**	主權對外獨立自主，不受其他國家的干涉與控制。
3	**不可轉讓**	主權是人民集體意志的表現，不可被轉讓。
4	**不可分割**	主權是人民集體意志的表現，無法被分割成部分。
5	**不可被代表**	主權無法被其他人代表。
6	**不可侵犯**	主權拒絕對性，神聖而不可侵犯。
7	**權威性**	主權賦予國家壟斷合法使用武力的權力，故相對其他團體組織，國家具有權威性。

1-3　國家體制

(一) 以國家元首產生方式為標準

1. 君主制（monarchy）政府：

又分為君主立憲制（constitutional monarchy），如英國、泰國、馬來西亞；與君主專權制（absolute monarchy），如沙烏地阿拉伯、阿曼、汶萊。

2. 共和制（republic）政府：

國家領導是選舉產生而非世襲，例如美國、法國、德國。

(二) 以中央與地方政府權力關係為標準【97普、98普、99普、99地四、100地四、102高三、102普、103普、103地四、104地四、105普、105地四、107地四、109高三】

1. 單一制（unitary government）：<u>中央政府</u>具有<u>所有統治權力</u>，有權決定地方政府的權力範圍，如中國、日本、英國、法國等。

2. 聯邦制（federation government）：<u>中央與地方政府各有統治權限，均受憲法之保障</u>，彼此不能干涉或侵犯，如美國、加拿大、澳洲、奧地利、馬來西亞等。

(1) 聯邦制特徵：

特徵 *1*	**權力分立** 中央政府與地方政府各自擁有互不侵犯的廣泛權力，包括行政權、立法權、司法權、財政獨立。
特徵 *2*	**成文憲法** 各層級政府之權限、組織、互動關係與規範皆規定於成文法典，成文憲法的修憲困難度使各級政府的自主性受到保障。
特徵 *3*	**司法解釋機關** 有一司法解釋機關專司憲法解釋得以解決各級政府權限爭議，司法不告不理，不主動干涉行政權運作。
特徵 *4*	**府際連結制度設計** 透過**兩院制國會**設計有一個分享責任的共識機制，於第二院或是上議院代表各地方政府利益，使地方政府之意見能反映於中央政府，有助於中央政府制定政策。

(2) 聯邦制之優點：

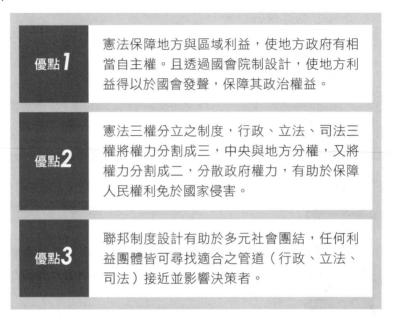

優點1	憲法保障地方與區域利益，使地方政府有相當自主權。且透過國會院制設計，使地方利益得以於國會發聲，保障其政治權益。
優點2	憲法三權分立之制度，行政、立法、司法三權將權力分割成三，中央與地方分權，又將權力分割成二，分散政府權力，有助於保障人民權利免於國家侵害。
優點3	聯邦制度設計有助於多元社會團結，任何利益團體皆可尋找適合之管道（行政、立法、司法）接近並影響決策者。

(3) **聯邦制之缺點**：限制中央政府的權威，使其在推行一致性的經濟與社會計畫時變得困難。

3. **邦聯制（confederation）**：

　　(1) **定義**：由若干獨立國家組成的鬆散國家聯盟，不具備國家構成之全部要素，沒有統一的中央行政權、立法權、財政權等。

　　(2) **例如**：大英國協、獨立國家國協、歐洲聯盟。

(三) **現代聯邦主義（Federalism）的發展**

1. **美國總統傑佛遜（Jefferson）**：主張**保護州權**而傾向**分權主義**。

2. **美國憲法起草人漢彌爾頓（Hamilton）**：主張聯邦主義，**強化中央政府**避免聯邦分崩離析。

3. **雙重聯邦主義（Dual Federalism）**

係指遵從聯邦憲法規定，中央與地方政府責任範圍，中央不透過由財政補助款來主導地方政府權責。

4. **合作式聯邦主義（Cooperative Federalism）**

1930年代經濟大蕭條後，人民希望聯邦政府介入社會及經濟事務，提供地方政府社會福利與失業救濟補助，強化了**中央政府集權化**的趨勢。落實在1930年代美國總統**羅斯福**推行的**「新政」（New Deal）**。

5. **協力聯邦主義（Co-operative Federalism）**

強調不同層級政府之間在提供公共服務時的「夥伴關係」（partnership），聯邦政府扮演的是：**補位功能、促進功能以及協助功能**。

具體落實在1964年美國總統**詹森推行「大社會」**（Great Society）計畫，在國會立法通過支持下，聯邦政府不僅可以主動推行各種計畫，也合法地可以要求州及地方政府的配合，又稱為「創新式聯邦主義」（Creative federalism）、「恩准式聯邦主義」。

6. **新聯邦主義（Nixon's New Federalism）**

1970年美國總統**尼克森推動分權**（decentralization），聯邦和州權為平等的地位，主張「還政於州，還權於民」，聯邦依法定分配一定比例預算給地方州政府，減輕中央政府的政治負擔。

7. **新新聯邦主義（Reagan's New Federalism）**

美國總統**雷根**上任後，聯邦關係恢復憲法上有關聯邦與州之間權限的界限，包括**州政府**要負起所有主要社會福利制度的支出（自籌財源），並推行企業型政府。

時序	主導者	主要意識發展	權力擺盪天平	
			聯邦政府 （中央政府）	州政府 （地方政府）
美國建國之初	美國總統傑佛遜（Jefferson）	保護州權、分權主義	一	勝
美國建國之初	美國憲法起草人漢彌爾頓（Hamilton）	聯邦主義，強化中央政府。	勝	一
1789 〜 1865	一	雙重聯邦主義（Dual Federalism），遵從聯邦憲法規定，中央地方各守權責。	一	勝
1930 〜 1950	美國總統羅斯福「新政」（New Deal）	合作式聯邦主義（cooperative federalism），聯邦政府提供社會救濟福利。	勝	一
1950 〜 1970	美國總統詹森「大社會」（Great Society）計畫	協力聯邦主義（Co-operative Federalism）、創新式聯邦主義（Creative federalism）。	勝	一
1970 〜 1985	美國總統尼克森	分權（decentralization）、「還政於州，還權於民」。	一	勝
1985 〜	美國總統雷根	州政府自籌財源、企業型政府。	一	勝

申論題精選

一、 民族主義對政治系統之運作有何正、負功能？
試剖析之。　【地四】

▶ **賴老師答題架構**

(一) 民族主義之內涵。

(二) 民族主義對政治系統之正功能。

(三) 民族主義對政治系統之負功能。

二、 民族主義（nationalism）是什麼？是否會導致
國家的分裂或戰爭？全球化後民族主義是否會
消退？　【高三】

▶ **賴老師答題架構**

(一) 民族主義之內涵。

(二) 民族主義之正負功能。

(三) 全球化對國家主權之影響。

三、 關於國家的起源，有那幾種不同的學說，試分
別說明之。 【普】

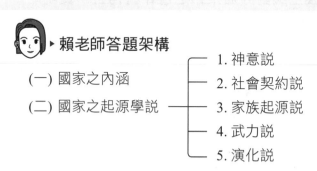

▶ 賴老師答題架構

(一) 國家之內涵
(二) 國家之起源學說
1. 神意説
2. 社會契約説
3. 家族起源説
4. 武力説
5. 演化説

四、 簡述國家的定義、構成要素及形成的方法。國
家建立後會有何危機？試從上述概念分析全球
化對國家有何影響，並舉例說明之。 【101地三】

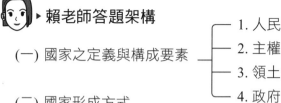

▶ 賴老師答題架構

(一) 國家之定義與構成要素
1. 人民
2. 主權
3. 領土
4. 政府

(二) 國家形成方式
1. 神意説 　　　　2. 社會契約説
3. 家族起源説 　　4. 武力説
5. 演化説

(三) 全球化對國家之影響

五、　一般而言，「國體」可區分為兩種，第一種區
　　　別為君主國體與共和國體，第二種區別國體的
　　　標準是根據政治權力在中央與地方的分配，根
　　　據此一標準，全球各國可分為「邦聯國家」、
　　　「聯邦國家」與「單一國家」，試比較這三種
　　　國體的差異性。　　　　　　　　　　【104地四】

 ▶ 賴老師答題架構

(一) 單一國家之內涵　　　　(二) 聯邦制之內涵

(三) 邦聯制之內涵　　　　　(四) 三種國體之差異性

六、　何謂主權？主權的特性為何？主權是否應受到
　　　限制？試分別說明之。　　　　　　　　【地三】

 ▶ 賴老師答題架構

(一) 主權之內涵與特性

(二) 主權是否應限制 ┬ 1. 主權得限制說
　　　　　　　　　　 └ 2. 主權不得限制說

選擇題

( )　**1** 以下那個國家是以政治認同而**非以單一民族**為
　　　基礎所建立的國家？
　　　(A)以色列　　　　　　(B)德國
　　　(C)日本　　　　　　　(D)美國。　　　　　　　【普】

( )　**2** 下列何者**不是霍布斯**的觀點？
　　　(A)在自然狀態下，每個人的生活是孤獨、貧乏、悲慘、短
　　　　暫，並且隨時有生命的危險
　　　(B)每個人都必須放棄一部分的自由，並將權利託付給力量
　　　　強大的政府
　　　(C)君主應該遂行統治，並且得到人民的服從
　　　(D)君主若無法滿足人民需要，人民有權反抗。　　【107普】

( )　**3** 下列關於當前**國體**的敘述，何者**錯誤**？
　　　(A)德國屬於君主立憲制
　　　(B)日本屬於君主立憲制
　　　(C)法國為共和制
　　　(D)中華民國為共和制。　　　　　　　　　　　【105普】

( )　**4** 下列何者**不是單一制政府的優點**？
　　　(A)因地制宜性較高
　　　(B)法律較具有一致性
　　　(C)統籌資源分配的能力較強
　　　(D)各地方政府在中央政府的代表性較平等。　　　【普】

( )　**5** 下列何者**並非聯邦制國家的特徵**？
　　　(A)權力分立　　　　　　(B)不成文憲法
　　　(C)憲法解釋機制　　　　(D)分享責任的共識。　【103地四】

( )　**6** 下列何者目前為**邦聯制**？
　　　(A)美利堅合眾國　　　　(B)獨立國協
　　　(C)東南亞國協　　　　　(D)南錐共同市場。　【104地四】

( )　**7** 「國家乃某一**階級壓迫**其他階級的組織」，是
　　　下列那一位思想家的主張：
　　　(A)布丹（Jean Bodin）
　　　(B)黑格爾（Georg W. Hegel）
　　　(C)卡爾‧馬克思（Karl Marx）
　　　(D)亞當‧斯密（Adam Smith）。　　　　【102普】

( )　**8** 關於**美國聯邦主義（federalism）**的敘述，以下
　　　何者正確？
　　　(A)聯邦政府對於國民的直接補助，削弱了州政府的勢力
　　　(B)Jefferson主張強化聯邦政府，避免聯邦分崩離析
　　　(C)雷根所推動的新聯邦主義，逐漸朝向中央集權的聯邦制
　　　(D)Hamilton主張保護州權，傾向分權主義。　【102普】

解答與解析

1 (D)

本題的關鍵在於政治認同以及非單一民族國家，因此採用刪去法，將單一民族國家的選項篩去，以色列人屬猶太民族國家、德國屬日耳曼民族國家、日本屬大和民族國家。而美國為移民國家，有民族大熔爐之稱，因此是為正解。

2 (D)

17世紀國哲學家霍布斯1651年著《利維坦》（Leviathan）：

(1) 在自然狀態下，每個人的生活是孤獨、貧乏、悲慘、短暫，並且隨時有生命的危險。

(2) 人為了獲得生命安全，願意放棄一部分的自由，並將權利託付給力量強大的政府以保障平安。

(3) 國家政府在為了防止動亂，在統治上具有絕對的威權。

(4) 人民必須絕對地服從政府。

3 (A)

德國屬共和制，德國總統為虛位共和國元首的代表。

4 (A)

單一制政府採由上而下統一性治理方式，其缺點在於因地制宜性較低。

5 (B)

聯邦制國家特徵包括：權力分立、成文憲法、憲法解釋機制、分享責任的共識。

6 (B)

邦聯制包括大英國協、蘇聯崩解後之獨立國協，以及由歐洲共同市場發展而成的歐洲聯盟。

7 (C)

馬克思主張人類社會是在控制生產資源的統治階級與提供勞動生產的勞動階級間不斷的階級鬥爭中發展而成。馬克思認為國家是為維護統治階級的利益而運轉。

8 (A)

美國聯邦主義發展：

(1) 美國總統傑佛遜（Jefferson）：主張保護州權而傾向分權主義。

(2) 美國憲法起草人漢彌爾頓（Hamilton）：主張聯邦主義，強化中央政府避免聯邦分崩離析。

(3) 雙重聯邦主義：係指遵從聯邦憲法規定，中央與地方政府責任範圍，中央不透過由財政補助款來主導地方政府權責。

(4) 合作式聯邦主義：1930年代經濟大蕭條後，人民希望聯邦政府介入社會及經濟事務，提供地方政府社會福利與失業救濟補助，強化了中央政府集權化的趨勢。落實在1930年代美國總統羅斯福推行的「新政」（New Deal）。

(5) 協力聯邦主義：強調不同層級政府之間在提供公共服務時的「夥伴關係」（partnership），聯邦政府扮演的是：補位功能、促進功能以及協助功能。

具體落實在1964年美國總統詹森推行「大社會」（Great Society）計畫，在國會立法通過支持下，聯邦政府不僅可以主動推行各種計畫，也合法地可以要求州及地方政府的配合，又稱為「創新式聯邦主義」、「恩准式聯邦主義」。

(6) 新聯邦主義

1970年美國總統尼克森推動分權（decentralization），聯邦和州權為平等的地位，主張「還政於州，還權於民」，聯邦依法定分配一定比例預算給地方州政府，減輕中央政府的政治負擔。

(7) 新新聯邦主義

美國總統雷根上任後，聯邦關係恢復憲法上有關聯邦與州之間權限的界限，包括州政府要負起所有主要社會福利制度的支出（自籌財源），並推行企業型政府。

憲法與人權

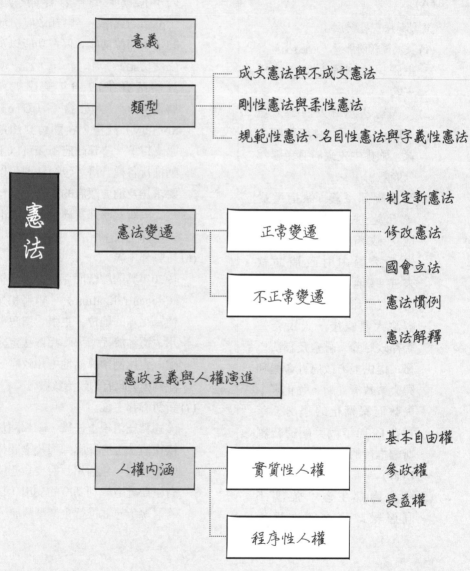

憲法
- 意義
- 類型
  - 成文憲法與不成文憲法
  - 剛性憲法與柔性憲法
  - 規範性憲法、名目性憲法與字義性憲法
- 憲法變遷
  - 正常變遷
    - 制定新憲法
    - 修改憲法
    - 國會立法
  - 不正常變遷
    - 憲法慣例
    - 憲法解釋
- 憲政主義與人權演進
- 人權內涵
  - 實質性人權
    - 基本自由權
    - 參政權
    - 受益權
  - 程序性人權

2-1　憲法之意義　│ 107普

(一) **憲法**：國家根本大法，規定政府組織、權責範圍以及人民權利義務。

(二) **制定憲法的目的**

1. 授予國家權力。　　　　2. 建立一致的價值與目標。

3. 提供政府穩定性。　　　4. 保障自由。

5. 政權的正當化。

2-2　憲法之類型　│ 100普、101地四、110普

(一) **成文憲法與不成文憲法**

以**憲法的形式**為標準做分類，可分為成文憲法與不成文憲法：

1. **成文憲法**：以**單一文書**或數種文書共同構成**獨立法典**的形式所呈現。1787年美國訂定世界第一部單一法典形式的成文憲法。

2. **成文憲法的優點如下**：

   (1) 人權保障原則，預防政府進行干預。

   (2) 立法權受到限制，減少國會主權的力量。

   (3) 獨立司法審查機關進行憲法解釋，確保政府機關遵行律法。

   (4) 個人自由得到保障，避免威權主義產生。

(5) 法典化文書富有教育性價值，可強調政治體系的核心價值與總體目標。

3. 成文憲法的缺點如下：

(1) 成文憲法較為僵化，社會回應力與適應力較弱。

(2) 文書的約束力不如定期選舉來得強。

(3) 需要依靠獨立的司法機關解釋憲法得以展現憲法的最高地位。

4. 不成文憲法：係指有關政府的組織與權力或人民權利意義事項的規範，散見於各種**文獻**、**習慣**、**協約與慣例**。例如**英國**、紐西蘭及以色列。

(二) 剛性憲法與柔性憲法

若以**修改程序**為標準，則可分為剛性憲法與柔性憲法。

1. 剛性憲法：係指憲法的修改不同於一般法律的修改，必須經由**特殊的程序**，而非國會以普通多數決即可修改。通常是以國會或特定的機關採取特定的多數決方式通過修憲案，或是由政府制定修憲案並交由公民投票方式通過修憲案。例如美國、法國、日本、台灣。

2. 柔性憲法：對憲法的修改機關、程序，均**與普通法律相同**，而以國會普通多數決即可進行修憲者。例如英國是所謂不成文憲法，有關憲法內涵的規範，均記載於國會所通過的法律之中，因此憲法與法律的界線難以明顯劃分，所以相對於剛性憲法的修改程序而言，是比較容易修改的。

(三) 規範性憲法、名目性憲法與字義性憲法

1. **規範性憲法**：係指政治權利能夠遵循憲法規範的約束。大體而言，一般民主先進國家如英國、美國、法國、德國等。

2. **名目性憲法**：指憲法的規範無法對現實的政治權利發揮拘束作用，憲法只是名義上存在而已。如一些開發中國家的憲法。

3. **字義性憲法**：憲法內容僅是將現實政治勢力，以成文憲法的形式加以定型化，沒有所謂權力分立、人權保障的價值存在，只是統治者的工具罷了。

憲法種類		內涵
成文與 不成文憲法	成文 憲法	以單一文書或數種文書共同構成獨立法典的形式所呈現。如美國憲法。
	不成文 憲法	係指有關政府的組織與權力或人民權利意義事項的規範，散見於各種文獻、習慣、協約與慣例。例如英國。
剛性與 柔性憲法	剛性 憲法	憲法的修改不同於一般法律的修改，必須經由特殊的程序。
	柔性 憲法	對憲法的修改機關、程序，均與普通法律相同，而以國會普通多數決即可進行修憲者。

憲法種類		內涵
規範性憲法、名目性憲法與字義性憲法	規範性憲法	係指政治權利能夠遵循憲法規範的約束。
	名目性憲法	指憲法的規範無法對現實的政治權利發揮拘束作用,憲法只是名義上存在而已。
	字義性憲法	憲法內容僅是將現實的政治勢力,以成文憲法的形式加以定型化。

2-3　憲法變遷

98普、99地四、103地四、107普

(一) 正常的憲法變遷

1. 制定新憲法

創建新國家,或新政治勢力而有制定新憲法的需要。如1791年法國。或因戰亂後建立新秩序,如二戰後的日本、德國。

2. 修改憲法

成文憲法國家多在憲法修改的方法、機關、程序,甚至時間、範圍等事項,做嚴格的明文限制規定。例如美國憲法規定,修憲案除可由參議院與眾議院三分之二以上議員同意後提出提議外,也可由全國憲法會議提議。修憲案可由四分之三州議會批准或由四分之三的州修憲會議批准。

3. 國會立法

因憲法文字較為簡潔,無法鉅細靡遺列出所有規範,各國都以國會立法的途徑,來補充憲法規範不足之處。

4. 憲法慣例

凡是有關基本的政治及憲法事項的一些格言、信條、常規、習慣、先例等，均為構成憲法慣例的可能來源。

5. 憲法解釋【109普】

(1) **立法機關解釋**：如英國強調國會至上，憲法解釋之權屬於立法機關。

(2) **司法機關解釋**：如美國依司法不告不理原則，法院不得主動解釋憲法，而必須以司法案件之爭訟個案為前提。

(3) **憲法法院解釋**：創設依憲法解釋機關，其地位超然達成保衛憲法之目的，例如德國、義大利的憲法法院、法國的憲法委員會、我國大法官釋憲委員會。

政治小學堂

我國聲請憲法解釋程序，可分別由**中央或地方機關、人民、法人、政黨、立法委員**、以及**法官**等四者發動聲請。

發動聲請者	聲請條件	參考法條
中央或 地方機關	1. 中央或地方機關，於其行使職權，適用憲法發生疑義，或因行使職權，與其他機關之職權發生適用憲法之爭議，或適用法律或命令發生有牴觸憲法之疑義者。 2. 聲請解釋機關有上級機關者，其聲請應經由上級機關層轉，上級機關對於不合規定者，不得為之轉請，其應依職權予以解決者，亦同。	司法院大法官審理案件法第五條第一項第一款及第九條

發動聲請者	聲請條件	參考法條
人民、法人、政黨	1. 憲法上所保障之權利，有遭受不法侵害的情形。 2. 經過法定的訴訟程序，並在用盡審級救濟途徑後，取得最終確定終局裁判。如果依法可以上訴而未上訴以致裁判確定，就是沒有用盡審級救濟途徑，也就不可以根據此種裁判提出聲請。 3. 認為確定終局裁判所適用的法律或命令，有牴觸憲法的疑義。 具備以上條件，可以書面向司法院聲請解釋憲法。	司法院大法官審理案件法第五條第一項第二款及第八條
立法委員	立法委員現有總額三分之一以上，就其行使職權，適用憲法發生疑義，或適用法律發生有牴觸憲法之疑義者，得聲請解釋憲法。	司法院大法官審理案件法第五條第一項第三款
法官	各級法院法官於審理案件時，對於應適用之法律，依其合理之確信，認為有牴觸憲法之疑義，得以之為先決問題裁定停止訴訟程序，並提出確信法律違憲之論證，聲請司法院大法官解釋。	依司法院釋字第371號解釋意旨。

(二) 不正常的憲法變遷

憲法**凍結**	因客觀外在條件變化，而暫時凍結憲法中特定規範的效力。
憲法**廢除**	既存憲法制定權的主體，根據社會生活中所出現的特別狀況，廢除了既存的憲法。
憲法**破棄**	在緊急狀態下，藉由緊急命令或特別憲法條款等規定，讓原先憲法的規定無以適用。如我國「動員戡亂時期臨時條款」。
憲法**侵害**	指既存憲法規範依然完整存在的情況下，政治現實上卻存在著抵觸憲法規範的命令或措施，而使憲法規範效力無從實踐。

2-4 憲政主義與人權演進

97普、97地四、98地四、101地四、103地四、105地四、108原四、109原四

(一) 憲政主義（constitutionalism）

1. **意涵**：指**有限政府**，指政府機關之**權力受憲法規則有效約束**，**使人民之權利避免受到國家權力之侵害**。其典型形式表現法典與制度中，例如**法典化憲法**（剛性憲法）、權力條款（人權保障）、**權力分立**（行政司法立法三權分立）、**兩院制**（國會兩院制）以及聯邦主義或地方分權。

憲政主義之設計與目的

憲政主義是一個很重要的觀念，他的重點即在於透過憲法的設計與規範限制政府的權力，保障人民的權利。而憲法限制政府權力的設計即在於讓權力分割、分散、且相互制衡，而最重要的是，一個國家的運作是依造並遵從憲法的規定在運行，而非讓憲法進流於形式。

(二) 人權演進

德國學者佛萊瑞區（Carl. J. Friedrich）將人權演進分為三階段：

16、17世紀

消極的人權 —— 第一代人權

1. 消極人權：**避免政府干預、侵害人民權利**。**如自由權、財產權、信仰自由、表意自由、人身自由**等**基本人權**。

2. 代表人物：英國哲學家**洛克**。強調政府的功能在保護人民固有的權利，政府權力應嚴加限制，以免危及人民的自由或掠奪人民的財產。

19世紀

選舉權的擴大（積極人權）—— 第二代人權

1. 十九世紀中葉以前西方各國對選舉權有限制，故將選舉權納入基本人權的範疇成為此時期的政治風潮。

2. 代表人物：英國政治學家**彌爾**（John S.Mill）主張政治參與為一種民權。

20世紀

經濟與社會福祉相關權利

1. 十九世紀工業革命後，人民生活水準提升，但工作環境與工作安全反而倒退。1930年經濟大蕭條後，受凱因斯主義的影響，西方資本主義國家普遍認為，政府有義務給予人民某種生活保障及若干必要的福利。

2. 聯合國人權宣言中明確指出公民及政治人權與經濟社會與文化人權是必須保障的人權。

3. 人權範圍與種類：包括**隱私權**；**生存權、就業權、環境權**等經濟人權。

2-5 人權之內涵

(一) 意涵

人權（human rights）具有普遍性，屬於全人類而非特定國家、種族、宗教、性別或其他團體；人權也具有「根本性」，是不可剝奪的。

(二) 人權類型

1. 實質人權

實質人權具有實際作用，可分為基本自由權、參政權（民權）以及受益權。

(1) 基本自由權

基本自由權被認為係人民固有，政府不得侵犯，包括信仰自由（包括政治與宗教信仰與從事宗教活動）、表意自由（包括言論、著作、出版、講學等自由）、集會結社自由、居住與遷徙自由、人身自由（免於非法逮捕與拘禁）。

我國憲法第二章規定居住與遷徙自由（第十條）、表意自由（第十一條）、秘密通訊之自由（第十二條）、信仰宗教之自由（第十三條）、集會結社之自由（第十四條）。

(2) 參政權

包括參與組織政治團體的權利、請願與訴願的權利、選舉權、被選舉權等。

我國憲法第二章規定參政權（選舉、罷免、創制及複決權）（第十七條）、服公職權（第十八條）、受國民教育權（第二十一條）。

(3) 受益權

現代國家人民的受益權包括工作權、義務教育權、生存權（即失業時適當的救濟）、獲得政府適當的服務之權……等。

我國憲法第二章規定生存權、工作權及財產權（第十五條）、請願、訴願與訴訟之權（第十六條）。

2.程序的人權

程序的人權是為了更有效地保障實質人權，更公平與平等地對待所有人民，而減少特權的運用。提如提審權。

提審權又稱「提審狀」或「人身保護狀」，乃是指被逮捕的犯罪嫌疑人得要求拘捕或偵訊機關書面告其本人親友拘捕原因，並於**二十四小時內**向法院舉出拘捕的「初步證據」，並立刻把案件移交法院，其本人或親友亦可在二十四小時內要求法院提審。拘禁機關如無適當初步證據，應立即釋放。

我國憲法第二章規定程序性人權（包括提審權第八條）。

政治小學堂

我國憲法第8條是對人民人身自由保障之重要法條亦是重要考點，請考生務必熟悉其內容：

1. 人民身體之自由應予保障。除現行犯之逮捕由法律另定外，非經司法或警察機關依法定程序，不得逮捕拘禁。非由**法院**依法定程序，不得**審問處罰**。非依法定程序之逮捕、拘禁、審問、處罰，得拒絕之。

2. 人民因犯罪嫌疑被逮捕拘禁時，其逮捕拘禁機關應將逮捕拘禁原因，以書面告知本人及其本人指定之親友，並至遲於**二十四小時**內移送該管法院審問。本人或他人亦得聲請該管法院，於二十四小時內向逮捕之機關提審。

3. 法院對於前項聲請，**不得拒絕**，並不得先令逮捕拘禁之機關查覆。逮捕拘禁之機關，對於法院之提審，不得拒絕或遲延。

4. 人民遭受任何機關非法逮捕拘禁時，其本人或他人得向法院聲請追究，法院不得拒絕，並應於**二十四**小時內向逮捕拘禁之機關追究，依法處理。

申論題精選

所謂人權（human rights）是什麼？現代國家的憲法中，明文保障人權的項目有什麼？請分項說明。

【100地三】

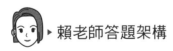 ▶ 賴老師答題架構

(一) 人權之定義及發展歷程

(二) 當代國家人權保障項目 ┬ 1. 基本自由權
　　　　　　　　　　　　├ 2. 參政權
　　　　　　　　　　　　├ 3. 受益權
　　　　　　　　　　　　└ 4. 程序人權

選擇題

( )　**1** 有關**憲法目的**的敘述，下列何種主張，是強調
政府應該提供資源與援助，並擴大政府保障人
民權利的責任？
(A)有限政府　　　　　　(B)積極權利
(C)消極權利　　　　　　(D)憲政主義。　　　　　【110普】

( )　**2** 下列何者**不是**制訂憲法的目的？
(A)提供政府施政的正當性
(B)宣揚建國的理念與價值
(C)設定政府的組織架構
(D)增進行政效能與效率。　　　　　　　　　　【107普】

( )　**3** 就法律存在形式而言，**習慣**、**法理**及**判例**等
稱為：
(A)制定法　　　　　　　(B)不成文法
(C)實體法　　　　　　　(D)程序。

( )　**4** 下列何者**不是**成文憲法的優點？
(A)條款明確，可以防止政府的干預
(B)立法權受到限制
(C)個人自由的保障更明確
(D)非民選的法官可能藉由成文憲法具有比民選
政治人物更大的影響力。　　　　　　　　　【110普】

( )　**5** **成文憲法**有不少**優點**，下列何者**不是**它的優點？

(A)比較能夠因應民眾的需求及感受

(B)人權保障原則得以確立，防止政府不當干預

(C)個人自由得到保障，避免威權主義產生

(D)立法權受到限制，減少國會主權的力量。　　　　【普】

( )　**6** 下列有關**憲法解釋**的敘述，那一項是正確的？

(A)只有司法機關才可以解釋憲法

(B)解釋憲法是憲法成長的途徑之一

(C)解釋憲法的機關必須主動發覺違憲事實並加以解釋

(D)解釋憲法的機關不能解釋立法機關通過的法案違憲。

【地四】

( )　**7** 關於**美國聯邦憲法修正案**的**提出**，下列程序何
者正確？

(A)由眾議院三分之二以上眾議員同意後提出

(B)由全國二分之一公民連署提出

(C)由國會應二分之一州議會的要求召開制憲會議

(D)由參議院與眾議院三分之二以上議員同意後提出。

【地四】

( )　**8** **憲法的變遷**有好幾種途徑，下列何者**不是正常**
的憲法變遷？

(A)修改憲法　　　　　　(B)凍結憲法

(C)解釋憲法　　　　　　(D)建立慣例。　　　【103地四】

( )　**9**　**憲政**精義之所在是：

(A)有成文憲法

(B)有剛性憲法

(C)政府的權力受到限制

(D)人民的權利受到限制。　　　　　　　　　　　　【地四】

( )　**10**　西方人權的演進中，**選舉權的擴大**主要在什麼

時候？

(A)13、14世紀　　　　　(B)15、16世紀

(C)17、18世紀　　　　　(D)19、20世紀。　　　【普】

( )　**11**　就人權的發展歷史而言，所謂「**第二代人權**」

是指下列何者？

(A)消極的人權　　　　　(B)積極的人權

(C)發展的人權　　　　　(D)環境的人權。　　　【地四】

( )　**12**　在公民所享有的各種權利當中，那一項權利是

人類歷史上**最晚**發展出來的？

(A)平等權　　　　　　　(B)自由權

(C)參政權　　　　　　　(D)社會權。　　　【103地四】

( )　*13*　**創制權**屬於下列那一類的人權？

(A)自由權

(B)救濟權

(C)參政權

(D)社會權。　　　　　　　　　　　　　　【103地四】

( )　*14*　**意見自由**是民主政治發展的基礎，請問下列何
者**非**意見自由的核心？

(A)言論自由

(B)新聞自由

(C)工作自由

(D)出版自由。　　　　　　　　　　　　　【103普】

( )　*15*　下列有關**「提審權」**（habeas corpus）的敘述何
者**錯誤**？

(A)又稱為「人身保護狀」

(B)被逮捕的犯罪嫌疑人得要求拘捕或偵訊機關
　書面告知其本人及其指定親友拘捕原因

(C)嫌犯本人或親友可要求法院提審

(D)提審權是屬於實質性的人權。　　　　　【106普】

解答與解析

1 (B)

本題關鍵字在於政府提供資源與救援，過大政府責任，這是標準積極政府、積極權利的展現。有限政府、消極權力則是強調政府小而美，只要管理最基本的秩序，保障個人基本人權個人自由及財產自由即可。因此，選項(B)為正解。

2 (D)

制定憲法的目的包括：
(1) 授予國家權力。
(2) 建立一致的價值與目標。
(3) 提供政府穩定性。
(4) 保障自由。
(5) 政權的正當化。

3 (B)

本題關鍵字在習慣、法理及判例，是不成文憲法的特徵。

4 (D)

成文憲法的優點包括條文明確、立法權受限制，使個人權利保障更明確，但修憲程序也比較困難。因此非成文憲法的優點則在於能透過法官釋憲的方式改變社會制度，產生更大的影響力。因此選項(D)為正解。

5 (A)

成文憲法的優點包括如下：
(1) 人權保障原則，預防政府進行干預。
(2) 立法權受到限制，減少國會主權的力量。
(3) 獨立司法審查機關進行憲法解釋確保政府機關遵行律法。
(4) 個人自由得到保障，避免威權主義產生。
(5) 法典化文書富有教育性價值，可強調政治體系的核心價值與總體目標。

6 (B)

立法機關、憲法法庭亦可解釋憲法。解釋憲法機關係被動解釋憲法，亦即不告不理原則。解釋憲法機關能解釋立法機關通過的法案違憲。

7 (D)

美國聯邦憲法第五條規定，修正案在生效之前，須經國會參眾兩院

的三分之二表決通過，或是由三分之二的州會議（稱作憲法第五條會議）的要求，而後才能提呈給各州，並經過四分之三州議會的批准，批准的方式是由國會在提案時決定。

8 (B)

正常的憲法變遷途徑如下：
(1) 制定新憲法。
(2) 修改憲法。
(3) 國會立法。
(4) 憲法慣例。
(5) 憲法解釋。

9 (C)

憲政精義在於限制政府的權力，並保障人民權利免於受到政府侵害。

10 (D)

選舉權的擴大主要在19、20世紀。

11 (B)

第一代人權是消極人權，或稱基本人權即自由權。第二代人權為積極人權，包含經濟權、選舉權等。

12 (D)

人權發展順序為自由權、平等權、參政權以及社會權。

13 (C)

參政權包括選舉權、被選舉權、創制權、以及複決權。

14 (C)

意見自由的核心包括言論自由、新聞自由、出版自由等表意的自由。

15 (D)

提審權又稱「提審狀」或「人身保護狀」，乃是指被逮捕的犯罪嫌疑人得要求拘捕或偵訊機關書面告其本人親友拘捕原因，並於二十四小時內向法院舉出拘捕的「初步證據」，並立刻把案件移交法院，其本人或親友亦可在二十四小時內要求法院提審。拘禁機關如無適當初步證據，應立即釋放。我國憲法第二章規定程序性人權（包括提審權（第八條））。

民主政治與民主理論

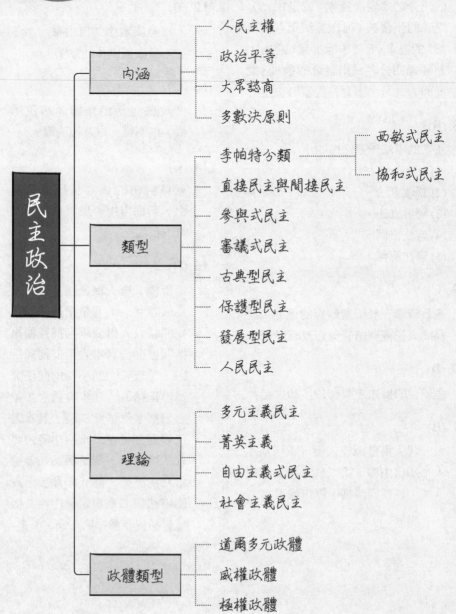

民主政治
- 內涵
  - 人民主權
  - 政治平等
  - 大眾諮商
  - 多數決原則
- 類型
  - 李帕特分類
    - 西敏式民主
    - 協和式民主
  - 直接民主與間接民主
  - 參與式民主
  - 審議式民主
  - 古典型民主
  - 保護型民主
  - 發展型民主
  - 人民民主
- 理論
  - 多元主義民主
  - 菁英主義
  - 自由主義式民主
  - 社會主義民主
- 政體類型
  - 道爾多元政體
  - 威權政體
  - 極權政體

3-1 民主政治之概念與定義

97地四、100地四、101普、102地四、103普、105普、105地四、106地四、107地四、107地四、110普、111高

當代美國政治學者奧斯汀蘭尼（Austin Ranney）將民主政治定義為：「一個依據**主權在民**、**政治平等**、**人民諮商與多數決**等原則而組成的政府形式。」

> **熊彼得（J.Schumpeter）對民主之定義**
>
> 經濟學家熊彼得是**菁英民主理論**論者，對民主之定義為：「民主就是一種為了達成政治決策的制度安排，在其中的每個人可以藉由**競逐選票**的方式來獲得權力。」

(一) 人民主權（popular sovereignty）

人民主權，或稱主權在民是民主政治的最基本原則，民主政治的其他原則都是根據此一原則衍生而來。主權在民係指國家的主權掌握在全體民眾手中，而非掌握在一個人或少數人手中，其建立在幾個基礎上：

1. **對人民負責的政府**：是指政府的合法性與代表性來自於人民，政府的執政結果得失須對人民負責，作得好可得連任，作得不好人民可透過選舉機制使其下台。

2. **有意義的選舉**：指選舉須具有競爭性，讓人民有選擇性。

3. **持異議與不服從的權利**：人民有持異議與不服從的權利，必要時可行使罷免權。

(二) 政治平等（political equality）

1. **一人一票，票票等值**：不因個人的財產、社會地位、職業、種族等因素而多一票或少一票。

2. **每位公民都有平等陳述政治觀點，以爭取政治職位的機會。**

(三) 大眾諮商（popular consultation）

政府有管道及能力聽取民眾的需求與意見，人民亦有相關平台、管道得以將意見向上反映。

(四) 多數決原則（majority rule）

意即多數決原則不是用來壓制少數人，多數應尊重少數，少數應服從多數。

政治小學堂

民主政治的定義背誦口訣：政大人多。

1. （政）治平等　　　　　2. （大）眾諮商
3. （人）民主權　　　　　4. （多）數決原則。

此外，建議考生也把這四項專有名詞的英文背誦下來，特別是在寫申論題時也把它寫進去，因為翻譯的不同，中文未必盡是這樣的寫法，但如果標上英文則更能表現出概念的精準度，以及考生的深度與水平。

3-2　民主之類型　｜97地四、98地四、99高三、100高、100普、100地四、103普、107地四

(一) 西敏式民主與協和式民主

美國政治學者李帕特（Arend Lijphart），將民主分為「西敏式民主」與「協和式民主」。

1. **西敏式民主（Westminster system），又稱「多數決民主」（majoritarian democracy），以英國為例，其特徵如下：**

(1) 行政權中央集權於單一政黨或具絕對多數政黨所組成之政府。

(2) 內閣全部由議員組成，向議會負責。

(3) 政黨體制為兩黨制。

(4) 選舉制度採單一選區相對多數制。

(5) 利益團體為多元主義。

(6) 中央集權政府。

(7) 立法權集中的單一院制。

(8) 柔性憲法及不成文憲法。

(9) 缺乏司法審查制度。

(10) 中央銀行聽命於行政權。

2. **協和式民主（consociational democracy）（以比利時及瑞士為例）**

(1) 行政權與立法權權力分享，由聯合內閣組成之政府。

(2) 行政權與立法權具有權力平衡。

(3) 政黨體系為多黨制。

(4) 選舉制度採比例代表制。

(5) 利益團體為統合主義。

(6) 國家體制為聯邦制或地方分權政府。

(7) 國會兩院制。

(8) 剛性憲法及成文法典。

(9) 具有司法審查制度。

(10) 具有獨立地位之中央銀行。

西敏式民主 the westminster model	比較項目	協和式民主 the consensus model
行政權中央集權於單一政黨或具絕對多數政黨所組成之政府。	政府體制	行政權與立法權權力分享，由聯合內閣組成之政府。
內閣全部由議員組成，向議會負責。	行政權與立法權關係	行政權與立法權具有權力平衡。
政黨體制為兩黨制。	政黨體系	政黨體系為多黨制。
選舉制度採單一選區相對多數制。	選舉制度	選舉制度採比例代表制。
利益團體為多元主義。	利益團體模式	利益團體為統合主義。
中央集權政府。	國家體制	國家體制為聯邦制或地方分權政府。
國會一院制。	國會體制	國會兩院制。
柔性憲法及不成文憲法。	憲法類型	剛性憲法及成文法典。
缺乏司法審查制度。	司法審查制度	具有司法審查制度。
中央銀行聽命於行政權。	中央銀行地位	具有獨立地位之中央銀行。

政治小學堂

李帕特的西敏式民主與協和式民主是很典型的考點，不論是申論題或是選擇題都算是頻出的考點，請考生務必掌握。同時，這兩個專有名詞的英文有建議考生熟記，並運用在申論題的答題之中，增加答題的精準度。

(二) 直接民主與代議民主

1. **直接民主**：又稱為參與式民主，建立在公民直接且持續參與政府事務的基礎之上。

   其優點分述如下：

   (1) 公民可以自行決定其所要過的政治生活。

   (2) 對於政治生活涉入較深的公民具有教育與道德作用。

   (3) 有助於公民表達自身的看法和利益，而無須假借民意代表。

   (4) 強化統治的正當性，政策的決定直接來自人民。

2. **代議民主**：是透過有限且間接公民參與方式，通常僅限於每隔幾年的投票來行之。代議民主其優點分述如下：

   (1) 提供一種在運作上較容易實踐的民主形式。

   (2) 減輕公民負起決策之責任，進而形成某種程度的政治分工。

   (3) 具有專業知識且較富經驗的人來管理政府。

   (4) 透過拉大一般公民與政治之間的距離，而得以保持政治的穩定，鼓勵公民接受妥協的結果。

(三) 參與式民主

參與式民主是指鼓勵公民直接參與公共事務，而非透過間接式民主的方式，透過民意代表表達意見。參與式民主強調公民可直接參與政治，影響政府決策與施政。

(四) 審議式民主（Deliberative democracy）

審議式民主，是指讓公民針對一項政策或議題，經過公民、專家學者、政府官員、政策利害關係人等集體討論與審議深思熟慮，透過理性的思辯後得出特定的政策結論。

審議式民主與傳統自由民主的差別在於，後者重視選舉、投票，是追求量的民主，而審議式民主重視參與、討論、辯論，追求的是質的民主。

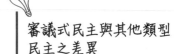

審議式民主與其他類型民主之差異

注意，審議式民主與其他類型民主最大的差別在於，審議式民主強調的是一個讓不同領域、階層公民參與政策討論的空間與過程。

(五) 古典型民主（classical democracy）

古典型民主是由古希臘雅典城邦所發展出來的制度，其所有重大的決策都是由全體公民組成的公民大會所制定。

(六) 保護型民主（protective democracy）

保護型民主發展於十七世紀，其重視的是如何保護人的基本權利，包括人身自由、財產自由等免受他人與國家的侵害。

(七) 發展型民主（developmental democracy）

發展型民主關注於對人類個人與社群發展，係由法國哲學家盧梭（Jean J.Rousseau）所提出。其強調人必須持續參與比自己更大範圍的社群，才能得到自由，例如1960、1970年代參與型社會以及草根民主的崛起。

3-3 **民主理論** │109原四

(一) 多元主義民主（pluralism）

1. 多元主義民主的理念可追溯至早期自由主義的政治哲學，特別是洛克和孟德斯鳩、麥迪遜（John Madison）的觀念，認為每個團體都有發聲的管道，才能使社會穩定和諧。

2. 健全的多元主義式民主包括以下條件：

   (1) 分化的權力。

   (2) 負責的選舉。

   (3) 團體政治。

(二) 菁英主義（elitism）

1. 菁英主義是指認為統治階層應由菁英或少數人來擔任。

1	規範 菁英主義	主張政治權力應該集中在睿智或有知識的少數人身上。
2	古典 菁英主義	莫斯卡（Gaetano Mosca）、米契爾斯（Robert Michels）認為菁英統治是無可避免的，而且是社會存在無法改變的事實。
3	現代 菁英主義	1. 美國社會學家米爾斯（C. Wright Mills）著有《權力菁英》一書，認為「權力菁英」由大企業（特別是和國防有關的工業）、美國軍方和環繞在總統之周遭的政治小集團三者所組成，強調權力存在於社會菁英的權威集中化過程中。

3	**現代** **菁英主義**

2. **競爭性菁英理論**：經濟學家熊彼得是菁英民主理論的集大成者，其《資本主義、社會主義與民主》中認為，「民主就是一種為了達成政治決策的制度安排，在其中的每個人可以藉由競逐選票的方式來獲得權力。」因此，民主**並非真的是人民當家作主**，而是「人民有機會接受或拒絕要來統治他們的人」。

2. 寡頭鐵律（Iron law of oligarchy）

1911年德國學者羅伯特・**米契爾斯**（Robert Michels）在其著作《政黨》（Political Parties）所提出，他觀察各種社會主義政黨的活動，發現無論這些政黨在開始的時候如何標榜民主與大眾化，但**到頭來一定被少數領袖份子操控**，即所謂的寡頭鐵律（Iron law of oligarchy）。

3. 菁英理論可簡單歸納如下：

(1) **權力菁英**：社會上分成兩個階級，一方為掌握權力的一小群人，另一方為沒有權利的大多數人。前者可以在不同職務之間互相流轉，而且權力是累積的。

(2) **壟斷的選舉**：菁英主義認為無論候選人有幾人，選民只能在主要候選人之間選擇，極少數人能突破大黨而當選，因為政治職位實際上是被少數人所壟斷的。

(3) **寡頭控制的團體政治**：由於大多數人極少積極介入團體內的事務，因此最終權力總是掌握在少數人手中。

(三) 自由主義式民主與歷史的終結

1. 美國學者法蘭西斯・福山1992年在其著作《歷史之終結與最後之人》（The End of History and the Last Man）提出。

2. 他認為1990年代第三波民主化，東歐共產政權及蘇聯瓦解，馬列主義意識型態將在世界歷史中逐漸喪失其重要性。

3. 西方國家自由民主制度是人類生活與統治方式的最終形式，世界上已無其他意識型態可與西方自由主義式民主相抗衡。

(四) 社會民主主義（Social democracy）

1. 社會民主主義是對19世紀後，許多國家對兩次世界大戰之間1930年代經濟大蕭條的反思。

2. 社會民主主義是對自由民主政體的改良，加入了社會主義的思想，使原本強調資本主義經濟運作的自由民主政體，多加強調社會公義、平等、社會福利等。

3. 例如西歐、北歐國家、英國、德國、法國等，他們支持代議制與參與式民主，讓弱勢族群有較容易發聲的機會，並且在國家財政上主張收入再分配，建立福利國家。

3-4　政體之類型

98普、100普

(一) 道爾多元政體

美國政治學者羅伯特・道爾（Robert Daul）定義多元政體
（polyarchy）需要具有下列七個條件：

1. 主要的政治決策者為民選。

2. 選舉過程自由且公平。

3. 普遍選舉權。

4. 參政權。

5. 言論自由。

6. 新聞自由。

7. 集會結社自由。

> 道爾的多元政體七項要
> 件是頻出考點，請務必
> 熟記。

(二) 威權政體【106普、108高】

1. 威權政體特徵包括如下：

(1) 權力集中在少數人手中。

(2) 統治者對政治領域的嚴格控制。

(3) 存在數量有限的民間團體。

(4) 不鼓勵人民參與政治，甚至限制人民政治參與。

2. 威權政體次類型：

(1) **政黨威權政體**：單一政黨壟斷政治權力直接影響政府施政。

(2) **軍人威權政體**：軍事領袖或軍事執政團壟斷政治權力直接
影響政府施政。

(3) **宗教領袖威權政體**：透過政教合一，由宗教領袖身兼政治
領袖，壟斷政治權力直接影響政府施政。

(4) **官僚威權政體**：由官僚壟斷政治權力直接影響政府施政。

(5) **君主的威權獨裁**：由傳統專制君王壟斷政治權力直接影響
政府施政。

政治小學堂

考生對於威權政體與極權政體的定義都要熟悉，此外更加需要注意
的是兩者的差別。這兩個政體最關鍵的差異在於，極權主義更強調
「全面且嚴密的」監控人民生活，包括「意識型態的滲透」，而威
權政體則否。

(三) 極權政體【105地四】

1. **定義**：極權主義是指國家存在一種組織具有絕對的權威，將
整體國家的各種層面與人民生活嚴密掌控。

2. **特徵**：學者佛列德里希和布里辛斯基（C. Friedrich and
Z. Brzezinski）建構極權體制的模式，認為其特徵有以下幾種：

(1) 官定的意識型態。

(2) 群眾性的唯一政黨。

(3) 政治警察。

(4) 嚴格控制的大眾傳播媒介與文化活動。

(5) 官僚經濟。

申論題精選

一、 試區別民主政體中「西敏寺模式」(Westminister model) 與「協和式民主」(consociational democracy) 二者之主要特徵。　　　　　　　　　　【高三】

 ▶ 賴老師答題架構

(一) 西敏寺模式之特徵

(二) 協和式民主之特徵

二、 試比較參與式民主 (participatory democracy)、代議式民主 (representative democracy) 和審議式民主 (deliberative democracy) 之不同。　【100高】

 ▶ 賴老師答題架構

(一) 參與式民主之內涵

(二) 代議式民主之內涵

(三) 審議式民主之內涵

(四) 三者之不同

選擇題

( )　**1** 下列何者**不是**民主政治的基本原則？
(A)人民主權　　　　　(B)經濟平等
(C)大眾諮商　　　　　(D)多數統治。　　　　　【110普】

( )　**2** 根據**蘭尼（A. Ranney）**的定義，下列何者**不是**
民主政治應該包含的四個原則之一？
(A)主權在民　　　　　(B)資源共享
(C)人民諮商　　　　　(D)多數決。　　　　　【102地四】

( )　**3** 所謂**「多數統治」（majority rule）**的原則為下
列何者？
(A)最後的統治權歸屬於人民全體
(B)政府的政策應根據多數人而非少數人的意願而行
(C)一人一票，票票等值
(D)政府須設有機制了解人民的需求。　　　　　【地四】

( )　**4** 根據托克維爾（Tocqueville）的說法，民主政治
由於賦予群眾權力和發聲的機會，**不寬容的多**
數群眾可能會**對少數人**的**權利**構成**威脅**，形成
所謂的：
(A)少數人的沉默　　　(B)多數人的沉默
(C)少數人的暴政　　　(D)多數人的暴政。　　　　　【101普】

( )　**5** 政治學所謂的**西敏寺模式**（Westminster model）
是指：
(A)共識型民主
(B)強調將少數團體納入決策體制
(C)協商式民主
(D)行政部門的權力源自於立法部門。　　　　　【普】

( )　**6** 下列何者屬於「**共識決民主模式**」的特徵？

(A)行政權集中

(B)選舉制度採相對多數決

(C)權力集中在多數黨

(D)朝向地方分權與聯邦制。　　　　　　　【103普】

( )　**7** 代議政治的實施目前出現諸多問題，**直接民主**的
倡議趨勢興起。下列何者**非**直接民主的形式？

(A)公民會議　　　　　(B)審議式民主

(C)政黨協商　　　　　(D)公民投票。　【107地四】

( )　**8** 下列何項**不是參與式民主**（participatory democracy）
的特徵？

(A)大眾參與　　　　　(B)菁英領導

(C)多數決　　　　　　(D)政治平等。　　【地四】

( )　**9** 下列何者**不屬於**民主的**多元主義**（pluralism）觀
點之一？

(A)分化的權力　　　　(B)負責的選舉

(C)權力菁英　　　　　(D)團體政治。　　　【普】

( )　**10** 強調民主政治的運作是由「人民透過加入組織化
的**利益團體**來**反映**其**利益**與要求」，此稱之為：

(A)協和式民主　　　　(B)多元主義式民主

(C)統合式民主　　　　(D)威權式民主。　【地四】

( ) **11** 古典政治理論的代表性人物中，下列何人主張
社會契約論？
(A)盧梭（Jean-Jacques Rousseau）
(B)馬基維里（Niccolò Machiavelli）
(C)亞里士多德（Aristotle）
(D)孟德斯鳩（Baron de Montesquieu）。　　　　【103普】

( ) **12** 將政治**領導者**視為民主**重心**的理論稱為：
(A)菁英民主理論　　　　(B)經驗民主理論
(C)古典民主理論　　　　(D)現代民主理論。　　　【地四】

( ) **13** 提出**全意志（general will）**與**共同體概念**
（community）的民主理論家為何人？
(A)John Locke
(B)C. L. Montesquieu
(C)John Stuart Mill
(D)Jean-Jacques Rousseau。　　　　　　　　【101普】

( ) **14** 下列何種論點強調在所有組織中，**權力**傾向於集中
在有組織能力之**少數人手中**而非在冷漠的群眾？
(A)寡頭鐵律　　　　　　(B)權力鐵律
(C)冷漠鐵律　　　　　　(D)組織鐵律。　　　【104普】

( ) **15** 在20世紀末，提出**自由主義式**民主已獲得**最後**
勝利的著名學者及其論著為：
(A)貝爾（D. Bell）的「意識型態的終結」（The End of Ideology）
(B)福山（F. Fukuyama）的「意識型態的終結」（The End of Ideology）
(C)貝爾（D. Bell）的「歷史的終結」（The End of History）
(D)福山（F. Fukuyama）的「歷史的終結」（The End of History）。
　　　　　　　　　　　　　　　　　　　　【102地四】

( ) **16** 下列關於**社會民主主義**的敘述，何者正確？

(A)主張國家與市場之間難以維持均衡

(B)主張廢除私有財產

(C)具憐憫心和良善人性的信念

(D)反對福利主義和社會正義等原則。 【105普】

( ) **17** **道爾**（Robert Dahl）所提出的「**多元政體**」

（polyarchy）所需要包括的條件中，**不包含**下

列那一項？

(A)主要的政治決策者為民選 (B)普遍選舉權

(C)言論自由 (D)公民投票。 【普】

( ) **18** 下列何者**不是威權政體**的特徵？

(A)統治者對政治領域的嚴格控制

(B)存在數量有限的民間團體

(C)鼓勵大眾積極參與政治

(D)權力集中在少數人手中。 【106普】

( ) **19** 有**官定的意識型態**並**全面控制**人民生活的國家

是屬於下列何種體制？

(A)專制主義（absolutism）

(B)極權主義（totalitarianism）

(C)威權主義（authoritarianism）

(D)共和主義（republicanism）。 【105地四】

解答與解析

1 (B)

民主政治的基本原則是政大人多：政治平等、大眾諮商、人民主權、多數統治。

2 (B)

蘭尼（A. Ranney）民主政治的定義口訣：政大人多：政治平等、大眾諮商、人民主權、多數決。

3 (B)

多數統治係指依多數決的原則來決定，也就是說政府應該以多數人，而非以少數人的意見為意見。

4 (D)

民主政治是依多數決的原則來決定，也就是說政府應該以多數人，而非以少數人的意見為意見。但是，民主政治在使用多數決原則時特別強調以下兩項特點，以免淪為多數暴力。

(1) 多數決原則不是用來壓制少數人。

(2) 多數所選出來的候選人並不因此就被賦予至高無上、毫無限制的權威，仍應該遵循適當的法律規範。

5 (D)

西敏寺模式之特徵如下：

(1) 行政權中央集權於單一政黨或具絕對多數政黨所組成之政府。

(2) 內閣全部由議員組成，向議會負責。

(3) 政黨體制為兩黨制。

(4) 選舉制度採單一選區相對多數制。

(5) 利益團體為多元主義。

(6) 中央集權政府。

(7) 立法權集中的單一院制。

(8) 柔性憲法及不成文憲法。

(9) 缺乏司法審查制度。

(10) 中央銀行聽命於行政權。

6 (D)

「共識決民主模式」的特徵如下：

(1) 行政權與立法權權力分享，由聯合內閣組成之政府。

(2) 行政權與立法權具有權力平衡。

(3) 政黨體系為多黨制。

(4) 選舉制度採比例代表制。

(5) 利益團體為統合主義。

(6) 國家體制為聯邦制或地方分權政府。

(7) 國會兩院制。

(8) 剛性憲法及成文法典。

(9) 具有司法審查制度。

(10) 具有獨立地位之中央銀行。

7 (C)

公民會議、審議式民主、公民投票皆係由公民直接參與並做成決定，而政黨協商則是有民意代表或政黨人士進行協商並做成決定，係屬非直接民主之形式。

8 (B)

參與式民主的重要特徵係大眾參與，而(B)的思考邏輯與其重要特徵剛好完全相反，因此(B)為正解。

9 (C)

民主的多元主義的重要特徵為多元參與及權力分化，而(C)的思考邏輯與其重要特徵完全相反，因此(C)為正解。

10 (B)

多元主義式民主的重要特徵為多元參與及權力分化。

11 (A)

社會契約論的代表人物包括為霍布斯、洛克和盧梭。盧梭更著有《社會契約論》一書。

12 (A)

菁英民主理論的重要特徵為認為有一群富有高知識水準的菁英，而權力應賦予這群菁英身上才能體現出最佳民主狀態。

13 (D)

全意志（general will）與共同體概念（community）是法國學者盧梭所提出，其認為社會中大眾係為共同體，將大眾去除私意所凝聚之全意志交由民代來執行，大眾則須服從此全意

志所形成的決定，其所具體表
現出的形式及為當今的國會。
全意志（general will）與共同
體概念（community）是盧梭的
關鍵字，請考生務必熟記。

14 (A)

所有組織中，權力傾向於集中
在有組織能力之少數人手中而
非在冷漠的群眾即為寡頭鐵律
之意，此為學者米契爾斯所創
之專有名詞。其餘三個選項皆
為不存在之虛構學術名詞。

15 (D)

美國學者福山1992年提出，西
方國家自由民主制的到來可能
是人類社會演化的終點、是人
類政府的最終形式，此論點稱
為「歷史終結論」。

16 (C)

社會民主主義認為人心本善，
強調憐憫心，主張進行收入再
分配，通過調控手段使經濟發
展符合大眾共同利益。

17 (D)

道爾（Robert Dahl）所提出的
「多元政體」（polyarchy）所
需要包括的條件包括如下：
(1) 主要的政治決策者為民選。
(2) 選舉過程自由且公平。
(3) 普遍選舉權。
(4) 參政權。
(5) 言論自由。
(6) 新聞自由。
(7) 集會結社自由。

18 (C)

威權體制的特徵即為控制，反
對民眾過分參與政治，是以，
(C)與其特徵完全相反，是為
正解。

19 (B)

威權體制與極權體制有類似
的特徵，但兩者最重要且關鍵
的差異在於：極權主義更強調
「全面且嚴密的」監控人民生
活，包括「意識型態的滲透」。

04 民主化、國家政治發展與國際關係

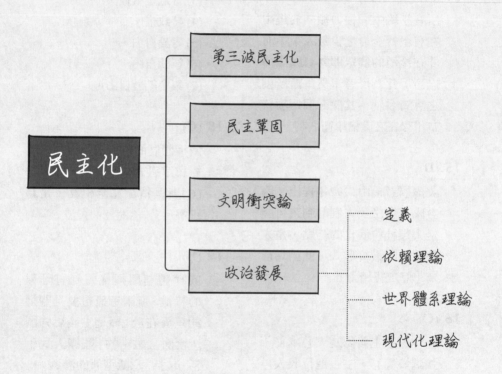

- 民主化
  - 第三波民主化
  - 民主鞏固
  - 文明衝突論
  - 政治發展
    - 定義
    - 依賴理論
    - 世界體系理論
    - 現代化理論

4-1 第三波民主化之內涵

98普、107普、100地四、101地四、103普、104高三、105地四、109普

(一) 緣起：1980年代開始的第三波民主化浪潮，使得大約一百多個開發中國家和社會主義國家放棄了先前威權體制或極權體制，而紛紛採取民主政體。

第三波民主化要注意的是其由來以及發源、影響的國家，亦即你不能忽視的是第三波民主化的發源國家是在伊比利半島的兩個國家（葡萄牙、西班牙）以及希臘半島的希臘。

(二) 理論：美國學者杭亭頓（Samuel P. Huntington）著有《第三波：二十世紀的民主化浪潮》一書，認為歷史上有三波民主化的浪潮：

1. 第一波民主化

約從十八世紀美國獨立建國開始，到二十世紀初期第一次世界大戰之後，歐美國家（包括澳洲、紐西蘭）大多完成了民主轉型。建立現代的民主政體。然而兩次世界大戰之間的世界經濟蕭條，促成了法西斯政權的興起，導致德國、義大利和日本的民主政體崩潰。在這些法西斯國家占領下的歐洲國家，也都無法維持民主政體的正常運作。

2. 第二波民主化

二次世界大戰之後，德國、義大利和日本，在盟軍在強力干預下，採取了民主政體。1950和1960年代受西方帝國主義控制的第三世界殖民地紛紛獨立，採行民主政體，形成所謂「第二波民主化」。從1960年代末期到1970年代，這些開發中國家的民主政體迅速崩潰，被獨裁政權取代。

3. 第三波民主化

(1) **1980年代中期**，先是從**南歐**
（西班牙、葡萄牙、希臘）
開始，然後是**中南美洲**、**亞**
洲和**非洲**，最後是**1989年蘇**
聯解體，導致**東歐共產國家**

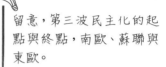

留意，第三波民主化的起
點與終點，南歐、蘇聯與
東歐。

拋棄了共產主義專政體制，採行資本主義民主政體。

(2) 杭亭頓將臺灣的民主化發展歸屬在此階段。臺灣民主化歷
程於1987年解嚴開始，之後解除黨禁，1990年代國民大會
及立法院全面改選、1996年正副總統改為直選。依據杭亭
頓對民主鞏固的定義「**雙翻轉檢測**」，臺灣至2008年由國
民黨取得執政，一個國家經過兩次政權輪替，始謂進入民
主政體的鞏固階段。

4-2 民主鞏固　　　　　97地四、104地四

(一) 政治學者針對第三波民主化國家所發生的各種現象，發展出不
同的分類方式，採用三分法：

1 威權政體（authoritarianism）

2 轉型中的民主政體（transitional democracies）

3 鞏固的民主政體（consolidated democracies）

(二) 鞏固的民主政體（consolidated democracies）：當主要的政治行為者和大部分的公民，都支持民主是「政治圈中唯一的遊戲規則」時，這個民主政體即進入了鞏固的階段。

(三) 杭亭頓提出「二次輪替」（the two-turnover test）（或稱雙翻轉檢測）：一個國家經過**兩次政權輪替（alternation in power）**，即表示達到「民主鞏固」（democratic consolidation）。

4-3 文明衝突論
98地四、100普、102普、108地三、109普

(一)〈文明衝突論〉（The Clash o f Civilizations）係美國學者**杭亭頓**於1993年所提出，並著有《文明的衝突與世界秩序的重建》（The Clash of Civilizations and the Remaking of World Order）一書。

(二)〈文明衝突論〉其論點分述如下：

　1. 未來國際衝突的根源將主要是文化衝突，而非意識型態上的或經濟上的衝突，國際政治的核心部分將是西方文明和非西方文明之間的相互作用。

　2. 冷戰後的國際政治秩序與文明內部的力量配置和文明衝突的性質是分不開的。在不同文明之間，核心國家間的關係將影響冷戰後國際政治秩序的形成和未來走向。

3. 文明衝突是未來世界和平的最大威脅，建立在文明基礎上的世界秩序才是避免世界戰爭的最可靠的保證。因此不同的文明間相互尊重和承認相互的界限同樣非常重要。

4. 全球政治格局正在以文化和文明為界限重新形成，並呈現出多種複雜趨勢。

5. 文化之間或文明之間的衝突，主要是目前世界**七種文明**的衝突，而伊斯蘭文明和儒家文明可能共同對西方文明進行威脅或提出挑戰。

政治小學堂

杭亭頓所言之七種文明分別為：中國、日本、伊斯蘭、印度、西方、東正教、拉丁美洲與非洲。

(三) 對於文明衝突論之批評

1. 對於「文明」定義不清。

2. 過於片面強調文明的差異的作用，把文明衝突視為國際衝突的主要動因而非眾多因素之一。

3. 全球化時代下，各文明將趨於融合，而非更加分岐。

4. 忽視各文明之間合作的可能。

4-4　政治發展

99普、105普、106高、106普、107普、107地四、110普

政治發展指政治體系向更高級形態轉變的過程，例如從封建國家向資本主義國家的轉變；狹義上，它則指政治體系內部在結構、功能、制度上的合理化、科學化。

有關政治發展的理論包括世界體系理論、依賴理論以及現代化理論。

(一) 依賴理論（Dependency Theory）

1. **緣起**：依賴理論係1960年代晚期由拉丁美洲學者所提出的國際關係與發展經濟學理論。

2. **論點**：世界分成中心國家與邊陲國家，中心由工業國家構成，邊陲國家則向中心國家出口原料，並從事勞力密集產業為主。邊陲國家在世界市場上受到中心國家制約，包括跨國企業、國際組織（例如國際貨幣基金）等等代表中心國家利益的力量。因此邊陲國家的落後源自上述不平等的依賴關係，中心國家則賴此關係維持較高的工資及貿易利益，並減弱國內的階級矛盾。

(二) 世界體系理論（World System Theory）

1. **緣起**：在二次世界大戰之後，獨立後的亞非殖民地財政收入陷入困境，紛紛出現了軍事政變的政治退化等現象。世界體系理論將依賴發展理擴大解釋。

2. 論點：

(1) 世界體系理論是由美國社會學家華勒斯坦（Wallerstein）所提出，其認為現代資本主義是起源於十六世紀的西歐，高度商業化的英、法、荷等地即依賴於東歐的農產品輸出，形成一種核心（core）與邊陲（periphery）的交換關係。

(2) 除了核心國家、邊陲國家之外，提出半邊陲國家：邊陲國家向核心國家提供密集勞力及原料，而核心國家政治、經濟、貿易組織上牽制邊陲國家。

(3) 核心與邊陲的角色可能流動：原先的邊陲國家，有可能晉升為半邊陲（semi－periphery）的位置，半邊陲成為核心與邊陲的中介者，從核心國家吸收過時的技術與產業，並且向邊陲國家輸入初級產品。

(三) 現代化理論（Modernization Theory）【109普】

1. 緣起：現代化理論是指關於發展中國家發展研究的一種學說，源於19世紀，以美國社會學家帕森斯的結構功能主義學派為代表。

2. 論點：

(1) 現代化理論隱含著一種論點，認為所有社會均循著同樣的軌跡，經歷同樣的階段，邁向同樣的目標而發展。而不同國家社會的差異只是在同樣一條進化的道路上，所處的位置不同。

(2) 現代化是一個向歐美型發達國家的社會、經濟、文化系統演變的過程。

(3) 發展中國家在從傳統社會向現代社會轉變的過程中，主要受內部因素（道德規範和價值體系等）制約，其中價值觀的轉變是社會變革最基本的前提。

(4) 發展中國家通過接受西方發達國家的先進技術、科學文化以及思想觀念，克服傳統的障礙，必將走上與發達國家相同的道路。

(5) 處於不同發展階段的國家，在輸入具有現代化特徵的先進技術、科學文化和思想觀念上，成功率存在差異。

(6) 現代化理論認為，工業化影響社會變遷，大量工業生產後社會開始累積財富，中產階級興起、國民教育程度提高，中產階級為了確保自身的財產與為了爭取更多政治權力參與分配，進而會促進該國的政治發展，進而促進民主化。

(7) 將不同發展階段的國家分為低度開發國家（underdeveloped countries）、開發中國家（developing countries）、新興工業化國家（newly industrialized countries）、已開發國家（developed countries），由於已開發國家大多為西方國家，於是現代化的過程又通稱為西方化（Westernization）。

(8) 開發中國家應當努力學習西方先進國家，在政治上走向民主化，在經濟上走向市場化，改善人民的生活水準。

(四) 普特南社會資本論

1. **緣起**：美國社會學家普特南（R.Putnam）著有《讓民主政治運轉起來》一書，係針對義大利行政區進行20年調查研究，發現能夠通過社會資本（social capital）推動協調和行動能提高社會效率。

2. **定義**：社會資本（social capital）是一套賴以建立社會互信與合作、將個體整合為群體的社會網絡。

申論題精選

杭亭頓（Samuel P. Huntington）認為歷史上有三波民主化的浪潮。請依據杭亭頓的觀點，敘述三波民主化的發展過程，並解釋民主化產生的原因。　【104高三】

 ▶ 賴老師答題架構

(一) 第一波民主化之內涵

(二) 第二波民主化之內涵

(三) 第三波民主化之內涵

選擇題

( )　**1**　有學者認為，民主化成功或失敗，關鍵在於該
國政治菁英間的互動。如果朝野政治菁英在政
權轉型過程中，**採取妥協與協議的策略**，就比
較能朝向**成功的民主化**。這種解釋是屬於那種
類型的民主化理論途徑？
(A)結構途徑　　　　　　(B)過程途徑
(C)文化途徑　　　　　　(D)經濟途徑。　　　　【110普】

( )　**2**　杭亭頓（Samuel P. Huntington）所稱「**第三波
民主化**」浪潮**始於**那些國家？
(A)南韓、印尼　　　　　(B)波蘭、捷克
(C)葡萄牙、西班牙　　　(D)烏拉圭、巴拉圭。　【地四】

( )　**3**　下列對於**第三波民主化**的描述，何者正確？
(A)在這個階段中，世界性的經濟蕭條，導致德國、日本、
義大利等國的民主政體被法西斯政權所取代
(B)在這個階段中，第三世界殖民地紛紛獨立成民主政體，
但是這些民主政體大多迅速崩潰，被獨裁政權所取代
(C)在這個階段中，有一些國家（特別是前蘇聯集團國家）
紛紛放棄原來的社會主義政體，轉而接受民主體制
(D)民主政體的崩潰是前二波民主化所遭遇的主要困難，但
是第三波民主化已解決這個問題。　　　　【105地四】

( )　**4** 政治學者杭亭頓（S. Huntington）曾指出一個國
　　　家必須經過**「兩次輪替的考驗」**（two-turnover
　　　test）才可能是穩定的民主政治，他指的兩次輪
　　　替是下列何種輪替？
　　　(A)政府組成的選舉輪替
　　　(B)政治領袖的選舉輪替
　　　(C)意識型態的輪替
　　　(D)政治世代的輪替。　　　　　　　　【地四】

( )　**5** 提出「**文明衝突論**」（the clash of civilizations）
　　　的**學者**為何？
　　　(A)Francis Fukuyama　　(B)David Bell
　　　(C)Edward Nye　　　　　(D)Samuel Huntington。【102普】

( )　**6** 下列何者不是探討**政治發展**的**理論流派**？
　　　(A)世界體系理論　　　(B)理性選擇理論
　　　(C)依賴理論　　　　　(D)現代化理論。　【107地四】

( )　**7** 根據**普特南**（R. Putnam）的研究，影響**義大利**
　　　不同地理區域之間在政治與經濟發展上存在顯
　　　著差異的主要原因為何？
　　　(A)自然資源　　　　　(B)族群組成
　　　(C)選舉制度　　　　　(D)社會資本。　　【105普】

解答與解析

1 (B)

本題的關鍵字在於強調「政治精英在政權轉型過程,採取……策略」,因此屬於過程途徑的民主化理論途徑,選項(B)為正解。

2 (C)

第三波民主化浪潮始於葡萄牙、西班牙。

3 (C)

1980年代中期,先是從南歐(西班牙、葡萄牙、希臘)開始,然後是中南美洲、亞洲和非洲,最後是1989年蘇聯解體,導致東歐共產國家拋棄了共產專政體制,採行資本主義民主政體。

4 (A)

兩次輪替的考驗(two-turnover test)又稱雙翻轉檢測,係指經過政府組成的選舉輪替兩次後才可謂係穩定的民政治。

本題算是頻出考點,請考生多留意。

5 (D)

文明衝突論是美國學者杭亭頓所提出理論。本題是送分題,本題算是頻出考點,請考生多留意。

6 (B)

政治發展指政治體系向更高級形態轉變的過程。有關政治發展的理論包括世界體系理論、依賴理論以及現代化理論。其中世界體系理論系對依賴理論的修正。

7 (D)

學者普特南(R. Putnam)曾以社會資本解釋一國的政治穩定、民主運作,以及經濟發展的關聯性。其曾研究,影響義大利不同地理區域之間在政治與經濟發展上存在顯著差異的主要原因社會資本的存在。

NOTE

憲政體制（政府體制）

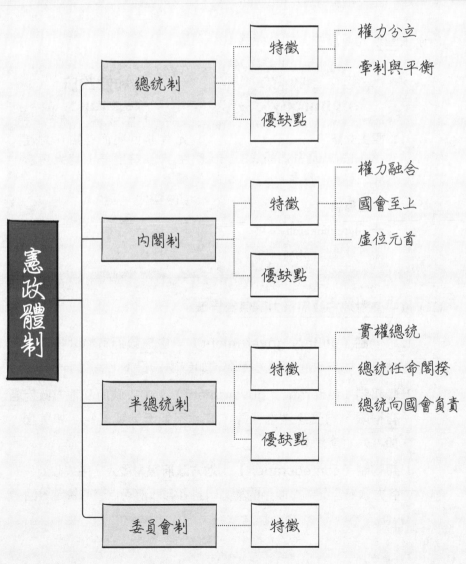

1-1 憲政體制之分類

憲政體制係指立憲國家根據憲法及政府實際政治運作建立的整套規範或體制。

憲政體制指政府體制的分類，可分為以下幾種類型：

(一) 依國家元首產生方式為標準：

君主制政府 monarchy	共和制政府 republic

1. **君主立憲**
   constitutional monarchy
   如：英國、日本。
2. **君主專制**
   absolute monarchy
   如：沙烏地阿拉伯。
	元首非世襲而是由民選產生，目前世界上絕大多數國家。
	如：美國、法國。

(二) 依中央對地方政府權力關係為標準：

1. **單一制（unitary government）：中央政府**有極大權力，有權決定地方政府的權力範圍，如中國、日本。

2. **聯邦制（federation government）：**中央政府和地方政府**各有權限**，均受憲法之保障，彼此不能干涉或侵犯，如美國、加拿大、澳洲等。

3. **邦聯制（confederation）：地方政府**權力極大，中央政府只有各方政府全體同意賦予的權力，且各邦政府可以隨時決定收回。

(三) 依政府產生方式及決策最後控制在誰手中作為分類標準：

1. 民主政府（democratic government）：決策者經由競爭性民主選舉程序產生。

2. 獨裁政府（distortional government）：非民主政府產生方式，係由政變、革命或世襲產生的領袖，有絕對的權力，缺乏監督。

(四) 依行政權歸屬及行政立法關係為標準：

1. 總統制（presidential government）：行政權與立法權分立制衡。

2. 內閣制（cabinet government）：行政權與立法權融合一體。

3. 雙首長制（或半總統制）（two-head executive; dual-executive system; semi-presidentail government）：行政權由總統與閣揆分享，國會多數黨與總統同黨時偏向總統制，不同黨時偏向內閣制運作。

4. 委員會制（collegial executive）：行政權與立法權均集中於國會。

憲政體制（政府體制的分類）表

分類標準	政府類型
國家元首產生方式	君主制政府
	共和制政府
中央對地方政府權力關係	單一制政府
	聯邦制政府
	邦聯制政府

分類標準	政府類型
政府產生方式 及決策最後控制在誰手中	民主政府
	獨裁政府
行政權歸屬及行政立法關係	總統制
	內閣制
	雙首長制（或半總統制）
	委員會

1-2 總統制　　　　　　　109高三、109普、110普

(一) 總統制之特徵

1. 行政權與立法權**權力分立（separation of powers）**

2. 行政與立法權**相互制衡（checks and balance）**：總統具有**覆議權**（veto power）、咨文權，以防止國會議法專制，而國會亦有**立法權、預算議決權、官員任命同意權、調查及彈劾**等權，以防止總統濫權不法，彼此制衡。

3. 總統由**人民選舉**產生。

4. 總統**任期固定**，不因國會表決而去職；總統亦不得解散國會。

5. 總統具有**實權**同時扮演國家元首及行政首長之角色。

6. 行政指揮系統**獨任制**，總統領導並指揮其任命之政府：部會首長等政務官員皆由總統任命，作為總統的幕僚，對總統負責，故總統公布法令，無需部會首長副署。

7. 國會議員與閣員彼此**不得兼任**。

政治小學堂

1. 美國總統覆議權（veto power）

(1) 基於三權分立，相互制衡的立法精神，總統制的行政權對立法權的制衡反映在**總統覆議權（veto power）**，即總統對於國會所通過的法案有否決的權力。

(2) 以美國為例，美國憲法第1條第7項規定，法案經國會參眾兩院通過後應送交總統，總統應於十日內就法案作出決定。總統可以簽署法案使其生效，或者將其退回國會，交還參眾兩院覆議（reconsideration）（即否決）。

(3) 針對被美國總統行使否決權的法案，如**參、眾兩院**以**三分之二**的多數贊成來維持原決議，則推翻總統的否決。

2. 美國總統選舉制度

美國總統副總統採間接選舉方式產生，即由**選舉人團（Electoral College）**選舉產生。依據美國憲法，美國各州公民先選出該州的選舉人，再由選舉人代表該州投票。這樣的制度設計是考慮到各州的特定地理及歷史條件，採取選舉人團制度，保障各州權益。

(二) 總統制的缺點

美國政治學者**林茲（Linz）**曾指出，總統制的主要缺點有五：

1 雙元民主正當性
dual democratic legitimacy

總統與國會同具有民選的合法性，彼此共享權力而又分立制衡，意見不一時，各恃合法性，各持己見，易陷僵局（deadlock）及雙重合法性危機。

2 缺乏彈性
fixed term in office

由於各有固定任期，不能如內閣制透過辭職或解散機制化解僵局，制度缺乏彈性。

總統制
的缺點

3 政治責任不明
rigidity

當國會多數黨與總統不屬同黨時，總統常將施政困難歸咎於國會及在野黨，總統與國會常會爭功諉過，不僅僵局難解，且政治責任不明。

4 零和賽局
zero-sum election

總統選舉屬零和賽局，贏者全拿（the winner takes all），輸者全輸。易激化選戰，不擇手段，甚至引發政變革命，對國家安定十分不利。

5 權力傲慢
personalization of power

總統由全民選出，易輕視國會、政黨及媒體的意見，視其為代表私利或局部地方的利益，動輒直接訴諸民意，易產生民粹式領袖（popular leader）甚至有淪為獨裁政治的危險。

(三) 總統制之優點

美國政治學者**舒加特與凱瑞（Shugart & Carey）**指出總統制的優點如下：

1. **責任歸屬明確**：國會議員對政策法案的表決有紀錄可查，總統與國會議員對法案的立場選民不能分辨，是否追究其政治責任，可在下次選舉中用選票來決定。

2. **符合人民主權原則**：總統民選，選民對行政首長能做真正的選擇。

3. **制衡雖可能出現僵局，但能防止總統獨裁**：國會任期受保障對財政法案有最後決定權，能有限防範總統濫權。

(四) 美國總統制之成因

1. **對行政權之不信任感**：美國在獨立之前為英國殖民地，受英王剝削，由英王派駐的行政長官統治，與當時殖民地人民根據自治傳統所選出的議會時常對立衝突。此種經驗使早期美國人對行政權充滿不信任感。因此制憲時，基於國家統一領導與效率考量，雖採首長制而非合議制，但總統的職權卻成為刻意加以限制的對象。

2. **孟德斯鳩三權分立理論**：同時當時的制憲者受到法國學者孟德斯鳩三權分立互相制衡理論的影響，故憲法設計的中央政府分設立法、行政司法三個機關。由參眾兩院組成的國會分享決策立法權，總統具有依法行政的權力，法院具有司法審判權，並使此三個權力互相節制，以免專制政府在美國出現，藉以保障人民權利。

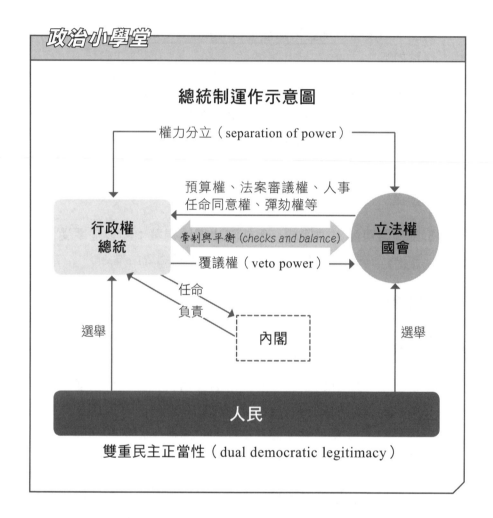

總統制運作示意圖

權力分立（separation of power）

行政權
總統

預算權、法案審議權、人事
任命同意權、彈劾權等

制衡與平衡 (checks and balance)

覆議權（veto power）

立法權
國會

任命
負責

內閣

選舉

選舉

人民

雙重民主正當性（dual democratic legitimacy）

(五) 實行國家

美國、墨西哥、多數拉丁美洲、非洲及中亞國家。

1-3　內閣制

內閣制又稱議會制、議會內閣制、總理制、西敏寺模式、部長責任制，此一制度的基本原則是「議會至上」（supremacy of the parliment）。議會（國會）代表民意，政府根據多數議員支持與信任所組成，倘若失去多數支持，政府即應改組，故政府受代表民意的議會控制。

(一) 內閣制之特徵

1. 行政權與立法權**權力融合（fusion of power）**。

2. **行政部門對立法部門負責**：行政對立法負責，內閣對議會負責，國會對內閣具有**倒閣權（即不信任投票）**，而內閣對國會有**解散國會權**（即當行政權無法順利運作或是遭受議會抵制時，首相或閣揆可依法向國家元首提出解散國會重新選舉以訴諸民意。

3. 行政首長（閣揆）產生方式由**國會**決定。

4. 行政首長（閣揆）**任期無一定**：只要國會支持，閣揆可以繼續領導政府。

5. 國家元首角色為**虛位元首**：不得拒絕公佈或覆議法案，而未經閣揆副署之法令，元首公布亦無效。

6. 行政指揮系統屬**合議制**：個別部會首長為其部屬與所轄之政策向公眾負責。

7. 國會議員與閣員之間可以**兼任**。

(二) 內閣制之缺點

1. **行政及立法合一，有濫權之可能**：執政黨控制行政與立法兩權，在野黨不易有堅強的著力點，如果內閣不遵守慣例，該辭而不辭，不該解散而解散，亦有專制的危險。

2. **政治責任歸屬不明**：如遇到多黨制聯合內閣，如有失策，責任歸屬難以確定。

3. **選民對執政者的可辨識性較差**：選民對閣揆與閣員之辨識度不如對總統制中的獨任者辨識度佳。

4. **政治較不穩定**：內閣制政府無有定期之任期，如遇多黨制聯合內閣地位不穩定，如遇到國會解散後又有組閣困難，導致政局不穩。

(三) 內閣制之優點

1. **一元民主正當性**：政府政策主要決定於有無議會的多數支持，最後決定於民意的背向。能展現民意政治、責任政治的民主精神。

2. **內閣任期可長可短**：倒閣與解散機制，能使行政與立法的衝突得以化解，不致形成長期僵局，使政治運作富有彈性。

3. **可權力分享**：內閣之組成可與其他政黨分享，組成聯合內閣，使權力有分享之可能性。

4. **集體決策**：內閣雖由閣揆領導，但政策須經由內閣討論出集體決策，而非由閣揆獨斷獨行。

(四) 英國內閣制之成因

1. 內閣制源於英國。英國自1688年光榮革命以來採單一選區多數決選舉制度形成**兩黨制**及**嚴格黨紀**後，現代的內閣制誕生。

2. 光榮革命後，議會擁有廢立英王的權力，確立**國會**優越地位。

3. 1714年英王喬治一世因不諳英語，行政權旁落**內閣**。

4. 1742年華爾波首相因提出的法案未獲議會通過而辭職，形成議會具有對內閣表達**不信任之倒閣權**，**內閣須對議會負責**之慣例。

5. 議會運用**決策立法**及**預算議決權**控制了內閣，形成議會至上。議會有權廢立英王，更換首相，議決預算及法律。

6. 十九世紀末在選舉權普及下，出現黨紀嚴格的兩黨制之後，政黨以紀律約束黨籍議員之發言與表達，首相能以議會多數黨領袖的身分促使同黨議員支持政府法案通過，在議會中領導立法，使英國政府制度為**內閣制或閣揆制**。

(五) 內閣制之類型

內閣制國家因政黨劃分程度不同，可分為四種類型：

1	**兩黨內閣制或閣揆制 cabinet or premier system**	其內閣控制議會。
2	**聯合內閣 coalition cabinet**	多黨制國家，內閣由政黨聯盟的結果產生，內閣受政黨或議會控制。

3	一黨獨大內閣 one-party dominant cabinet	一黨長期控制內閣與議會，如 1954年～1993年以來日本由自民黨長期執政。
4	少數內閣 minority cabinet	如挪威、丹麥等北歐國家，議會有多黨，不僅無一過半，且各黨不願合作，姑且由最大的少數黨組閣。

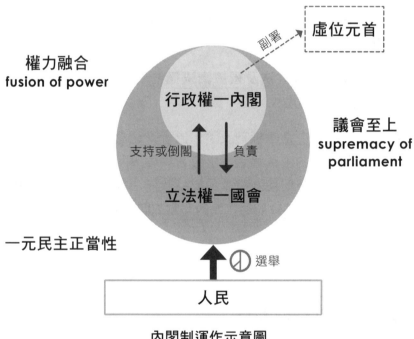

內閣制運作示意圖

(六) 實行國家：英國、德國、澳洲、印度、日本等。

1-4 雙首長制（或半總統制）　109高三、111普 111高三

(一) 雙首長制（或半總統制）之特徵

1.半總統制又稱雙首長制，其典型是目前的法國，芬蘭、奧地利、中華民國。

政治小學堂

二次大戰後，法國建立法蘭西第四共和（1946～1958）採行議會內閣制，但因內閣政府軟弱無力，內閣更換頻繁，後造成政變，迫使時任總統勒內・科蒂任命當時已下野的戴高樂擔任總理。為解決第四共和因施行內閣制導致政治不穩定的困局。1958年9月28日，法國舉行憲法公投通過，增加總統及行政部門的權力，建立法蘭西第五共和國（1958～迄今）。這種調和議會內閣制與總統制缺失的政體，為法國政治學者杜瓦傑（M.Duverger, 1980）稱作半總統制（semi-presidential government）。

2.法國政治學者**杜瓦傑（M. Duverger）**的定義，其特徵有三：

(1) **總統由全民直選產生，向人民負責，擁有相當大的權力（considerable power）**，主要在國家安全與外交領域。

(2) **內閣總理由總統任命，不必經國會同意。**

(3) **總理及內閣對國會負責，國會有權對內閣提出不信任案（倒閣權）。**

政治小學堂

杜瓦傑所定義的半總統制三項特徵相當重要，請你務必熟記。要特別注意的是在寫申論題時「相當大的權力」這個概念後面建議標著英文（consuderavle power），以完整表達杜瓦傑的原意。因為在半總統制裡面，最關鍵的權力運作就是總統與總理之間的權責關係，而總統不是完全沒有權力，也不是具備全部的權力，所以杜瓦傑使用「相當大的權力」來說明，而這項權力主要放在國防與外交，因此可以說是「相當大」。這一點請考生務必留意。

3. 學者**薩托里（Sartori）**沿用杜瓦傑的半總統制指出其特徵有五：

特徵 1	總統為國家元首，由人民直接或間接選舉產生，有固定任期，有相當權力（considerable power），主導**國防、外交**。
特徵 2	總統與閣揆共同享有行政權力，形成**二元的權力結構**。
特徵 3	在二元結構下，總統獨立於國會之外，國會不能以不信任或罷免方式逼迫總統下台，同時必須經由**政府（內閣）治理**國事。
特徵 4	閣揆與內閣對總統獨立，對國會依賴，其去留均由是否獲得國會多數的信任與支持來決定，固有**左右共治**之現象存在。
特徵 5	在二元權力結構中，行政部門的二位首相各有「**獨立行事的潛力**」（autonomy potential），且容許有不同的安排，及行政部門內兩位首長的權力大小有變動的可能。

4. 擺盪或換軌（oscillation）：

(1) 當國會多數黨或多數聯盟與總統<u>**同黨**</u>時，由<u>**總統主導**</u>決策，此時體制偏向總統制。

(2) 當國會多數黨或多數聯盟與總統<u>**不同黨**</u>時，由<u>**閣揆主導**</u>決策。此時，閣揆為政府的第一首長（the first head），但總統仍保有獨立行使之職權，並非虛位元首，形成「左右共治」，此時體制偏向內閣制。

(3) 換言之，法國體制是在「偏向總統制」與「偏向內閣制」間擺盪或換軌。

5. 學者舒加特（Matthew Shugart）與凱瑞（John M. Carey）依<u>**總統權力大小**</u>為區分標準將「半總統制」劃分為「總理總統制」（premier-presidentialism）及「總統議會制」（president-parliamentarism）：

(1) 總理總統制：

總統權力較小的半總統制，內閣僅對國會負責，不對總統負責。運作較總統議會制順暢。

例如：<u>法國第五共和</u>。總統多數與國會多數不一致時，在內閣僅對國會負責、不對總統負責，總理便名符其實地擔任政府首長的角色。

(2) 總統議會制：

總統權力較大的半總統制，內閣除了須對國會負責之外，尚須對總統負責。運作較容易發生憲政衝突。

例如：<u>德國威瑪共和</u>。總統有權單獨任免內閣，總理須對總統負責，另一方面內閣必須獲得國會信任，亦即國會擁有倒閣權。總理同時向總統和國會負責，時常引發嚴重的憲政衝突和政治僵局，嚴重者甚至導致民主崩潰。

(二) 法國左右共治的形成（共治政府）

左右共治（cohabitation）並非憲法明訂，而是憲政慣例。形成於法國政黨政治屬於多黨制，加上憲法制度設計下可能出現總統與總理（閣揆）出現中央行政權由不同政黨的人士擔任，加上總統與總理（閣揆）皆具有一定權力的情形下，政治領袖尊重「多數治理」民主原則而形成。

1. 法國第五共和憲法規定總統權力包括如下：

(1) **緊急命令權**：為維護憲法之遵守，確保公權力之正常運作及國家之延續。

(2) **任命閣揆（總理）權**：惟須考慮議會政黨勢力分配，並依總理建議任免部長。

(3) **解散國會權**：惟需諮詢憲法委員會及內閣總理、參、眾兩院議長。

(4) **訴諸公投權**：將法案付諸人民表權。

(5) **法案交付憲法委員會審查權**：將法案及條約交付憲法委員會審查。

(6) **任命憲法委員會主席及部分委員權。**

2. 法國第五共和憲法規定閣揆（總理）權力包括如下：

(1) 政府制定及執行國家政策，政府支配行政機構及軍隊，並向國會負責。

(2) 總理指揮政府行動，總理得行使規章制定權，並任命文武官員。

(3) 總理所簽署之法案，必要時得經有關部長副署。

(4) 政府閣員不得兼任國會議員，中央級之代表性職業及其他一切公職或職業性活動。

法國自1958年建立第五共和憲法以來，有三次左右共治的現象。所謂「左」係指左派，偏向左派意識形態的政黨，「右」係指右派，偏向右派意識形態的政黨。左右共治即指，總統及總理分別由左派及右派政治領袖擔任，在總統尊重多數的原則下，由閣揆領導國會多數黨，具有權力優勢，主導國內政務，運作偏向內閣制。

法國第五共和至今左右共治運作情形表

時間（西元）	左右共治	總統	總理	憲政運作情形
1986〜1988	第一次	密特朗（左派：社會黨）	席哈克（右派：保衛共和聯盟）	1986年國會大選，左派失敗，密特朗總統遵循總統大選時的競選諾言，按照民意延請國會多數右派領袖席哈克組閣，實施左右共治。
1993〜1995	第二次	密特朗（左派：社會黨）	愛德華‧巴拉迪爾（右派：保衛共和聯盟）	1993年右派在國會選舉中大勝，法國出現第二次左右共治。

時間（西元）	左右共治	總統	總理	憲政運作情形
1997 ～ 2002	第三次	席哈克（右派：保衛共和聯盟）	利昂內爾・若斯潘（左派：社會黨）	1997年右派的總統席哈克解散國會，重新國會選舉的結果社會黨大勝，法國出現第三次左右共治。

有學者認為左右共治現象之產生，原因之一是**總統選舉與國會選舉選舉時間錯開**，導致選民**分裂投票**，亦即總統選舉與國會選舉時分別投給不同政黨的候選人，增加了左右共治的機會，因此若能將總統選舉國會選舉同時舉行，可以降低共治之機率發生。

分裂投票
Split－ticket voting
係指在不同的公職人員選舉中，選民投票給不同政黨或無黨籍的候選人，使得選舉結果呈現出由不同政黨分別贏得席次的情形。

(三) 我國雙首長制的運作情形

　1.我國總統之權力：

　　(1) 國家元首：總統為國家元首，對外代表中華民國。【憲法第35條】

　　(2) 三軍統帥：總統統率全國陸海空軍。【憲法第36條】

　　(3) 公布法令，須經副署：總統依法公布法律，發布命令，須經行政院院長之副署，或行政院院長及有關部會首長之副署。【憲法第37條】

(4) **締結條約、宣戰、媾和權**：和總統依本憲法之規定，行使締結條約及宣戰、媾和之權。【憲法第38條】

(5) **宣布戒嚴權**：總統依法宣布戒嚴，但須經立法院之通過或追認。立法院認為必要時，得決議移請總統解嚴。【憲法第39條】

(6) **特赦權**：總統依法行使大赦、特赦、減刑及復權之權。【憲法第40條】

(7) **任免權**：總統依法任免文武官員。總統發布行政院院長與依憲法經立法院同意任命人員之任免命令及解散立法院之命令，無須行政院院長之副署，不適用憲法第三十七條之規定。【憲法第41條、憲法增修條文第2條第2項】

(8) **授與榮典權**：總統依法授與榮典。【憲法第42條】

(9) **緊急命令權**：總統為避免國家或人民遭遇緊急危難或應付財政經濟上重大變故，得經行政院會議之決議發布緊急命令，為必要之處置，不受憲法第四十三條之限制。但須於發布命令後十日內提交立法院追認，如立法院不同意時，該緊急命令立即失效。【憲法增修條文第2條第3項】

(10) **調和鼎鼐權**：總統對於院與院間之爭執，除本憲法有規定者外，得召集有關各院院長會商解決之。【憲法第44條】

(11) **國家安全權**：總統為決定國家安全有關大政方針，得設國家安全會議及所屬國家安全局，其組織以法律定之。【憲法增修條文第2條第4項】

(12) **被動解散國會權**：總統於立法院通過對行政院院長之不信任案後十日內，經諮詢立法院院長後，得宣告解散立法院。但總統於戒嚴或緊急命令生效期間，不得解散立法院。【憲法增修條文第2條第5項】

2. **我國行政院（相對於立法權）之權力如下：**

移請覆議權：行政院對於立法院決議之法律案、預算案、條約案，如認為有窒礙難行時，得經總統之核可，於該決議案送達行政院十日內，移請立法院覆議。立法院對於行政院移請覆議案，應於送達十五日內作成決議。如為休會期間，立法院應於七日內自行集會，並於開議十五日內作成決議。覆議案逾期未議決者，原決議失效。覆議時，如經全體立法委員二分之一以上決議維持原案，行政院院長應即接受該決議。【憲法增修條文第3條第2項第2款】

3. **我國立法院（相對於行政權）之權力如下：**

(1) **監督質詢權**：行政院有向立法院提出施政方針及施政報告之責。立法委員在開會時，有向行政院院長及行政院各部會首長質詢之權。【憲法增修條文第3條第2項第1款】

(2) **提出總統副總統彈劾案權**：立法院提出總統、副總統彈劾案，聲請司法院大法官審理，經憲法法庭判決成立時，被彈劾人應即解職。【憲法增修條文第2條第10項】

(3) **總統副總統彈罷免案提出及審議權**：總統、副總統之罷免案，須經全體立法委員四分之一之提議，全體立法委員三分之二之同意後提出，並經中華民國自由地區選舉人總額過半數之投票，有效票過半數同意罷免時，即為通過。【憲法增修條文第2條第9項】

(4) **提出不信任案**：立法院得經全體立法委員三分之一以上連署，對行政院院長提出不信任案。不信任案提出七十二小時後，應於四十八小時內以記名投票表決之。如經全體立法委員二分之一以上贊成，行政院院長應於十日內提出辭職，並得同時呈請總統解散立法院；不信任案如未獲通過，一年內不得對同一行政院院長再提不信任案。

(5) **提出領土變更案權**：中華民國領土，依其固有疆域，非經全體立法委員四分之一之提議，全體立法委員四分之三之出席，及出席委員四分之三之決議，提出領土變更案，並於公告半年後，經中華民國自由地區選舉人投票複決，有效同意票過選舉人總額之半數，不得變更之。【憲法增修條文第4條第4項】

(6) **聽取總統國情報告權**：立法院於每年集會時，得聽取總統國情報告。【憲法增修條文第4條第2項】

(7) **法案議決權**：立法院有議決法律案、預算案、戒嚴案、大赦案、宣戰案、媾和案、條約案及國家其他重要事項之權。【憲法第63條】

(8) **修憲提案權**：憲法之修改，須經立法院立法委員四分之一之提議，四分之三之出席，及出席委員四分之三之決議，提出憲法修正案，並於公告半年後，經中華民國自由地區選舉人投票複決，有效同意票過選舉人總額之半數，即通過之，不適用憲法第一百七十四條之規定。【憲法增修條文第12條】

(9) **人事任命同意權**：監察院設審計長，由總統提名，經立法院同意任命之。司法院設大法官十五人，並以其中一人為院長、一人為副院長，由總統提名，經立法院同意任命之。考試院設院長、副院長各一人，考試委員若干人，由總統提名，經立法院同意任命之。監察院設監察委員二十九人，並以其中一人為院長、一人為副院長，任期六年，由總統提名，經立法院同意任命之。【憲法第104條或憲法增修條文第5條第1項、第6條第2項、第7條第2項】

(10) **文件調閱權**：立法院經院會決議，得設調閱委員會，或經委員會之決議，得設調閱專案小組，要求有關機關就特定議案涉及事項提供參考資料。【立法院職權行使法第45條】

(11) **緊急命令追認權**：總統於立法院解散後發布緊急命令，立法院應於三日內自行集會，並於開議七日內追認之。但於新任立法委員選舉投票日後發布者，應由新任立法委員於就職後追認之。如立法院不同意時，該緊急命令立即失效。【憲法增修條文第4條】

我國近年來憲政運作（少數政府）

時間	總統	立法院	閣揆	閣揆與國會	政府型態
2000.5	陳水扁（第一任）	第四屆立委（多數黨：國民黨）	唐飛（國）	多數同黨	多數政府
			張俊雄（民）	多數不同黨	少數政府
2002		第五屆立委（多數黨：民進黨）	游錫堃（民）	多數同黨	多數政府
2004	陳水扁（第二任）	第六屆立委（多數黨：民進黨）	謝長廷（民）	多數同黨	多數政府
			蘇貞昌（民）	多數同黨	多數政府
			張俊雄（民）	多數同黨	多數政府

時間	總統	立法院	閣揆	閣揆與國會	政府型態
2008	馬英九（第一任）	第七屆立委（多數黨：國民黨）	劉兆玄（國）	多數同黨	多數政府
			吳敦義（國）	多數同黨	多數政府
2012	馬英九（第二任）	第八屆立委（多數黨：國民黨）	陳冲（國）	多數同黨	多數政府
			江宜樺（國）	多數同黨	多數政府
			毛治國（國）	多數同黨	多數政府
2016	蔡英文（第一任）	第九屆立委（多數黨：民進黨）	張善政（無，偏國民黨）	多數同黨	多數政府
			林全（無，偏民進黨）	多數同黨	多數政府
			賴清德（民）	多數同黨	多數政府
			蘇貞昌（民）	多數同黨	多數政府
2020	蔡英文（第二任）	第十屆立委（多數黨：民進黨）	蘇貞昌（民）	多數同黨	多數政府

資料來源：參考〈從組閣爭議論我國憲政體制的定位與走向，蘇子喬、王業立，2016，政治科學論叢第七十期頁85～120〉。

(四) 半總統制（或雙首長制）之優缺點

優點

- 倒閣與解散機制可化解行政與立法僵局。
- 總統權力強化，比較不受國會影響，有助政局穩定。
- 對我國而言，與憲法原本制度比較接近，不必大幅修憲，有助政局穩定。

缺點

- 二元權力結構，總統與閣揆之權力界線不易明確區分：如果兩個權力引擎同時發動而向相反的方向推動，則可能對抗爭權，引發政潮。
- 行政權割裂：缺乏統一領導，可能妨礙效率。
- 總統若缺乏民主素養，可能僭越抓權，按己意組成御用內閣、少數政府，導致國會多數反彈，行政與立法僵局難解，形成施政難以推動的無能政府。

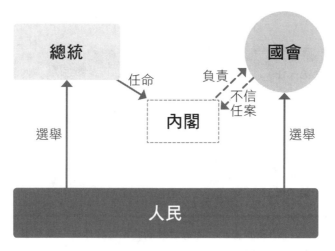

雙首長制（半總統制）運行示意圖

1-5 委員會制

109普

目前僅瑞士採行委員會制，以下就**瑞士**為代表分述委員會之特徵。

委員會制的考點較少，考生須留意的地方是由瑞士採行以及特徵。

(一) 委員會制之特徵

1. 議會至上

(1) 議會是國家最高統治機關，行政、立法、司法三權集中於議會，與一般三權分立國家截然不同。

(2) 瑞士為聯邦國家，故**國會**設**兩院**。聯邦院（council of states）代表各邦，各有議員四十四人，由各邦普選或邦議會選舉產生，任期因邦而異。
民族院（council of nation）代表人民，共一百九十餘人，按比例代表制選出，任期四年。

(3) 兩院有平等之立法權，重大事項多以兩院聯席會議議決。例如：七位執行委員（Federal Councillors）、聯邦法官、解嚴司令之選舉；議決法案及行政方針；撤銷執行委員會之違法命令；頒布赦免命令；宣戰媾和批准條約；頒布戒嚴及解嚴命令；仲裁各級政府之衝突等事務。
議會不僅有立法權，行政與司法亦由其決定原則，並得隨時處理。

2. 合議的執行委員會

(1) 分享行政權的執行委員會，設委員七人，分掌七個
部，由議會選舉產生，連選得連任。

(2) 執行互選主席、副主席一人，任期一年，不得連任，
但可隔屆再任。

(3) 主席與其他執行委員之行政權力無甚差異，僅多
一份代表國家的角色，行使國家元首形式上的
權力，其正式頭銜為聯邦總統（president of the
confederation）。

3. 行政與立法之關係

執行委員會隸屬聯邦議會，有執行責任，而無決策權
力。執行委員得列席議會，為法案提出說明，並備諮
詢。但執行委員無表決權，無需因議會不信任而辭職，
亦無權對議會的決定要求覆議。

4. 直接民主

對議會的修憲與立法權，公民可運用創制與複決加以控
制，實際上瑞士公民經常行使公投權，1981～1993年間
行使了一百次公投權。

申論題精選

一、　在內閣制民主國家中，內閣擁有解散議（國）會的權力，請說明內閣何以被賦予解散議（國）會的權力？這樣一種制度設計可能會對內閣及議（國）會間的關係造成那些影響？　【103地四】

 ▸ 賴老師答題架構

(一) 內閣制之內涵與特徵

(二) 解散國會權制度設計之影響

二、　內閣制下與總統制下，行政與立法之間的關係有何不同？試說明之。　【地三】

 ▸ 賴老師答題架構

(一) 內閣制之內涵

(二) 總統制之內涵

(三) 兩者在行政與立法之間之不同

選擇題

( )　**1** 下列那一個國家的國會**沒有質詢**制度？
(A)英國　　　　　　　(B)法國
(C)美國　　　　　　　(D)德國。　　　　　　　【104普】

( )　**2** 下列那一個國家是**總統制**國家？
(A)墨西哥　　　　　　(B)紐西蘭
(C)泰國　　　　　　　(D)義大利。　　　　　　【110普】

( )　**3** 以下那一項權力的行使可以解決**總統制**國家行政機關與立法機關之間的**僵局**？
(A)國會的彈劾權　　　(B)國會的調查權
(C)總統的解散國會權　(D)總統的否決權。　　【104普】

( )　**4** 下列有關**總統制**國家的敘述何者正確？
(A)總統直接向國會負責
(B)總統有權解散國會
(C)內閣是總統的幕僚
(D)行政官員可兼任國會議員。　　　　　　　【103地四】

( )　**5** 下列何者為**總統制**的**特徵**？
(A)總統任期內會因國會表決（不信任案）而去職
(B)行政與立法部門分別由民選產生，各有憲法賦予之權力
(C)民選總統一人扮演國家元首而非政府首長（行政首長）之角色
(D)議員可兼任內閣閣員。　　　　　　　　　　【地四】

( ) **6** 在總統制下，**行政權與立法權**分屬**不同政黨**所
掌握時，謂之：
(A)一致政府　　　　　(B)分立政府
(C)聯合政府　　　　　(D)多元政府。　　　　【普】

( ) **7** **否決權**（Veto power）是屬何種政府體制的特徵
之一？
(A)內閣制　　　　　　(B)總統制
(C)委員制　　　　　　(D)君主立憲制。　　　【地四】

( ) **8** **制衡**（checks and balances）在下列那一種政治
制度中較為明顯？
(A)總統制　　　　　　(B)內閣制
(C)委員制　　　　　　(D)半總統制。　　　　【地四】

( ) **9** 下列各國的**元首**，那一個具有政治上的**實權**？
(A)印度總統　　　　　(B)義大利總統
(C)德國總統　　　　　(D)墨西哥總統。　　　【地四】

( ) **10** 下列何者**兼具**國家元首和最高行政首長兩種
身分？
(A)英國首相　　　　　(B)德國總理
(C)美國總統　　　　　(D)日本天皇。　　　　【地四】

( ) **11** 美國**三權分立與制衡**的憲政體制起源於下列那
位**思想家**？
(A)孟德斯鳩　　　　　(B)盧梭
(C)洛克　　　　　　　(D)霍布斯。　　　　　【普】

（　）**12** 下列何者**非**內閣制國會的特徵？
(A)倒閣發動權　　　　　(B)影子內閣
(C)黨紀鬆散　　　　　　(D)內閣對國會負責。　　【110普】

（　）**13** 有關**英國內閣制**的敘述，下列何者正確？
(A)國會議員沒有法定任期
(B)採用單一選區相對多數決的國會選制
(C)光榮革命之後建立了由全民普選之國會
(D)行政與立法部門之間常有憲政僵局。　　【110普】

（　）**14** 議會**內閣制**又稱之為：
(A)西敏寺模式　　　　　(B)委員制
(C)世襲制　　　　　　　(D)家父長制。　　【105地四】

（　）**15** 下列那一項是**議會內閣制**的**缺點**？
(A)容易形成行政與立法對立的僵局
(B)行政權二元化
(C)制度僵化不具彈性
(D)可能出現不穩定的聯合政府。　　【107普】

（　）**16** 下列何者**不是**英國**內閣制**的特徵？
(A)議會至上　　　　　(B)行政與立法的融合
(C)司法審核　　　　　(D)非成文憲法。　　【104普】

（　）**17** 下列那一項**不是內閣制**的特徵？
(A)虛位元首
(B)內閣扮演主導政策與立法的角色
(C)議會至上
(D)權力分立且制衡。　　【102地四】

( )　**18** 下列那一種政府體制設計，最符合**權力融合**
精神？
(A)總統制　　　　　　　(B)內閣制
(C)委員制　　　　　　　(D)雙首長制。　　　　【104地四】

( )　**19** 下列何者是**聯合政府**形式中所謂的「**最小獲勝
聯盟**」（minimal winning coalition）？
(A)由沒有在國會取得過半席位的政黨（或政黨聯盟）
組成政府
(B)組成政府的聯盟政黨，即便其中有些政黨決定離
開此一聯盟，執政聯盟仍然掌握國會多數的席位
(C)所有具實質影響力的政黨都加入執政聯盟一起
分享權力
(D)尋求「最經濟」的過半數政黨聯盟來組成政府。　【106普】

( )　**20** 比較而言，下述那一項權力**不是虛位元首**的**儀
典權力**？
(A)任命官員
(B)從事外交訪問
(C)決定政策
(D)做為三軍最高統帥。　　　　　　　　　　【101普】

( )　**21** 下列何者為**內閣制**之**特徵**？
(A)實權元首
(B)國會無不信任投票權
(C)內閣有提請解散議會權
(D)內閣無副署權。　　　　　　　　　　　　　【普】

( ) **22** 英國的內閣中「**影子內閣**」是指：
(A)執政黨中的後排議員
(B)最大反對黨按內閣組織形式組成的準執政團隊
(C)內閣中的副首長總稱
(D)不具權力的內閣閣員。 【普】

( ) **23** **英國**憲政體制運作，下列何者正確？
(A)首相具有國會議員身分
(B)首相於任期內不因國會之不信任案而去職
(C)首相與國家元首共享行政權力
(D)首相經貴族院同意後由元首任命之。 【102普】

( ) **24** 在**德國**政治制度中有所謂「**建設性不信任投票**」，請問這個設計所指的是？
(A)倒閣前先告知現任總理
(B)倒閣前先選出繼任的總理人選
(C)倒閣前先進行政黨協商
(D)倒閣前先進行假投票。 【普】

( ) **25** 下列何者**沒有公布法令**的權限？
(A)美國總統 (B)英國國王
(C)德國總理 (D)法國總統。 【104普】

( ) **26** 下列何者最有可能會出現**左右共治**之政府體制？
(A)總統制 (B)內閣制
(C)雙首長制 (D)委員制。 【普】

( ) **27** 半總統制（semi-presidentialism）是越來越多民主國
家採用的憲政類型，依據杜瓦傑（M. Duverger）
的定義，下列何者**不是半總統制**的特徵？
(A)普選的總統　　　　　(B)總統領導行政
(C)總統擁有實權　　　　(D)內閣向國會負責。　【106地四】

( ) **28** 以下有關「**左右共治**」的敘述何者正確？
(A)起源於行政與立法合併選舉的結果
(B)曾發生於臺灣
(C)是法國第四共和時期的憲政經驗
(D)曾兩次發生於法國密特朗總統主政期間。　　【102普】

( ) **29** **法國**第五共和與**我國**的憲政體制都可歸類為半總
統制，下列那一種制度設計是兩國主要的**差異點**？
(A)總統有相當的權力
(B)總統可主動解散國會
(C)內閣向國會負責
(D)總統直接民選。　　　　　　　　　　　【103地四】

( ) **30** 關於**我國行政與立法部門間的權力關係**，下列
何者正確？
(A)立法院可對行政院院長提出不信任案
(B)立法委員可以兼任行政部會首長
(C)行政院院長由總統任命之，因此只向總統負責
(D)現行憲法條文無立法院解散的相關規範。　【106普】

( )　**31** 依據**我國**憲法增修條文，立法院推翻行政院所
提之**覆議案**，其**門檻**為：
(A)二分之一　　　　　　(B)三分之一
(C)三分之二　　　　　　(D)四分之三。　　　　　【107地四】

( )　**32** 依據**我國**憲法增修條文，行政院對立法院通過
的預算案、條約案，如認為有**窒礙難行**時，可
採取何種作為？
(A)擱置
(B)提請總統解散立法院
(C)接受該決議
(D)經總統核可移請立法院覆議。　　　　　【103普】

( )　**33** 依我國憲法第36條之規定，下列何者是**三軍統帥**：
(A)參謀總長　　　　　　(B)國防部長
(C)行政院長　　　　　　(D)總統。　　　　　【地四】

( )　**34** 我國立法院欲通過對行政院院長之**不信任案**，
須經多少立法委員以上之贊成？
(A)全體立法委員二分之一
(B)全體立法委員三分之二
(C)出席立法委員二分之一
(D)出席立法委員三分之二。　　　　　【普】

( ) **35** 根據我國憲法，下列何者得依法行使**赦免權**？

(A)行政院院長 　　　　(B)立法院院長

(C)司法院院長 　　　　(D)總統。　　　　【104地四】

( ) **36** 下列那個國家的政府類型是屬於**委員制**？

(A)美國 　　　　　　　(B)法國

(C)瑞士 　　　　　　　(D)瑞典。　　　　【普】

( ) **37** 關於**總統制**和**議會內閣制**的異同，下列敘述何
者**錯誤**？

(A)總統制的國家元首即為政府首長

(B)議會內閣制的國家元首和政府首長由不同的人擔任

(C)議會內閣制的總理（或首相）由選民直接選舉產生

(D)總統制的總統獨立於國會之外，並有固定任期。

【106普】

( ) **38** 憲政體制的分類標準，以國家元首、行政首
長、行政立法關係等變數決定，下列敘述何者
錯誤？

(A)總統制因為雙元民意而可能出現分立政府

(B)內閣制的政府組成來自國會的信任，若欠缺多
數議員的支持則出現少數政府

(C)半總統制的國家元首和行政首長由同一人擔任

(D)半總統制的內閣需對國會負責。　　　【106地四】

解答與解析

1 (C)

國會沒有質詢制度為總統制。英國、德國為內閣制,法國為半總統制。美國為總統制。

2 (A)

總統制國家主要是美國,以及其周邊的中美洲國家,如墨西哥。選項(A)正解。紐西蘭、義大利、泰國為議會制國家。

3 (D)

本題關鍵在於在總統制,(C)為內閣制的特徵首先刪去,解決僵局的權力要有足夠的強度但不至於製造對立,(B)的調查權不夠強度,(A)彈劾權製造對立,因此(D)為正解。

4 (C)

(A)(B)(D)為內閣制特徵。

5 (B)

(A)(C)(D)為內閣制特徵。

6 (B)

本題關鍵在總統制,在總統制下,行政權與立法權分屬不同政黨所掌握時稱為分立政府(separate government);在內閣制下,行政權與立法權分屬不同政黨所掌握時稱為聯合政府。

7 (B)

否決權是總統制的重要特徵,它代表總統可以制衡國會的立法權。

8 (A)

制衡即為牽制與平衡,是總統制的核心概念,來自於三權分立的思想,透過行政立法司法三者相互牽制與平衡,達成權力限制的目的。

9 (D)

總統制的總統或國家元首具有政治上的實權,(D)墨西哥為總統制是為正解。其餘三者皆為內閣制,屬虛位元首無政治實權。

10 (C)

　總統制的國家元首握有實權，兼具行政首長之身分，是以，(C)美國系為總統制，其總統兼具國家元首及行政首長之身分，是為正解。其餘三者皆為內閣制，國家元首為皇室或總統，皆為虛位元首，政治實權握在首相或總理手中。

11 (A)

　美國三權分立與制衡的憲政體制起源法國思想家孟德斯鳩。

12 (C)

　內閣制國會的特徵是政黨政治，因此強調黨紀嚴明的政黨制，選項(C)為正解。

13 (B)

　2011年英國下議院制定「國會固定任期法令」，英國大選每5年舉行一次，英國首相會在五年任期屆期時向國王提請解散國會，因此英國國會下議院議員的任期不會超過五年。英國女性至1918年才有選舉權；議會制為行政立法融合，不會有憲政僵局。因此選項(B)為正解。

14 (A)

　議會內閣制又稱西敏寺模式。

15 (D)

　議會內閣制的缺點包括如下：

(1) 行政及立法合一，有濫權之可能：執政黨控制行政與立法兩權，在野黨不易有堅強的著力點，倘若內閣不遵慣例，該辭而不辭，不該解散而解散，亦有專制的危險。

(2) 政治責任歸屬不明：如遇到多黨制聯合內閣，如有失策責任歸屬難以確定。

(3) 選民對執政者的可辨識性較差：選民對閣揆與閣員之辨識度不如對總統制中的獨任者辨識度佳。

(4) 政治較不穩定：內閣制政府無有定期之任期，如遇多黨

制聯合內閣地位不穩定，如遇到國會解散後又有組閣困難，導致政局不穩。

16 (C)

英國內閣制基本原則是「議會至上」（supremacy of the parliament）。因為理論上，議會代表民意，政府根據多數議員支持與信任所組成，倘失去多數支持，政府即應改組，故政府受代表民意的議會控制。

司法審核需要有一個司法部門來執行審核的工作，其概念系源自於行政立法司法三權分立相互制衡的思想，係屬總統制的特徵。

17 (D)

權力分立且制衡系總統制特徵。

18 (B)

權力融合系內閣制的重要特徵。

19 (D)

最小獲勝聯盟係指尋求「最經濟」的過半數政黨聯盟來組成政府。

20 (C)

虛位元首無決策之權力。

21 (C)

內閣提請解散議會權、國會不信任投票權、內閣副署權係內閣制之特徵。實權元首係總統制的重要特徵。

22 (B)

影子內閣是指最大反對黨按內閣組織形式組成的準執政團隊。

23 (A)

英國憲政體制運作首相亦為國會議員，首相於任期內如因國會不信任案亦須去職。內閣制國家元首為虛位元首，政治實權在首相手中。首相之產生為國會決定。

24 (B)

「建設性不信任投票」係指倒閣前先選出繼任的總理人選。

25 (C)

在內閣制中，法令公布係國家元首之權限，是以，(C)應改為德國總統。

26 (C)

雙首長制最可能出現左右共治之政府體制。

27 (B)

雙首長制（或半總統制）之特徵：半總統制又稱雙首長制，除法國外，芬蘭、奧地利、我國可屬此類。按照法國政治學者杜瓦傑（M. Duverger）的定義，其特徵有三：

(1) 總統由全民直選產生，向人民負責，擁有相當大的權力（considerable power），主要在國家安全與外交領域。

(2) 內閣總理由總統任命，不必經過國會同意。

(3) 總理及內閣對國會負責，國會有權對內閣提出不信任案（倒閣權）。

28 (D)

共治政府：左右共治（cohabitation）並非憲法明訂，而是法國政黨政治屬於多黨制，加上憲法制度設計下可能出現總統與總理（閣揆）出現中央行政權由不同政黨的人士擔任，加上總統與總理（閣揆）皆具有一定權力的情形下，政治領袖尊重「多數治理」民主原則，所形成的憲政慣例。法國自1958年建立第五共和憲法以來，有三次左右共治的現象，曾兩次發生於法國密特朗總統主政期間。

所謂「左」係指左派，偏向左派意識形態的政黨，「右」係指右派，偏向右派意識形態的政黨，左右共治即指，總統及總理分別由左派及右派政治領

袖擔任，在總統尊重多數的原則下，由閣揆領導國會多數黨，具有權力優勢，主導國內政務，運作偏向內閣制。

29 (B)

我國總統沒有主動解散國會之權力。

30 (A)

我國行政與立法部門間的權力關係立法院可對行政院院長提出不信任案（憲法增修條文第三條。立法委員不可兼任行政部會首長。行政院院長由總統任命之，同時向總統及國會負責。【憲法第41條、憲法增修條文第2條第2項、憲法增修條文第3條第2項第1款】

總統有被動解散國會權：總統於立法院通過對行政院院長之不信任案後十日內，經諮詢立法院院長後，得宣告解散立法院。但總統於戒嚴或緊急命令生效期間，不得解散立法院。

【憲法增修條文第2條第5項】

31 (A)

移請覆議權：行政院對於立法院決議之法律案、預算案、條約案，如認為有窒礙難行時，得經總統之核可，於該決議案送達行政院十日內，移請立法院覆議。立法院對於行政院移請覆議案，應於送達十五日內作成決議。如為休會期間，立法院應於七日內自行集會，並於開議十五日內作成決議。覆議案逾期未議決者，原決議失效。覆議時，如經全體立法委員二分之一以上決議維持原案，行政院院長應即接受該決議。【憲法增修條文第3條第2項第2款】

32 (D)

移請覆議權：行政院對於立法院決議之法律案、預算案、條約案，如認為有窒礙難行時，得經總統之核可，於該決議案送達行政院十日內，移請立法院覆議。立法院對於行政院移請覆議案，應於送達十五日內作

成決議。如為休會期間，立法院應於七日內自行集會，並於開議十五日內作成決議。覆議案逾期未議決者，原決議失效。覆議時，如經全體立法委員二分之一以上決議維持原案，行政院院長應即接受該決議。【憲法增修條文第3條第2項第2款】

33 (D)

三軍統帥：總統統率全國陸海空軍。【憲法第36條】

34 (A)

提出不信任案：立法院得經全體立法委員三分之一以上連署，對行政院院長提出不信任案。不信任案提出七十二小時後，應於四十八小時內以記名投票表決之。如經全體立法委員二分之一以上贊成，行政院院長應於十日內提出辭職，並得同時呈請總統解散立法院；不信任案如未獲通過，一年內不得對同一行政院院長再提不信任案。【憲法增修條文第3條】

35 (D)

特赦權：總統依法行使大赦、特赦、減刑及復權之權。【憲法第40條】

36 (C)

委員制係瑞士的政府類型。

37 (C)

議會內閣制的總理（或首相）由國會選舉產生。

38 (C)

半總統制的國家元首和行政首長由同不同人擔任。

02 行政機關

行政機關

├─ 行政機關之內涵 ─── 權力類型 ┬─ 傳統型權威
│   ├─ 神格領袖型權威
│   └─ 合法型權威
│
├─ 官僚組織之功能 ─── 官僚體系之 ┬─ 清楚的職權範圍
│   內涵與特徵 ├─ 階層化組織結構
│   ├─ 嚴格的法規程序
├─ 政府與其他   ├─ 專業分工性
│   社會組織的差別   ├─ 永業化原則
│   └─ 制度化的薪資、
├─ 官僚組織   獎懲與升遷體制
│   扮演之特色
│
├─ 官僚體系的 ┬─ 現代福利國家思想之興起
│   權力來源 ├─ 行政部門具高度專業性與技術性
│   ├─ 立法權的萎縮
├─ 官僚組織的 ├─ 要塞國家
│   權力擴張 └─ 社會經濟環境的變遷
│
├─ 官僚組織的 ┬─ 政治責任機制的建立 ┬─ 外在監督
│   控制與課責 │   └─ 內在監督
│   ├─ 政治化的文官
│   └─ 官僚組織制衡的建立
│
└─ 政務官與事務官 ┬─ 加入政府的基礎
    之任務與差異 ├─ 任職政府時之活動
               ├─ 所承擔的責任
               └─ 任職期限

行政是國家經由政府施政行為達成目標的行為。行政與司法、立法不同之處在於行政的層級節制與組織性，亦即強調**上命下從、層級分明**，其目的是為了達成行政效率。

大體而言行政部門可以區分為兩個部分，一是行政首長及其所屬的政務官員，其主要任務在於制定政策，並且監督政策的執行。另一是行政體系，亦可稱為「官僚體系」（bureaucracy）或者文官部門（civil service），其主要功能在於輔佐行政首長及其所屬政務官員制定政策、詮釋施政內容、擬定施行計劃，以及實際執行政策。

 行政機關之內涵與特徵 │ 99地四、107地四、108地四

(一) 權威的三種類型

德國社會學家韋伯（Max Weber）認為，領導權或取得權威的方式，可分為三種類型：

1. 傳統型權威（traditional authority）：

(1) 行政首長權威的取得並非憑藉個人自己的努力或才能，係依循世襲傳統而來。

(2) 傳統權威主要源自於歷史文化的信仰，多數民眾認為臣服行政首長的權威是理所當然的事，仰仗繼承的力量。

(3) 例如第三世界的農業社會或傳統部落中的頭目、歐洲皇室貴族、日本皇室等。

2. 神格領袖型權威（charismatic authority）：

(1) 領袖地位的取得源自於個人特質、或稱克里斯瑪、個人
魅力的關係，源自於人民信仰他們擁有與生俱來、近乎
超自然，以及超脫世俗的特質或天賦，因此順從他們的
統治權威。

(2) 追隨者對於神格領袖遵從無疑，甚至可以犧牲其生命。

(3) 神格領袖的產生可能是因為戰爭、經濟恐慌或危機時期所
形成的英雄主義，這些領導人物提出獨特的見解或訴求，尤
其對於中下階層具有吸引力，例如「納粹主義」、「法西斯主
義」、「列寧主義」等。典型例子例如：希特勒、墨索里尼。

3. 合法性權威（legal authority）：

(1) 權威來源係基於法治原則，行政首長憑恃合法統治權威，
根據法律賦予該行政職位的權威，決定政策與採取行動。

(2) 當神格領袖權威發展到某一階段後，必然趨向高度的組織
化及制度化，否則其統治權威不易維持，隨著社會環境的
轉型，政治生態亦產生質變。

(3) 法治體制的建立將政治領導者的統治權威合法化。民眾之
所以願意服從政治領導者，並非個人因素，而是因為法律
賦予的領導地位。因此，在此階段，法律規範具有至高無
上的權威。

(4) 總體而言，合法性權威是現代社會的重要特徵，且合法性
權威的維持與行政體系有密切關係。

韋伯（Max Weber）權威來源表

項目/權威類型	傳統權威	神格領袖型權威	合法性權威
權威來源	世襲	個人特質	法治體制
興起原因	歷史文化的信仰	戰爭、經濟恐慌或危機時期所形成的英雄主義	現代化後現代社會法治之形成
例子	部落長老、皇帝、皇室貴族	希特勒、拿破崙、墨索里尼	科層組織中的總經理、科長等主管

資料來源：筆者整理。

三種權威類型的關係是重疊存在的。舊的權威類型不可能為新的權威類型取代，但卻被新的權威類型所改變或削弱。在人類歷史的演進過程中，最早發生的是傳統權威，其次是神格權威，再來是合法性權威。

在某些情況下，合法性權威也可能反為神格領袖權威所取代；在任何社會都可以找到以上三種權威類型，只不過有其程度與偏重的不同罷了。事實上，即使在合法性權威極為強烈的政治體制之下，領導人仍然必須仰賴其他的領導權威，才能夠達到有效治理的境界。

三種權威類型演進示意圖

資料來源：筆者整理。

(二) 官僚體系之內涵與特徵【108地四、108調三】

德國社會學家韋伯（Max Weber）認為近代文明的核心概念是理性化，而官僚組織（Bureaucracy，或稱科層組織）就是理性合法化的具體表現。理想型官僚制度具備下述幾項特徵：

1. 清楚的職權範圍

行政組織內部的成員均有其「固定職掌」（fixed jurisdiction），所有職能範圍均清楚規定，依法行使職權。行政人員所享有的權利與應盡的責任，均有清楚的界定，且只有具備特定資格者始能夠聘用，主要憑藉其執行職務的才能。

2. 階層化組織結構

(1) 行政機關的組織型態，按照「層級節制」（hierarchy）所設立，「指揮系統」（chain of command）權責分明。在此組織體系內，按照職權地位的高低規定人員之間命令與服從的關係。

(2) 機關內部每一位人員僅有一位上司（one boss and one boss only），而且必須嚴格服從上級的命令，接受上司的指揮與監督。

3. 嚴格的法規程序

組織成員的工作項目，以及人員之間的工作關係，係依循「明文規定」（written rule），期間不得涉及個人的情感與偏好，行政人員的工作內容與從屬關係，係為「對事不對人的關係」（impersonal relationship）。

4. 專業分工性

行政人員依其專長接受「技術訓練」（expert training），「專業化」（professionalization）與「分工性」（specialization）為其主要特性。

5. 永業化原則

行政人員的聘僱係永業化原則，人員的任用根據自由契約的關係，除非人員因業務疏失，並且依法律的規定加以糾舉、彈劾與免職，否則行政組織不得隨意中止這種契約關係。

6. 制度化的薪資、獎懲與升遷體制

文官體系的薪資給付是依據人員的地位和年資，有明文規定。固定工作報酬，使得擔任某種職位或從事某種工作的人員，享有一定的待遇與權益。在薪俸制度的保障之下，確保行政人員不至於流於偏私，以及影響工作情緒。

(三) 社會主義觀點的官僚組織

1. 馬克思主義將官僚組織視為權力集團，注重於國家官僚扮演的階級角色，他們將官僚組織視為是一種維護資產階級利益和保護資本主義體系的機制。

2. 米利班（Ralph Miliband）作為新馬克思主義者認為「高級文官是保守的，他們有意無意的成了既存經濟和社會精英的同路人」，使得心懷激進與同情社會主義的文官的甄補與升遷受到阻礙。

3. 托洛斯基（Leo Trotsky）在其《背叛的革命》一書中指出〈官僚墮落〉（bureaucratic degeneration）的問題。由於蘇聯的落後和無產階級政治經驗的缺乏，促使官僚組織得以擴張，並阻礙了近一步邁向社會主義的發展的情況。

2-2 官僚組織之功能

97普、98高三、104地三、107地四、108地四

(一) 行政之執行

官僚組織的主要功能是執行法律與政策，管理政府業務成為其主要職責，舉凡執行社會福利和社會安全政策、經濟管制、授予專業證照，甚至對國內外公民提供資訊建議等。

(二) 提供政策建議

由於政府所掌握的政策資訊是政策建議的主要來源，對官僚組織政治意涵的討論，傾向於高級文官中的精英集團。政務的制定者是政務官，官僚僅是單純地提供建議。

(三) 利益的表達與匯集

由於官僚組織負有政策執行的職責並且涉入政策的制定，對其提供建議，使其不免和利益團體有所接觸，久而久之就漸漸形成了社團主義的趨勢，使得利益團體與政府部門之間的界線日益模糊。

(四) 維持政治的穩定性

政治穩定源自於官僚人員的常任與專業，因為當政治人物與政府不斷輪替時，官僚組織依然堅守崗位，不為所動，提供政治體系一個穩定和持續的重心。

2-3 政府與其他社會組織的差別

(一) 行政組織與企業組織的相同性有六方面：

1. **在組織結構型態上**：行政組織與企業活動所依賴者，主要為層級組織，各自依分工設計內部構成，循上下關係界定其指揮系統。

2. **在活動進行上**：行政組織與企業組織都強調有計劃的目標追求。他們尋求最合「理性」的計畫，以效率為組織活動的衡量標準，又與環境進行持續的互動。

3. **在成員地位與待遇上**：行政組織與企業組織的組織成員，均有一特定規則而受其限制管轄，也都各依資格與貢獻，領受相對應的報償與酬勞。

4. **在負責對象上**：行政組織與企業組織都有更上層的權威來源，他們的活動目標來自此一權威，而實際表現也受此一權威考核，對其負責。

5. **在作用影響上**：行政組織與企業組織的主要作用，都是對外的。他們組織化的活動，都會影響社會福祉，而其影響社會福祉的程度，又會依組織規模的改變而改變。

6. **在組織運行上**：行政組織與企業組織都由個人所組成，所以他們也共同面臨個人目標與組織目標之間各種衝突以及調和的議題。

(二) 行政組織與企業組織的相異性有六方面：

1. **就指導權威觀之**：行政組織為國家統治作用的表現與延伸，最高指導權威來自國家，依主權在民的原則。企業活動組織權威來自組織系統本身的最上層，通常是股東與董事會。

2. **就活動目標觀之**：企業組織追求的明確在於利潤，效率是從經濟的成本效益來著眼。行政作用難以利潤觀點來衡量。

3. **從作用對象觀之**：行政組織作用的對象是一般人民，所提供的是公共福祉。企業活動的對象以顧客為直接目標，所提供的是特定的勞務與貨品。

4. **從組織與環境的關係觀之**：行政組織與社會成員是國家制度架構的互動，前者行使一定公權力，後者具有公民權利，也負擔公民義務。在企業與顧客之間存在的是各種契約關係，發生關聯來自一方的邀約及另一方的承諾，經合意進行價值交換。

5. **從組織成員的身分地位觀之**：行政組織的成員，多數均為國家公務員，身分地位直接受國家法令的保障與限制。企業組織的成員與企業組織的結合屬於私人性質，不能行使超越其約定的權利。

6. **從所受監督而觀**：行政組織是國家的機關，需受人民、議會，與社會大眾的監督。而行政作用的公共性，更使此種監督的範圍極廣，效果極為直接。企業活動乃是社會成員自發的利益追求表現。在企業系統之內需受組織上層的監督，在國家層次，公權力對企業的監督，一般以關係公共利益者為其適當範圍。而社會大眾則寧可經消費者團體、理論及市場法則發揮影響與壓力。

行政組織與企業組織的相異性表

相異之處	行政組織	企業組織
指導權威	為國家統治作用的表現與延伸，它的最高指導權威來自國家，而依主權在民的原則，也就是因為民意之授權，而有行政的作用	組織權威來自組織系統本身的最上層，而它通常是股東與董事會。
活動目標	行政作用自也是有成本效益的觀念，但此種成本效益並不單純是在經濟層次，也難以利潤觀點來衡量。	追求的明確在於利潤，所謂的效率基本是從經濟的成本效益來著眼。

相異之處	行政組織	企業組織
作用對象	作用的對象是一般人民，所提供的是公共福祉。	對象當然可能涉及所有社會成員，但企業活動是以顧客為直接目標，所提供的是特定的勞務與貨品。
組織與環境的關係	行政組織與社會成員是國家的制度架構互動，前者行使一定公權力，後者具有公民權利，也負擔公民義務。	企業與顧客之間存在的是各種契約關係，他們發生關聯來自一方的邀約及另一方的承諾，經合意進行價值交換。
組織成員的身分地位	多數均為國家公務員，他們的身分地位，直接受國家法令的保障與限制，與國家之間存有所謂「特別法律關係」。	企業組織的成員以一定約定提供服務，他們與企業組織的結合，屬於私人性質，而此一組織對其成員也不能行使超越其約定的權利。
所受監督	行政組織是國家的機關，他需受人民、議會，與社會大眾的監督。而行政作用的公共性，更使此種監督的範圍極廣，效果極為直接。	企業活動乃是社會成員自發的利益追求表現。在企業系統之內，他們需受組織上層的監督。但在國家層次，公權力對企業的監督，一般以關係公共利益者為其適當範圍。而社會大眾則寧可經消費者團體、理論及市場法則發揮影響與壓力。

資料來源：任德厚老師《政治學增訂八版》頁514～515、筆者整理。

2-4　官僚組織扮演之角色

依據學者J. Danziger的理論，官僚組織在政治運作中扮演以下幾種角色：

(一) 處理資訊

文官複雜蒐集、保存與分析關於人民及社會運作的大量資訊。這些資訊成為重要的資料庫，用以記錄社會活動、衡量公共政策的本質與影響，以及了解當前攸關公共價值分配的決策與行動。

(二) 提供專業知識

許多文官在專業領域中累積豐富知識，對國家而言有很大助益。

(三) 提供公共財與服務

執行政策是文官系統的重要工作，文官必須持續不斷地詮釋和推動公共政策，這些政策經常可以提供個人與社團公共財和服務。

(四) 管理和落實公共政策

在文官負責詮釋與推動公共政策當中，許多是替個人或團體設定行為規範。這些規範涵括的範圍甚廣，或是防止企業聯合壟斷、或是落實交通規範、或是保障少數族群權益等。

(五) 汲取資源

文官在這方面亦扮演多種角色——部分文官負責向個人或企業收稅；部分文官在國企任職，提供人民商品或勞務。這些活動的目的在於將資源源源不斷地提供給政治系統。

2-5 官僚組織的權力擴張

19世紀末葉以來，政府功能已大為改變與擴張，官僚組織的權力擴張之原因分述如下：

(一) 現代福利國家思想之興起

福利國家興起後，政府的職責增加。這些新增加的職責大體上皆屬於服務性質，諸如國民的醫療保健、失業救助、國民住宅等，這些都是行政機關的工作，屨行這些職責，固然為行政政府部門份內之事。

(二) 行政部門具高度專業性與技術性

行政部門的永業化原則以及專才專用的用人原則，使得行政人員能專心一意處理行政事務，並且培養出高度專業性與技術性。

(三) 立法權的萎縮

立法議員大都為通才，缺乏消化大量專門資料的能力，因而對政策決定只能扮演反應的角色，即對提案表示贊成與否，而無法主動提案了。

(四) 要塞國家（garrison state）

要塞國家是拉斯威爾所創的概念，他認為20世紀中葉以後國際局勢持續緊張，國家安全成為許多國家的政府必須隨時留意的課題，而現代國防依賴機密與專業的科技知識與能力，因而國防政策幾乎成為行政部門獨佔的領域，立法部門在該領域中能扮演的角色甚為有限。

(五) 社會經濟環境的變遷

受工業革命影響，歐美國家產生貧富差距和勞資對立的社會現象，為此勞資雙方均要求政府出面干預。此外經濟繁榮的結果使產業大規模的合併而造成「托拉斯」的情況，侵犯消費者權益。加上諸多社會運動等衍生的問題日增，讓政府行政部門不得不出面解決，行政權力隨之而擴張。

2-6　官僚組織的控制與課責　│ 108身三、109原三、110高

對行政的監督途徑基本分為兩類，一為外在監督（external control），另一為內在監督（internal control）。

(一) 政治責任機制的建立

1. **外在監督**：是指來自行政結構以外的行政監督途徑。包括

   (1) **非結構式的監督（unstructured control）**：主要涵括了政治過程發揮的一些作用，譬如輿論、政黨或公益團體都可能影響行政機關對其有所監督，這些監督不來自正式機關而來自社會與政治層面者。

   (2) **結構式的監督（structured control）**：立法機關經預算與立法和諮詢影響行政方針，法院經司法審查糾正行政違失，或行政法院審理人民與政府機關的爭訟，皆有明確的制度過程與法律依據，稱之為結構式的監督。

2. **內在監督**：內在監督來自行政部門內部，也可分為兩種情況：

(1) **長官監督**：機關首長以及其監督權，經獎懲或其他方式使部屬積極效命，消滅不至為非。

(2) **機構監督**：行政部門另設機構監督行政機關的內部作業，我國行政部門的人事、會計、政風等單位皆另有指揮系統，就是為進行監督的設立者。

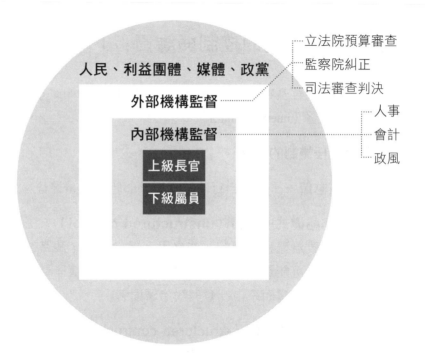

行政監督（課責）示意圖

資料來源：筆者整理。

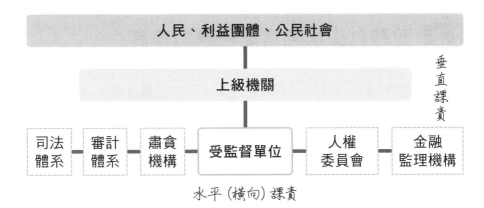

水平課責與垂直課責示意圖

資料來源：筆者整理。

(二) 政治化的文官

遂行政治控制最普遍的方法之一就是拔擢熱心政治事務的資深文官進入政府成為政務官員。將文官部門政治化，使其具有與當政者類似的意識形態熱忱。

(三) 官僚組織制衡的建立

藉由結構的設計來支持和協助政治人物，或是去箝制（counterweight）官僚，例如設置政治顧問和局外人（outsiders），為現代國家的特徵。更顯著的是，建立許多制度來分擔政府官員的工作負荷並且為他們提供個人的幕僚諮詢人員。

政務官與事務官之任務與差異

政府行政部門由常任文官與政治性任命者兩類官員組成。

(一) 政務官的任務

1. **制定或決定政策**：在民主國家中，政務官必須負責實施行所屬政黨之政綱或競選諾言。由於理論上選民付託彼等執政，是要其把這些允諾付諸實現，為此他們必須制定政策並說服國會與社會各界支持其政策，萬一政策錯誤，政務官必須負責。

2. **監督政策的執行**：政務官負責政策的制定，政策制定後事務官就必須解釋該政策並釐定行動的各種步驟，而後執行政策。在這整個過程中，政務首長必須予以監督，以確保政策未被曲解，執行未有違誤，並具有足夠的效率與效果。政策執行時，如有違法失職情事，政務首長應予糾正並在必要時懲處違法失職人員。

(二) 事務官的任務

1. **協助政府管制的政策**：此為高級事務官的任務，高級事務官中，大都行政實務經驗豐富，對其專業深具了解，他們提供政務官資料、意見、專門知識以利其判斷及決策。

2. **執行政策**：執行政策是狹義的行政（administration），是事務官的主要任務。事務官在形成過程中擔任的角色隨其職務而不盡相同，大體說來，高級事務官的工作為解釋政策，制定實施計畫（program）及監督下屬執行各種計劃；中級人員

的工作，則可協調執行單位的活動，並負責執行單位上級的聯繫，且進度計劃執行之細節。基層人員的工作，則為計畫細節之執行。

3. **行政裁量**：行政官員往往擁有行政裁量權，所謂行政裁量是指執行任務時，有某種限度憑自己判斷行動的自由。裁量權之範圍頗難精確界定，可大可小，按任務的性質與客觀環境隨個案而有所不同。

(三) 政務官與事務官身分地位之異同

1. **相同之處**都是現代政府的構成成分，依法執行職務，都因其服務領取報酬，也都是服從上級指導，貢獻於政府的運作。

2. **相異之處**

   (1) **加入政府的基礎而言**：政務官基於一定的政治條件，或為選民的選舉，或為議會的信任，或其才智為更高政務領導者所需要。事務官基於學識才能，承擔政策執行之責，通常透過國家考試來決定。

   (2) **任職政府時之活動而言**：政務官承擔的責任主要在政務領導與政策確定，其涉入目的主要在使行政能依政策指導來進行。事務官在政府從事的活動主要在於法律及政策的執行，政策最後決定權不會屬於事務層次。

   (3) **所承擔的責任而言**：政務官主要的責任是政治責任，政務官個人可能牽涉法律責任，但他們的成敗得失，基本須從政治層面來考察估量，即主要的責任是政治責任。事務官沒有政治責任制度，原則上不涉政務，只是在執行法律與政策是可能出現違法失職的情形，因此事務官所負的責任僅限於行政責任與法律責任。

(4) 任職期限而言：政務官因特定政治條件而任職，由於政治
條件是可變的，他們任職的期限也必然限於政治條件持續
期間。政務官的去職可能是任期屆滿，可能是國會不信
任，可能是任命者不再需要，也可能是政見不合，或因其
他相關考慮而辭職。事務官依照個人學識才能任職，公務
員身分受到保障，除因法定原因而遭免職外，能夠繼續任
職，直到屆齡退休，被稱為「常業公務員」（permanent
civil servants）。

政務官與事務官相異表

比較項目	政務官	事務官
加入政府的基礎	基於一定的政治條件，或為選民的選舉，或為議會的信任，或其才智為更高政務領導者所需要。	基於學識才能，通常透過國家考試來決定。
任職政府時之活動	承擔的責任主要在政務領導與政策確定，其涉入目的主要在使行政能依政策指導來進行。	在政府從事的活動主要在於法律及政策的執行。
所承擔的責任	政治責任與法律責任。	行政責任與法律責任。
任職期限	不一定。政務官的去職可能是任期屆滿，可能是國會不信任，可能是任命者不再需要，也可能是政見不合，或因其他相關考慮而辭職。	公務員身分受到保障，除因法定原因而遭免職外，能夠繼續任職，直到屆齡退休。

(四) 文官改革與政治性任命

1. **分贓制（the spoil system）**：在政府組織擴張之初，高官由君主任命，而事務性職位的任命，則有操於有權勢之手。例如法國大革命前法國許多政府公職可以金錢購買。英國的事務官職，多年係由大臣貴族之親友與追隨者充任。美國的事務官職，則隨選舉時何黨獲勝而大幅改變。然而其所產生之弊病如下：

   (1) **紀律敗壞**：任職者貪墨徇私，每被視為當然。

   (2) **效率低落**：此類官員任命並無客觀標準，任職者濫竽充數。

   (3) **無法忠實執行上級政策，因下級官員各有奧援，或有黨派所屬，或強烈認同特定階級利益，於是政府政策能否為其遵行，隨而每生疑問。**

   (4) **黨派傾軋的惡化**：政黨與政治人物為爭奪各種公職的決定權，產生衝突與惡鬥。

2. **功績制（Merit system）**：在此情況下，西方各國於19世紀前後，紛紛改革。1830年代英國東印度公司採行考試甄選之功績制，再於1850年代擴及全部常任公務員。美國國會於1883年通過「潘德頓法」（Pendleton Act）設置文官委員會，規定文官分類考選，於是文官改革乃成為一種普遍的政治改革運動。

   功績制確立現代文官制度，也界定了考試用人的原則。在西方文官制度的發展中，考試用人的原則獲得肯定，其適用範圍也迭有擴張。但就整個政府構成而言，非經考試任職，特別是基於政治條件而有的任命，不但並未全面消失，且一直占有可觀的重要性。雖然各國就此制度設計也有其出入。

申論題精選

一、 政府與其他社會組織的差別為何？試列舉五項
　　 說明之。　　　　　　　　　　　　　　【高三】

▶ 賴老師答題架構

(一) 政府組織之內涵。

(二) 社會組織之內涵。

(三) 兩者之差異。

二、 試說明五項官僚組織扮演之角色，並分析應如
　　 何控制官僚組織？　　　　　　　　　【104地三】

▶ 賴老師答題架構

(一) 官僚組織扮演的角色。

(二) 官僚組織控制之道。

選擇題

( )　**1**　關於我國獨立機關的敘述，下列何者錯誤？
(A)同一黨籍的委員不得超過一定比例
(B)必為合議制機關
(C)委員有任期保障
(D)委員由總統提名，經立法院同意後任命。　　　【110普】

( )　**2**　文官的身分為終身保障，剝奪其身分必須依法
為之，這種規定為下列何種官僚體制特徵？
(A)層級節制　　　　　　　(B)非人情化
(C)功績制度　　　　　　　(D)永業化。　　　【110普】

( )　**3**　下列那位學者將官僚組織視為一種理性的行政
機制？
(A)韋伯（Max Weber）
(B)米利班（Ralph Miliband）
(C)馬克思（Karl Marx）
(D)托洛斯基（Leo Trotsky）。　　　　　　【地四】

( )　**4**　關於行政機關的敘述，下列何者錯誤？
(A)涉及政務領導與政策執行兩個層次
(B)具有完整的組織體系，並依據分工原則運作
(C)行政權力涵括的領域是指統治作用所及之固定範圍
(D)具層級化特色，上級指揮下級，下級服從上級。
【107地四】

( ) **5** 下列何者並非政府職權擴大的原因？
(A)教育普及
(B)經濟的需求
(C)國家安全的需要
(D)官僚自身的施壓。 【107地四】

( ) **6** 「尖塔型」之行政組織，是指其：
(A)層級多，而控制幅度小
(B)層級少，而控制幅度大
(C)層級多，而控制幅度大
(D)層級少，而控制幅度小。 【普】

( ) **7** 以下何者確立了現代文官制度、界定了考試用
人的原則？
(A)功績制 (B)分贓制
(C)責任制 (D)民選制。 【普】

( ) **8** 有關政務官與事務官差異的敘述，下列何者錯誤？
(A)政務官與事務官的任用，均需經過考試或銓敘合格
(B)政務官不適用考績、退休、俸給等人事考銓法律
(C)降級、減俸、記過等懲戒，僅適用於事務官
(D)政務官需因決策錯誤而擔負政治責任。 【107地四】

( )　**9** 下列有關政府課責（包括「垂直課責」與「水平
課責」）的描述，何者錯誤？
(A)審計制度屬於垂直課責
(B)水平課責仰賴政府內監督機制的設計
(C)垂直課責主要靠選舉
(D)司法體系屬於水平課責。　　　　　　　【地四】

( )　**10** 我國縣市長去職、死亡者，由那一機關核准
後，辦理補選？
(A)總統府
(B)行政院
(C)內政部
(D)該縣市之選舉委員會。　　　　　　　　【普】

解答與解析

1 (D)

我國獨立機關委員由行政院長提名，立法院同意後任命。

2 (D)

永業化意即身份受到法律保障，非依法不得剝奪其身份。因此選項(D)為正解。

3 (A)

韋伯將官僚組織視為一種理性的行政機制，並稱之為科層體制。

4 (C)

行政機關涉及政務領導與政策執行兩個層次，前者由政務官領導，後者為事務官執行。行政機關講求層級節制，具有完整的組織體系，並依據分工原則運作。

5 (A)

政府職權擴大的原因包括如下：
(1) 現代福利國家思想之興起。
(2) 行政部門具高度專業性與技術性。
(3) 立法權的萎縮。
(4) 要塞國家（garrison state）。
(5) 社會經濟環境的變遷。

6 (A)

尖塔型行政組織即為科層體制，其結構類似於金字塔，因此層級越多控制幅度越小。

7 (A)

功績制係指是一種由國家行政機關通過考試和考核的方法達到量才任職、優勝劣汰的人事行政制度。其確立了現代文官制度、界定了考試用人的原則。

8 (A)

政務官與事務官之差異在於：政務官之任用為政治任命，需因決策錯誤負擔政治責任及法律責任，事務官之任用需經過考試或銓敘合格，無須負擔政治責任，而需負擔行政責任及法律責任。政務官不適用考績、退休、俸給等人事考銓法律，事務官適用；降級、減俸、記過等懲戒，僅適用於事務官，不適用於政務官。

9 (A)

垂直課責係指由上至下，由人民監督、利益團體、媒體等至上級機關至受監督單位此一垂直脈絡之監督；水平課責係指審計單位、司法單位、政府內部監督機制等監督。

10 (C)

依據地方制度法第82條規定，直轄市長、縣（市）長、鄉（鎮、市）長及村（里）長辭職、去職、死亡者，直轄市長由行政院派員代理；縣（市）長由內政部報請行政院派員代理；鄉（鎮、市）長由縣政府派員代理；村（里）長由鄉（鎮、市、區）公所派員代理。

NOTE

立法機關

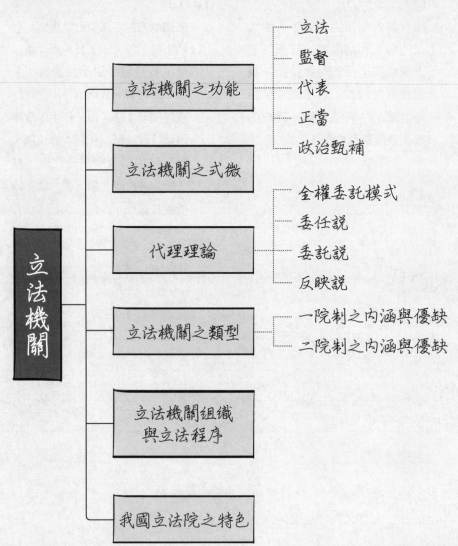

立法機關
- 立法機關之功能
  - 立法
  - 監督
  - 代表
  - 正當
  - 政治甄補
- 立法機關之式微
- 代理理論
  - 全權委託模式
  - 委任說
  - 委託說
  - 反映說
- 立法機關之類型
  - 一院制之內涵與優缺
  - 二院制之內涵與優缺
- 立法機關組織與立法程序
- 我國立法院之特色

3-1 立法機關之功能與式微　｜109身四

(一) 立法機關之正功能有五項：立法、監督、代表、正當性、政治甄補。

立法 legislation	立法機關具有立法權，有權提出法案修改政府提案並議決各種議案。
調查與監督 scrutiny or oversight	國會的立法、代表功能性式微，但監督功能日受重視。廣義的國會監督除調查、聽證、諮詢、彈劾、倒閣外，還包括對政府的政策法案、收支經費預算、主要行政官員的任用等均須經國會審查通過或同意。
代表 representation	立法機關是代表人民反映民意，將公眾意見提交公共討論，並決定利益分配的主要機制，是溝通政府與人民的主要橋梁。立法者如何扮演代表的角色主要有四種代議理論模式，分別為全權委託模式、委任說、委託說、反映說。
正當性 （合法性） legitimacy	立法機關成員由選舉產生，具有代表人民的性質，因而經過國會通過的政策法案表示得到人民的同意，有國會為政府背書，所以政府的決策立法施政才具有正當性或合法性。
政治甄補 political recruitment	國會經常是人才甄補的主要管道，提供了未來領袖決策者的人才儲備庫，特別是內閣制國家，國會服務的經歷是成為部會首長與首相必經路途，而一般在擔任行政職務同時仍保有其國會議席。

(二) 十九世紀以來，立法機關立法功能有萎縮的現象，其原因有四，分述如下：

1. 有紀律的政黨興起

十九世紀末，群眾黨（mass party）興起，政黨結構由鬆散趨於紀律嚴明，議員代表選民的角色削弱。內閣制尤其明顯，國會多數黨議員實際上扮演政府護航者的角色，國會整體所從事者已非主動立法或積極監督制衡。

2. 行政權擴大

二十世紀以來，政府為解決許多社會問題行政權隨之擴張，行政機關有龐大的文官，具備專業知識，而國會議員多為通才，又缺乏充足助手，不易提出解決問題之具體方案與立法計畫，只能對行政機關的決策與施政進行批評、調查與監督。

3. 國會結構性弱點

國會組織扁平化，缺乏命令與服從的指揮系統。這種平等與分化的特質，常使國會群龍無首，無法展現協調與領導決策的能力。同時，國會受任期、會期、程序等限制，不易掌握時效。

4. 利益團體具替代作用

利益團體為了使有利其團體成員的政策法案通過，透過遊說等各種方式影響行政、立法、司法機關的決定。組織化的利益團體為民眾提供了替代性的代表機制，比國會更有效性地受理民眾的抱怨。美國學者羅威（Theodore J. Lowi）在1969年出版《自由主義的終結》（The End of Liberalism）一書中所提出的「利益團體的自由主義」現象，民主國家常見利益團體向政府有關機關遊說施壓，形成各方競逐政府支出資源的結果，造成強勢團體得到較多利益，而其成本卻由社會大眾分擔。

代理理論

101地四、108原三、109身三

(一) 全權委託模式（Trustee model）

1. 亦稱自由代表說或獨立判斷說

2. 國會議員被選出後，不再只是選區的議員，民意代表應該行使**獨立的判斷**，而不是以選區人民的意願做決定。

優點	允許國會議員有較大的獨立自主空間。
缺點	具有反民主的意涵，倘若由於大眾無知、教育不足或易受迷惑，而導致政治人物應該自行思考，那麼允許大眾選舉他們的代表本身就是一種錯誤。

(二) 委任說（delegate model）

國會議員是受到人民的委任而被選舉出來，國會議員的行動代表人民，沒有自我判斷和偏好。

優點	提供了更多人民參與的機會，監督民意代表。
缺點	容易造成狹隘的觀點，並使代議士的自我利益與人民利益產生角色衝突。

(三) 委託說（Mandate model）

將代議士視為獨立的行為者，認為一旦政黨贏得選舉，則該黨便獲得人民的委託，被授權實現競選活動期間所承諾的政策和計劃。由於代表性的機制是政黨而非個人，因此委託模式為政黨統合與政黨紀律提供者明確的正當性基礎。

優點	考慮到了政黨標籤與政黨政策在使用上的重要性。
缺點	認為選民具有理性，係依據政策及議題的基礎來選擇政黨，而非領導者人格、政黨形象、習慣性忠誠等不理性的因素來進行投票行為。

(四) 反映說（Resemblance model）亦稱為鏡子說

代議士的社會結構來源反映一個社會結構的縮影。主張一個具有代表性的政府將構成社會的縮影，涵蓋來自社會中所有團體與部門（如社會階級、性別、宗教、種族、年齡等等）的成員，並且在數量上也和該團體在社會中所佔的比例相當，方能完全地認清該團體的利益所在。

優點	能夠重視社會弱勢族群之利益。
缺點	以排他或狹隘的觀點來搖會代表者，例如只有女性才能代表女性、只有黑人才能代表黑人、只有勞工才能代表勞工，假如所有的代表者只是促進他們所來自的團體利益，結果將造成社會分裂與衝突，而沒有人可捍衛共同的良善與公共利益。

3-3 立法機關之類型
97地四、98地四、102地四、103地四、106普

(一) 一院制（unicameral）之內涵與優缺點

一院制國會係指國會係由議員合組為單一的議事結構體。最早的一院制國會出現在法國大革命爆發時，三級會議之平民（第三級）代表自行組成的「國民議會」。目前採行一院制國會包括台灣、南韓、北歐國家等。採行一院制國會之國家有其特徵（或形成之因），分述如下：

1. **保守之王國或宗教國家**：如信仰回教之巴林、沙烏地阿拉伯，或是伊朗等，其立法獲准立法機關均為一院制。其職權一般較為微弱，而成員產生的民主屬性也較為不足，因並未普遍民主投票，有些則受到回教教士之制度化「監護」。

2. **革命建國之新興或落後國家**：如北非之利比亞、東非之坦桑尼亞，以及中東之敘利亞，其立法機關或準立法機關均為一院制。由於此等國家多具有某種革命性，它們或由強人領導或有一黨獨大之政黨主導全局，所以沒有出現強大國會的空間及簡單的一院制，足以滿足體制面之需求。

3. **沿襲國權統一原則之社會主義國家**：由於馬列主義相信一切國權均出自最高代表機關，而此一機關應代表某種神聖單一之民意，所以除採聯邦制，一般均為一院制國會。例如古巴、北韓、越南以及中國大陸。

4. **民主或高度民主之其他國家**：例如台灣、南韓、北歐國家等，屬於民主屬性已甚明確之較小國家。

一院制國會之**優點**主要有下：

1	較有效率，減少立法過程不必要的複雜性與困難性。
2	避免僵局，不會有兩院制產生兩院意見不同所導致的政治僵局。

一院制國會之**缺點**主要有下：

1	多數決統治（majoritarian rule）：以多數人的意見為全民的意見，使少數或弱勢族群的利益被忽略，且無有制衡多數的力量，容易有權力壟斷之現象。
2	立法輕率：法案沒有受到更充分審議的機會，以及可能存在疏失而沒有修正的可能性。

(二) 兩院制（bicameral）之內涵與優缺點

兩院制國會係指由立法權分散且平等的兩個議會所構成，亦為一種有限政府的設計。就國會體制的形成而言，兩院制之出現早於一院制，最早的國會是英國國會。兩院制國會之國家有其特徵（或形成之因），分述如下：

1. **歷史制度的遺緒**：兩院制在英國形成後影響了英國在美洲新大陸的殖民地，由於這些殖民地並沒有貴族，所以它們以及獨立後各州的參議院，都是由選舉產生其成員，例如美國。

2. **受美國影響之聯邦制國家**：美國為聯邦制國家，其國會一院（眾議院）代表選民，另一院（參議院）代表各州，十九世紀以來的聯邦國家皆採兩院制國會，例如瑞士、德國、奧地利、加拿大、澳洲、印度、巴西等。

3. **社會構成複雜之國家**：由於國家人口眾多或幅員廣闊，或社會構成複雜，有多種族群，採行兩院制國會使其民意涵面較為完整，例如法國、西班牙、義大利、荷蘭、愛爾蘭、日本、菲律賓等。

兩院制國會之**優點**主要有下：

- **權力制衡**：第二院可制衡第一院的權力，並預防多數決統治。兩院制可更有效制衡行政部門權力，揭發政府缺失。

- **提升代表性**：兩院制國會擴大了代表權基礎，使每一院可表達不同範圍的利益，並反映不同團體選民的需求。

- **充分審議法案**：第二院可確保法案受到更充分的審議，減輕第一院的負擔，並修正其錯誤與疏失。透過拖延爭議性法案的通過，以爭取時間進行討論與公共辯論。

兩院制國會之**缺點**主要有下：

- **較無效率**：第二院的存在可能對立法過程造成不必要的複雜性與困難度。

- **容易造成政治僵局**：兩院的意見不一致時，造成立法機關的衝突，導致政治僵局。

- **有礙民主統治**：如果第二院的產生方式沒有民選或者由間接選舉時，有妨礙民主政治之可能。

- **窄化政策制定的管道**：可能由於最終立法決定權落於聯席委員會手中，而窄化政策制定的管道。

- **造成保守政治性偏袒**：第二院由於堅守現存憲政安排，有時候則維護社會菁英的利益，而造成保守政治性偏袒。

一院制及兩院制之內涵及優缺點表

比較項目	一院制	兩院制
內涵	國會係指國會係由議員合組為單一的議事結構體。最早的一院制國會出現在法國大革命爆發時，三級會議之平民（第三級）代表自行組成的「國民議會」。	由立法權分散且平等的兩個議會所構成，亦為一種有限政府的設計。就國會體制的形成而言，兩院制之出現早於一院制，最早的國會是英國國會。

比較項目	一院制	兩院制
特徵（或形成原因）	1. 保守之王國或宗教國家。 2. 革命建國之新興或落後國家。 3. 沿襲國權統一原則之社會主義國家。 4. 民主或高度民主之其他國家。	1. 歷史制度的遺緒。 2. 受美國影響之聯邦制國家。 3. 社會構成複雜之國家。
目前實行國家	目前採行一院制國會包括台灣、南韓、北歐國家等。	英國、美國、瑞士、巴西等。
優點	1. 較有效率，減少立法過程不必要的複雜性與困難性。 2. 避免僵局，不會有兩院制產生兩院意見不同所導致的政治僵局。	1. 權力制衡：第二院可制衡第一院的權力，並預防多數決統治。兩院制可更有效制衡行政部門權力，揭發政府缺失。 2. 提升代表性：兩院制國會擴大了代表權基礎，使每一院可表達不同範圍的利益，並反映不同團體選民的需求。 3. 充分審議法案：第二院可確保法案受到更充分的審議，減輕第一院的負擔，並修正其錯誤與疏失。透過拖延爭議性法案的通過，以爭取時間進行討論與公共辯論。

比較項目	一院制	兩院制
缺點	1. 多數決統治（majoritarian rule）：以多數人的意見為全民的意見，使少數或弱勢族群的利益被忽略，且無有制衡多數的力量，容易有權力壟斷之現象。 2. 立法輕率：法案沒有受到更充分審議的機會，以及可能存在疏失而沒有修正的可能性。	1. 較無效率：第二院的存在可能對立法過程造成不必要的複雜性與困難度。 2. 容易造成政治僵局：兩院的意見不一致時，造成立法機關的衝突，導致政治僵局。 3. 有礙民主統治：如果第二院的產生方式沒有民選或者由間接選舉時，有妨礙民主政治之可能。 4. 窄化政策制定的管道：可能由於最終立法決定權落於聯席委員會手中，而窄化政策制定的管道。 5. 造成保守政治性偏袒：第二院由於堅守現存憲政安排，有時候則維護社會菁英的利益，而造成保守政治性偏袒。

3-4　立法機關組織與立法程序　｜ 100地四

(一) 議長

議長由議員互選產生，通常由多數黨領袖或多數黨議員支持之人員擔任。其職責在主持會議、擔任會議主席、維持議場秩序、綜理會內事務，至於應否中立則因憲政體制而異。

1. 內閣制國會議長

英國、日本等內閣制國家之下院議長須退出政黨活動，維持中立地位，通常由德高望重者擔任。因為執政黨在議會中有閣揆及內閣領導立法，無需議長協助，故議長可扮演中立角色。

2. 總統制國會議長

美國總統制之下院議長由眾院多數黨領袖擔任，黨派色彩濃，無中立之義務，因為在分立制衡制度下，官員不得兼任議員，若執政黨議員在眾院居多數，自然希望其議長協助通過政府政策；若在野黨佔多數，自然希望在野黨擁護產生的議長協助在野黨對政府加強監督。

3. 我國國會之議長

我國立法院正副院長由能獲多數立委支持者擔任，有黨派色彩，中立度較低。因我國立委不得兼任官吏，總統亦非虛位，具有總統制的分立精神，院長角色接近總統制。

(二) 委員會

委員會作用在於藉由分工專業化,提供國會審查法案的品質與效率。

1. 全院委員會由全體議員參加,主要職掌在審查預算。

2. 特設委員會為調查特殊議案或為處理院內事務而設立,因任務終了而解散,或不常開會,如我國立法院之程序委員會、修憲委員會、紀律委員會、經費稽核委員會等。

3. 常設委員會與會期相始終,主要任務在協助院會立法,審查各種議案,為多數國會的真正工作場所,從事搜集資訊、區分不同方案、確定立法的細節。我國立法院常設委員會有內政委員會、外交及國防委員會、經濟委員會、財政委員會、教育及文化委員會、交通委員會、司法及法制委員會、社會福利及衛生環境委員會等。

(三) 立法程序

1. **提出法案**:多數民主國家國會議員均有權提出法律草案。我國憲法明定行政院與考試院有提案權,後經大法官解釋司法院與監察院亦有提案權,而立法院既有立法權,自應包括提案權,但須經15人以上連署始能提出。

2. **一讀(first reading)**:讀會乃是宣讀以周知討論及表決之內容。一讀的方式各國有異。在我國,政府或立委提出之議案或法案,先送程序委員會提報院會,由主席宣付朗讀標題,並決定交付委員會審查或逕付二讀後,即完成一讀。

3. **委員會審查**：在多數民主國家，法案在院會二讀審議前，須先交付委員會審查。按照專業分工，同時並進原則，負責篩選法案，為院會節省時間，以提升立法效能。美國常設委員會通常法案均須先由常委會舉行聽證，並經逐條討論通過，才能將審查報告提報院會。

我國立法院委員會審查議案時，可以邀請政府人員及社會上有關係人員列席就所詢事項說明事實或發表意見，以供委員參考。法律案交付審查後，性質相同者可以併案審查；但已逐條討論通過之條文，不能因併案而再行討論。議案審查完竣後，應就該議案應否交由**黨團**協商，予以議決；院會討論各委員會議決不須黨團協商之議案，得經院會同意，不須討論，逕依審查意見處理。

黨團之成立

依據立法院組織法第三十三條規定，每屆立法委員選舉當選席次達三席且席次較多之五個政黨得各組成黨團；席次相同時，以抽籤決定組成之。立法委員依其所屬政黨參加黨團。每一政黨以組成一黨團為限；每一黨團至少須維持三人以上。

4. **二讀**：我國立法院討論經各委員會審查之議案，或經院會決議逕付二讀之議案。二讀時先朗讀議案，再依次進行廣泛討論及逐條討論。二讀會是相當重要的一個環節，對於議案之深入討論、修正、重付審查、撤銷、撤回等，均是在這個階段做成決議。經過二讀之議案，應於下次會議進行三讀；但如有出席委員提議，15人以上連署或附議，經表決通過，得於二讀後繼續三讀。

5. **三讀**：除發現議案內容有互相牴觸，或與憲法、其他法律相牴觸者外，只得為文字之修正。立法院議事，除法律案、預算案應經三讀程序議決外，其餘議案僅需經二讀會議決。

政治小學堂

1. 肉桶立法（pork barrel legislation）

指立法機關藉由預算或法案審查，夾帶補助依附在一個相當重大的大型計畫之若干地方建設計畫，而實際上這些計畫往往是不需要的，只是為了討好選民獲取選票，而以「包裹」的方式，在各地區民意代表的相互支持下，獲得通過。

2. 滾木立法（Logrolling）

民意代表相互支持對個人有利的法案，彼此間以投票贊成或反對議案方式，取得互惠式的同意。此舉將造成整體性政府公帑上的浪費，民意代表卻得到討好選民的區域性利益。

6. **行政機關公布或覆議**：完成三讀之法律案及預算案由立法院咨請總統公布並函送行政院。總統應於收到10日內公布之，或依憲法增修條文第3條規定之程序，由行政院移請立法院覆議。

3-5 我國立法院之特徵

(一) 立法委員員額及任期

　　113名。（依據憲法增修條文第4條規定，立法院立法委員自第七屆（2008年）起一百一十三人，任期四年，連選得連任。）

(二) 立法委員產生方式

　　採**並立制**，區域立委由單一選區相對多數制產生；不分區立委由比例代表制產生。（依據憲法增修條文第4條，一、自由地區直轄市、縣市七十三人。每縣市至少一人。二、自由地區平地原住民及山地原住民各三人。三、全國不分區及僑居國外國民共三十四人。前項第一款依各直轄市、縣市人口比例分配，並按應選名額劃分同額選舉區選出之。第三款依政黨名單投票選舉之，由獲得百分之五以上政黨選舉票之政黨依得票比率選出之，各政黨當選名單中，婦女不得低於二分之一。）

(三) 立法委員職權

　　1.監督質詢權：行政院有向立法院提出施政方針及施政報告之責。立法委員在開會時，有向行政院院長及行政院各部會首長質詢之權。【憲法增修條文第3條第2項第1款】

　　2.提出總統副總統彈劾案權：立法院提出總統、副總統彈劾案，聲請司法院大法官審理，經憲法法庭判決成立時，被彈劾人應即解職。【憲法增修條文第2條第10項】

　　3.總統副總統彈罷免案提出及審議權：總統、副總統之罷免案，須經全體立法委員**四分之一之提議**，全體立法委員**三分**

之二之同意後提出，並經中華民國自由地區選舉人總額過半數之投票，有效票過**半數同意**罷免時，即為通過。【憲法增修條文第2條第9項】

4. **提出不信任案**：立法院得經全體立法委員**三分之一以上連署**，對行政院院長提出不信任案。不信任案提出**七十二小時**後，應於**四十八小時內以記名投票表決**之。如經**全體**立法委員**二分之一以上**贊成，行政院院長應於**十日**內提出辭職，並得同時**呈請總統解散立法院**；不信任案如未獲通過，**一年內**不得對同一行政院院長再提不信任案。

5. **提出領土變更案權**：中華民國領土，依其固有疆域，非經全體立法委員**四分之一**之提議，全體立法委員**四分之三之出席**，及出席委員**四分之三之決議**，提出領土變更案，並於公告半年後，經中華民國自由地區選舉人投票複決，有效同意票過選舉人總額之**半數**，不得變更之。【憲法增修條文第4條第4項】

6. **聽取總統國情報告權**：立法院於每年集會時，得聽取總統國情報告。【憲法增修條文第4條第2項】

7. **法案議決權**：立法院有議決法律案、預算案、戒嚴案、大赦案、宣戰案、媾和案、條約案及國家其他重要事項之權。【憲法第63條】

8. **修憲提案權**：憲法之修改，須經立法院立法委員**四分之一之提議**，**四分之三之出席**，及出席委員**四分之三之決議**，提出憲法修正案，並於**公告半年**後，經中華民國自由地區選舉人投票複決，有效同意票過**選舉人總額之半數**，即通過之，不適用憲法第一百七十四條之規定。【憲法增修條文第12條】

9. **人事任命同意權**：監察院設**審計長**，由總統提名，經立法院同意任命之。司法院設大法官十五人，並以其中一人為院長、一人為副院長，由總統提名，經立法院同意任命之。考試院設院長、副院長各一人，考試委員若干人，由總統提名，經立法院同意任命之。監察院設監察委員二十九人，並以其中一人為院長、一人為副院長，任期六年，由總統提名，經立法院同意任命之。【憲法第104條或憲法增修條文第5條第1項、第6條第2項、第7條第2項】

10. **文件調閱權**：立法院經院會決議，得設調閱委員會，或經委員會之決議，得設調閱專案小組，要求有關機關就特定議案涉及事項提供參考資料。【立法院職權行使法第45條】

11. **緊急命令追認權**：總統於立法院解散後發布緊急命令，立法院應於三日內自行集會，並於開議七日內追認之。但於新任立法委員選舉投票日後發布者，應由新任立法委員於就職後追認之。如立法院不同意時，該緊急命令立即失效。【憲法增修條文第4條】

12. **刑事免責權**：立法委員**除現行犯**外，在**會期中**，非經立法院許可，不得逮捕或拘禁。憲法第七十四條之規定，停止適用。【憲法增修條文第4條】

13. **言論免責權**：立法委員在院內所為之言論及表決，對院外不負責任。【憲法第73條】

申論題精選

一、 試說明立法機關主要的功能？有論者認為19
　 世紀以來立法機關功能有式微之趨勢，試指
　 出其論點為何？　　　　　　　　　【104高三】

 ▶ 賴老師答題架構

(一) 立法機關之內涵與主要功能

(二) 立法機關功能式微之原因

二、 民主國家的國會議員，經過選舉代表選民參與
　 立法或監督行政部門，是為一種民主代議的制
　 度性功能，請問民主代議理論有那些？其主要
　 的論點為何？　　　　　　　　　　【109身三】

 ▶ 賴老師答題架構

(一) 代議機關之內涵與功能

(二) 代議理論之內涵
　　　├─ 1. 全權委託模式
　　　├─ 2. 委任說
　　　├─ 3. 委託說
　　　└─ 4. 反映說

選擇題

( )　**1** 以下有關**「敵對型政治」**（adversary politics）的敘述何者不正確？
(A)提供選民清楚的選擇
(B)主要政黨間形成長期的敵對關係
(C)容易造成政治極端化（polarization）
(D)有利於政治妥協。　　　　　　　　　【102普】

( )　**2** 美國制憲當時強調**眾議院**之**代表性**基礎是：
(A)人民　　　　　　　(B)各州
(C)區域　　　　　　　(D)職業。　　　【102地四】

( )　**3** 立法院有黨團協商制度，目前政黨至少須有立法委員幾人方可成立**立法院黨團**？
(A)3人　　　　　　　(B)5人
(C)6人　　　　　　　(D)8人。　　　【104地四】

( )　**4** 當美國**總統與副總統皆因故不能視事**的時候，是由下列何人**代理**？
(A)參議院議長　　　　(B)眾議院議長
(C)國務卿　　　　　　(D)聯邦最高法院首席大法官。
　　　　　　　　　　　　　　　　　　【102地四】

( )　**5** 民主國家**國會**的制度是**起源**於：
(A)英國　　　　　　　(B)美國
(C)法國　　　　　　　(D)日本。　　　【地四】

( )　**6** 下列何者**不是立法機關**的**功能**？
　　(A)代表　　　　　　　(B)監督
　　(C)調查　　　　　　　(D)審判。　　　　　　　　　【104普】

( )　**7** 下列何者**並非國會**立法**功能式微**的原因？
　　(A)國會組織扁平化的結構性弱點
　　(B)國會議員競選經費過高
　　(C)行政權擴大
　　(D)有紀律政黨的興起。　　　　　　　　　　　　【106地四】

( )　**8** 我國立法委員之**言論免責權**是來自於：
　　(A)大法官之判例　　　(B)選民之要求
　　(C)立法院之自律　　　(D)憲法之規定。　　　　　　【普】

( )　**9** 在**兩院制**國家中，如果兩院的權力相當，則容
　　易導致**僵局**。**美國**如何因應此種僵局？
　　(A)召開參眾兩院的聯席委員會
　　(B)總統協調
　　(C)申請最高法院釋憲
　　(D)總統解散國會。　　　　　　　　　　　　　　【地四】

( )　**10** 下列那一國之國會是**一院制**？
　　(A)瑞典　　　　　　　(B)英國
　　(C)美國　　　　　　　(D)德國。　　　　　　　　【103地四】

( )　**11** 目前台灣的**國會**是屬於那種制度？
　　(A)一院制　　　　　　(B)兩院制
　　(C)首長制　　　　　　(D)委員制。　　　　　　　　【地四】

( ) **12** 下列那一項不是各國採行國會**兩院制**的主要**原因**？
  (A)防止決策權的專擅與濫權
  (B)歷史制度的遺緒
  (C)追求國會立法效率
  (D)因應多元分歧的社會。 【106普】

( ) **13** 英國議會**兩院**的設置是為了代表社會的不同階級，其中何者是**代表中產階級以及工人**階級的利益？
  (A)上議院　　　　　　(B)下議院
  (C)參議院　　　　　　(D)民族院。 【102地四】

( ) **14** 下列何種**代議理論**主張「民意代表應該行使**獨立的判斷**，而不是以選區人民的意願做決定」？
  (A)委任理論（delegate theory）
  (B)全權委託理論（trustee theory）
  (C)託付理論（mandate theory）
  (D)反映理論（resemblance theory）。 【101地四】

( ) **15** 在國會內一般負責**審查法案**的**委員會**是：
  (A)監督委員會　　　　(B)調查委員會
  (C)常設委員會　　　　(D)選任委員會。 【地四】

解答與解析

1 (D)

敵對型政治係指主要政黨間因意識型態上的差距導致形成長期的敵對關係,其優點在於提供選民清楚的政治選擇,缺點在於容易造成政治極端化(polarization),且不利於政治妥協。

2 (A)

美國國會有兩院,一是眾議院代表人民,另一是參議院代表各州。

3 (A)

依據立法院組織法第33條規定,每屆立法委員選舉當選席次達三席且席次較多之五個政黨得各組成黨團。

4 (B)

根據1947年通過的《總統繼任法案》(Presidential Succession Act of 1947),總統一旦離開其職務,將由副總統兼參議院議長、眾議院議長、參議院臨時議長及主要內閣成員依序遞補。

5 (A)

民主國家國會的制度是起源於英國。

6 (D)

立法機關的功能包括:立法、調查監督、代表以及正當性。審判是司法機關的功能。

7 (B)

國會立法功能式微的原因包括如下:
(1) 有紀律的政黨興起
(2) 行政權擴大
(3) 國會結構性弱點
(4) 利益團體具替代作用。

8 (D)

依據憲法第73條規定立法委員在院內所為之言論及表決,對院外不負責任。

9 (A)

在兩院制國家中，如果兩院的權力相當導致僵局，會召開參眾兩院的聯席委員會以解決僵局。

10 (A)

英國、美國、德國、巴西等皆為二院制國會。

11 (A)

台灣立法機關為立法院，屬一院制國家。

12 (C)

採行國會兩院制的主要原因包括防止決策權的專擅與濫權、歷史制度的遺緒、增加國會立法的謹慎、以及因應多元分歧的社會。

13 (B)

英國國會有兩院，一者為上議院由世襲貴族組成，另一者為下議院由選舉產生代表中下階級人民。

14 (B)

全權委託理論（trustee theory）主張民意代表應該行使獨立的判斷，而不是以選區人民的意願做決定。

委任理論主張代議士要全權聽從民意，不能有自己的意見。

託付理論主張人民託付給政黨，代議士要聽政黨的安排。

反映理論主張國會議員的組成與數量比例要反映社會結構階級。

15 (C)

常設委員會係指負責審查法案的委員會。

04 司法與監察機關

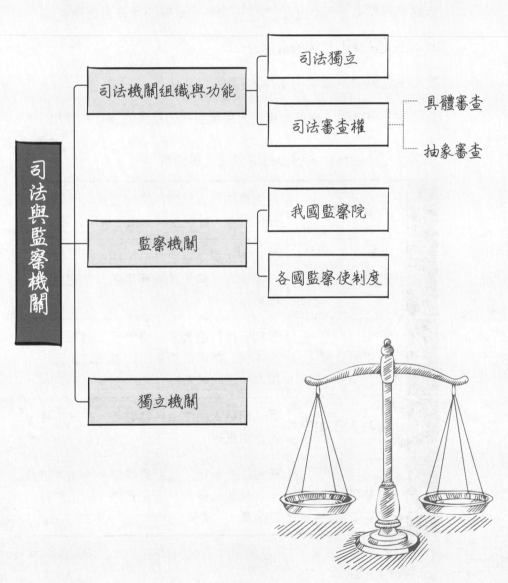

司法與監察機關
- 司法機關組織與功能
  - 司法獨立
  - 司法審查權
    - 具體審查
    - 抽象審查
- 監察機關
  - 我國監察院
  - 各國監察使制度
- 獨立機關

4-1 司法機關組織與功能

(一) 司法權之定義與特質

我國法律學者、前大法官翁岳生認為司法權的意義可定為：

1. 司法是法律上爭議的裁判。

2. 司法就具體事實適用法律。

3. 司法乃保障個人權益、審查人民權益是否被違法侵害的作用。

我國法律學者林紀東指出司法權有五種特質：

1	審判獨立	司法機關法官依據法律獨立審判，不受任何干涉，始能求其真相，保障民權。
2	法官地位之保障	各國憲法對法官之身分、地位與待遇每特予保障，俾使其職務無虞，而能克盡職責。
3	審判公開	專制時代秘密審判，導致枉法徇私，侵害人權，審判公開為近代憲法之原則，即為糾正此缺失。
4	審判手續縝密	審判關係人民生命身體財產，故民主時代更加重視。
5	審級制度	法官並非聖賢，審判錯誤非不可能，故司法機關藉審級制度之安排，糾正錯尋求公道。

(二) 司法機關之功能

1. **裁判**：司法機關的裁判，在性質上可以分為三種：糾紛事實的認定，如民事裁判；違法的決定，如刑事裁判；以及違反後果的裁定，例如行政訴訟裁判。

2. **監督執法**：司法機關均得根據法律或憲法的規定，進行司法審查的監督。

3. **創造新法**：法官解釋（interpret）與創造（create）法律。

(三) 司法審判系統

現代國家之司法審判系統，一般劃分為各種審級與法院。經由審級上下之安排，使訴訟當事人得以循級上訴，並尋求符合公道之判決。

1. **三級三審制**：我國普通法院的建置與管轄，原則為「**三級三審**」。所謂「三級」係指法院下而上分為地方法院、高等法院、以及最高法院等三級。所謂「三審」係指訴訟進行與法院審理，大致區分為第一審、第二審、以及終審等三個階段。法院等級與審判層級相互對應，由地方法院負責初審，高等法院負責第二審，而最高法院則負責終審。

2. **地方法院**：地方法院是最基層的法院，管轄民刑事第一審訴訟案件及非訟事件，但「法律別有規定不在此限」。法律別有規定者，係指關於內亂、外患、妨害國交等罪，性質特殊較具重要性，故以高等法院為第一審法院。

3. **高等法院**：居於地方法院與最高法院之間，審理不服地方法院第一審判決而上訴的民刑案件，但也包括不服地方法的判決而提起的抗告。同時作為關於內亂、外患、妨害國交等罪，性質特殊較具重要性案件之第一審法院。

4. **最高法院**：大部分訴訟案件之終審法院，主要管轄不服高等法院第一或第二審案件判決的上訴案件，但非常上訴也提出於最高法院。最高法院審理案件稱為「法律審」，其所考慮者並非個案事實問題，而是法律之適用問題。

4-2　司法獨立

(一) 司法獨立之意義與內涵

1. **司法獨立目的**：保障司法程序為冷靜且深思熟慮，以及不受利益團體的壓迫，因此法官應不受政治壓迫。

2. **廣義的司法獨立係指司法權之獨立**：孟德斯鳩提倡三權分立，司法機關與行政機關、立法機關互不隸屬，並立於平等的地位，此乃制度獨立的保障。

3. **狹義的司法獨立係指審判獨立**：係指法官在進行司法案件審理時，有關事實認定、法條適用、量刑輕重等，均由法官依法獨立（或合議）做出客觀的審判，而不受上級法官或法官首長的指揮，特別是政治力量干預的影響。

(二) 司法獨立之制度設計

1. **司法組織獨立**：如我國憲法第七章規範，司法院與其他四院分立於平等地位。

2. **司法審判獨立**：法官職務獨立，從事審判僅受法律拘束，不受其他任何形式干涉，法官**身分獨立**，身分受到保障，法官為**終身職**（life tenure），不因審判結果被解僱。

3. **司法人事獨立**：法官任用透過**公開甄補**程序確保法官具備專業素養。

4. **司法財政獨立**：如我國憲法增修條文第五條第六款規定，司法院所提出之年度司法概算，**行政院不得刪減**，**但得加註意見**，編入中央政府總預算案，送立法院審議。

4-3 司法審查權與憲法解釋、司法積極主義

98地四、99地四、100普、102普、103普、104地四、105地四、106地四、107普、108地四

(一) 意涵：**司法審查權（judicial review）**係指法院有**宣告**其他政治人物及機構的政治行為，包括行政措施、正式通過的法律，是**非法（illegal）或違憲（unconstitutional）**而無效的權力。法院行使違憲審查的效力，僅止於藉發覺法律違憲而否認違憲法律對某一案件的效力而已，卻並未撤銷這一法律，亦即該一法律仍然存在，但不為法院所適用。合憲性的裁決權涵蓋三個主要領域，皆與政府行為有關：

1. 解決政府與人民之間在基本自由權上的衝突。

2. 裁決特殊的法律是否合憲。

3. 解決不同機關或不同政府層級之間的衝突。

換言之，司法審查一詞是法院在大多數政府行為**合憲性**的議題上，扮演作**最終**權威角色的簡稱。

(二) 起源：在十八世紀晚期在美國被普遍建立，第一次世界大戰後更被廣泛採納。

(三) 司法審查方式

1.美國

(1) 普通法院審查。例如美國、日本。

(2) 被動原則：由普通法院進行違憲審查。審查採**不告不理**被動原則，亦即法院不會自行去審查各種法律是否違憲。

(3) 具體規範審查：又稱為「附帶審查制」，係指法院只在某項法律公布並施行後，有個案法益或受侵害提起訴訟時，始能審查法律是否合憲之可能性。個案經下級法院受理並判決，而當事人繼續上訴，達到最高法院，後者決定受理且達成決定時，方有界定憲法內涵的判決之出現。

(4) 審查效力：各級法院受理訴案後，只有發現該項法律或法律之**某一部份違憲**時，方予拒絕適用，此僅否認違法法律規定之效力，並不將該法律撤銷，法律條文本身亦不消失。對下級法院有拘束力，並為後來判決所援用。

(5) 司法積極主義（judicial activism）：係指法官願意積極地介入政治爭議的裁決，而不僅止於詮釋法律的意義而已。

2.歐陸國家

(1) 特設釋憲機關：專設違憲審查之司法機關，法律有無牴觸憲法由此一司法機關予以判斷，如德國憲法法院、奧地利憲法法院、法國憲法委員會、我國大法官釋憲委員會等。

我國大法官釋憲委員會之組成與職權行使內容

1. **法源**：依據我國憲法第78條規定，司法院解釋憲法，並有統一解釋法律及命令之權。

2. **組成**：憲法增修條文第五條規定，司法院設大法官十五人，並以其中一人為院長、一人為副院長，由總統提名，經立法院同意任命之，自中華民國九十二年起實施，不適用憲法第七十九條之規定。司法院大法官除法官轉任者外，不適用憲法第八十一條及有關法官終身職待遇之規定。

3. **任期**：司法院大法官任期八年，不分屆次，個別計算，並不得連任。但並為院長、副院長之大法官，不受任期之保障。
   中華民國九十二年總統提名之大法官，其中八位大法官，含院長、副院長，任期四年，其餘大法官任期為八年，不適用前項任期之規定。

4. **職權內容**：司法院大法官，除依憲法第七十八條之規定外，並組成憲法法庭審理總統、副總統之彈劾及政黨違憲之解散事項。
   政黨之目的或其行為，危害中華民國之存在或自由民主之憲政秩序者為違憲。
   依據司法院大法官審理案件法第二條，司法院大法官，以會議方式，合議審理司法院解釋憲法與統一解釋法律及命令之案件；並組成憲法法庭，合議審理政黨違憲之解散案件。
   同法第四條，大法官解釋憲法之事項如左：
   (1) 關於適用憲法發生疑義之事項。
   (2) 關於法律或命令，有無牴觸憲法之事項。
   (3) 關於省自治法、縣自治法、省法規及縣規章有無牴觸憲法之事項。
   前項解釋之事項，以憲法條文有規定者為限。

5. **預算獨立**：司法院所提出之年度司法概算，行政院不得刪減，但得加註意見，編入中央政府總預算案，送立法院審議。

(2) **抽象規範審查**：由特定的憲法機關就某一法規之**合憲性問題**提出審查之聲請，而與具體的訴訟案件無關，也就是說釋憲案之聲請，與聲請人本身現存的利益無關。

(3) **職權**：

A. **事先抽象法規審查**：如在法國，組織法與國會兩院規程在實施前，須先提交憲法委員會審查，確定其是否牴觸憲法。同時其他法律公布前，總統、總理或國會一院議長，亦得要求審查其合憲與否。

B. **事後抽象的法規審查**：如德國的法院，對聯邦法或邦法是否抵觸基本法，或國際法某項規則是否為聯邦法的構成部分，得聲請憲法法院審查。

C. 權限爭議的裁決：德國、義大利與西班牙等國特設之釋憲機關，均有權裁決權限爭議，包括不同政府機關、聯邦與邦之間或者邦與邦之間的權限爭議。

D. **選舉監督與選舉訴訟之審理**：如法國憲法委員會負責監督總統選舉及公民投票並宣佈其結果，又負責裁決總統與國會議員選舉之爭議。

E. **違憲事件之審理**：如德國憲法法院有權審理政黨違憲案件並宣布特定政黨違憲。

F. **彈劾案之審理**：如義大利憲法法院負責審理對總統與內閣閣員提起之彈劾案，德國憲法法院則負責審理聯邦參議院對總統提起之彈劾案。

G. **人民權利侵害之排除**：在德國人民基本權利遭公權力侵害，經一切法律途徑請求救濟而無法排除時，當事人也得向憲法法院提起「憲法訴願」以求救濟。

(4) **審查效力**：明確且全面性。凡經特設釋憲機關公告違憲之法律即失效，或者經特設釋憲機關裁定之判決對各層級之政府機關及一切法院皆有約束力。

3. 我國釋憲機關之設置與職權

(1) **由大法官釋憲**：憲法增修條文第五條規定，司法院設大法官十五人，並以其中一人為院長、一人為副院長，由總統提名，經立法院同意任命之，自中華民國九十二年起實施，不適用憲法第七十九條之規定。司法院大法官除法官轉任者外，不適用憲法第八十一條及有關法官終身職待遇之規定。

司法院大法官任期八年，不分屆次，個別計算，並不得連任。但並為院長、副院長之大法官，不受任期之保障。

中華民國九十二年總統提名之大法官，其中八位大法官，含院長、副院長，任期四年，其餘大法官任期為八年，不適用前項任期之規定。

(2) **職權**：

A. 司法院解釋憲法，並有統一解釋法律及命令之權。【憲法第78條】

B. 組成憲法法庭審理總統、副總統之彈劾及政黨違憲之解散事項。
政黨之目的或其行為，危害中華民國之存在或自由民主之憲政秩序者為違憲。【憲法增修條文第5條】

C. 司法院大法官，以會議方式，合議審理司法院解釋憲法與統一解釋法律及命令之案件；並組成憲法法庭，合議審理政黨違憲之解散案件。

大法官解釋憲法之事項如左：

一、關於適用憲法發生疑義之事項。

二、關於法律或命令，有無牴觸憲法之事項。

三、關於省自治法、縣自治法、省法規及縣規章有無牴觸憲法之事項。

前項解釋之事項，以憲法條文有規定者為限。【司法院大法官審理案件法第2、4條】

4. 新制－憲法訴訟法

(1)「司法院大法官審理案件法」於107年12月18日三讀通過，修正名稱為「憲法訴訟法」並修正全文，自111年1月4日施行。

(2) 新法與現行法對照

	現行法	新法
法律名稱	司法院大法官審理案件法。	更名為「憲法訴訟法」。
審理案件方式	大法官以會議方式合議審理。	大法官組成憲法法庭審理。
審理結果	公布解釋或不受理決議。	以裁判方式對外宣告。
憲法審查客體	法規範（法律或命令）。	法規範以及法院的確定終局裁判。
憲法審查案件表決門檻	解釋憲法（合憲及違憲）應有大法官現有總額2/3出席X出席人2/3同意。	調降為大法官現有總額2/3以上參與評議X大法官現有總額過半數同意。

	現行法	新法
審查程序公開	公告解釋文、解釋理由書及聲請人之釋憲聲請書。	1. 公告裁判書，並主動公開受理案件之聲請書及答辯書。 2. 公布大法官於裁判所持立場，並標示主筆大法官。 3. 建立閱卷制度。
立法委員聲請門檻	立法委員現有總額1/3以上。	降低為立法委員現有總額1/4以上。

資料來源：司法院全球資訊網

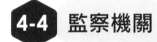 **監察機關**　97地三、98普、103普、106普

(一) 我國之監察院組成與職權

我國憲法明定監察院行使監察權，依據憲法增修條文第7條規定如下：

1. 監察院為國家最高監察機關，行使彈劾、糾舉及**審計權**。

2. 監察院設監察委員二十九人，並以其中一人為院長、一人為副院長，任期六年，由總統提名，經立法院同意任命之。

3. 監察院對於中央、地方公務人員及司法院、考試院人員之彈劾案，須經監察委員二人以上之提議，九人以上之審查及決定，始得提出。

4. 監察院對於監察院人員失職或違法之彈劾，適用憲法第九十五條、第九十七條第二項及前項之規定。憲法第九十五條規定，監察院為行使監察權，得向行政院及其各部會調閱其所發布之命令及各種有關文件。憲法第九十七條第二項規定，監察院對於中央及地方公務人員，認為有失職或違法情事，得提出糾舉案或彈劾案，如涉及刑事，應移送法院辦理。

5. 監察委員須超出黨派以外，依據法律獨立行使職權。

6. 監察委員不得兼任其他公職或執行業務。【憲法第103條】

7. 監察院設**審計長**，由**總統提名**，經**立法院同意**任命之。【憲法第104條】

8. 審計長應於行政院提出決算後三個月內，依法完成其審核，並提出審核報告於立法院。【憲法第105條】

(二) 各國監察使（ombudsman）制度

1. 源起：

(1) 最早起源於**瑞典**，於1810年設立，直接隸屬於國會，以委員會方式運作。

(2) 丹麥國會於1955年設立議會監察使。

2. 功能：

(1)當人民受到行政機關不當侵犯權益而無法透過行政訴訟方式得到救濟時，所設的特殊行政救濟機制。

(2)已被許多民主國家所普遍採行。

3. 職權：調查與公布**行政官員違法失職**之情事。

4-5 獨立管制機關

(一) 獨立機關之意涵

依據中央行政機關組織基準法第三條第二項規定，獨立機關：指依據法律獨立行使職權，自主運作，除法律另有規定外，不受其他機關指揮監督之合議制機關。各國設置獨立機關的理由之一，是認為獨立機關可以維持政策延續性，強化政策效率與行政革新。特別是在經濟自由化過程中，獨立機關之設置有助於國家角色從「擁有者」朝「管制者」轉變。獨立機關受命對直接影響公共福祉的私人企業進行經濟上的規範，且擁有源自國會的準司法及準立法權威。【摘自我國獨立機關組織定位、業務屬性及相關機關權責分工之研究，國家發展委員會編印103年4月，蕭全政，財團法人國家政策研究基金會】

(二) 我國之獨立機關

我國現有三個中央二級獨立機關，為國家通訊傳播委員會、公平交易委員會、中央選舉委員會。

選擇題

( ) **1** 以下何者是**司法部門**的主要**功能**？
(A)制定法律　　　　　(B)執行法律
(C)解釋與適用法律　　(D)制定政策。　　　　　　【地四】

( ) **2** **我國普通法院**系統的**建置**與**管轄原則**為：
(A)二級二審　　　　　(B)二級三審
(C)三級二審　　　　　(D)三級三審。　　　　　　【101地四】

( ) **3** 下列何者具有「保障個人權益、**審查**人民的權
益是否被違法侵害的作用」？
(A)行政權　　　　　　(B)司法權
(C)立法權　　　　　　(D)考試權。　　　　　　　【101地四】

( ) **4** 下列那一項是為了確保法官審判時能**不受行政
與政治干涉**而設計的制度？
(A)法官由總統提名　　(B)不告不理
(C)法官由國會同意　　(D)法官是終身職。　　　　【103地四】

( ) **5** 下列何者**不是司法獨立**的內涵？
(A)下級法院之具體審判須接受上級法院的指導
(B)法官依自由心證原則辦案
(C)法院和法官的審判活動只服從憲法及法律
(D)司法權獨立於行政權及立法權之外。　　　　　【101地四】

( )　**6** 關於**司法積極主義**（judicial activism）之意涵，
下列敘述何者正確？
(A)法官對法律賦予意義，以致能影響公共政策
(B)法官本身的價值觀不涉入法律的運用
(C)法官透過法律解釋，致力於追求福利與升遷
(D)法官參與政治競選以增加權威。　　　　　【104地四】

( )　**7** 法院**宣布**政府的行政或立法部門的法案**違憲**的
權力，謂之：
(A)司法獨立權　　　　　(B)司法審核權
(C)司法上訴權　　　　　(D)提審權。　　　　【地四】

( )　**8** 我國目前**大法官**的**任命程序**為：
(A)總統提名，監察院同意後任命之
(B)行政院院長提名，監察院同意後任命之
(C)總統提名，立法院同意後任命之
(D)行政院院長提名，立法院同意後任命之。　【106地四】

( )　**9** 有關大法官的任期和人數規定，下列何者**錯誤**？
(A)大法官任期8年不分屆次，個別計算
(B)大法官得以連選連任
(C)院長和副院長之大法官，不受任期之保障
(D)大法官人數為15人。　　　　　　　　　　【110普】

( ) **10** 下列何者為我國各級法院的法官，可以**審查**和**審判**的事項？
(A)法律違反憲法　　　　(B)命令違反憲法
(C)命令違反法律　　　　(D)自治條例違反憲法。　【110普】

( ) **11** 我國下列何者職司「行使**解釋憲法**、法律、命令之權，並組成憲法法庭，審理政黨**違憲**解散的訴訟」？
(A)行政法院　　　　　　(B)監察院
(C)大法官　　　　　　　(D)公務員懲戒委員會。　　【地四】

( ) **12** 下列何種機關受命對直接影響公共福祉的私人企業進行經濟上的規範，且擁有源自國會的**準司法及準立法**權威？
(A)常設內閣部會　　　　(B)獨立的管制性機關
(C)國營事業機構　　　　(D)功績委員會。　　　　【普】

( ) **13** 我國目前的公職人員中，下列何者**不是**由公民透過**選舉**直接**產生**的？
(A)立法委員　　　　　　(B)直轄市市長
(C)縣（市）議員　　　　(D)監察委員。　　　　【103普】

( ) **14** 我國**審計權**屬於那一機關？
(A)行政院　　　　　　　(B)立法院
(C)監察院　　　　　　　(D)司法院。　　　　【106普】

解答與解析

1 (C)

司法部門的主要功能包括裁判、監督執法、解釋與適用法律等。

2 (D)

我國普通法院系統的建置與管轄原則為三級三審,三級為地方法院、高等法院及最高法院三級。「三審」即指一般民、刑事案件先經由地方法院審理,是為第一審;如不服地法院之裁判,得向高等法院上訴或抗告,是為第二審;如不服第二審之裁判,得上訴或抗告於第三審之最高法院,亦即為終審。

3 (B)

司法權具有保障個人權益、審查人民的權益是否被違法侵害的作用。

4 (D)

法官終身職即為了確保法官審判時能不受行政與政治干涉而設計的制度。

5 (A)

司法獨立之內涵包括獨立審判及自由心證原則辦案,獨立審判係指法官在進行司法案件審理時,有關事實認定、法條適用、量刑輕重等,均由法官依法獨立(或合議)做出客觀的審判,而不受上級法官或法官首長的指揮,特別是政治力量干預的影響。

6 (A)

司法積極主義係指法官願意積極地介入政治爭議的裁決,而不僅止於詮釋法律的意義而已。

7 (B)

司法審核權或稱司法審查權係指法院宣布政府的行政或立法部門的法案違憲的權力。

8 (C)

我國目前大法官的任命程序為憲法增修條文第五條規定,司法院設大法官十五人,並以其中一人為院長、一人為副院

長，由總統提名，經立法院同意任命之。

9 (B)

大法官非以選舉產生，是由總統提名，立法院同意任命之。且司法院大法官任期八年，不分屆次，個別計算，並不得連任。因此，選項(B)為正解。

10 (C)

我國各級法官可以審查和審判的事項是命令違反法律，有關違反憲法的事項是憲法法庭大法官的職責。因此，選項(C)為正解。

11 (C)

我國憲法增修條文第五條規定，司法院設大法官十五人，並以其中一人為院長、一人為副院長，由總統提名，經立法院同意任命之。大法官之職權依據憲法第78條司法院解釋憲法，並有統一解釋法律及命令

之權。組成憲法法庭審理總統、副總統之彈劾及政黨違憲之解散事項。政黨之目的或其行為，危害中華民國之存在或自由民主之憲政秩序者為違憲。

12 (B)

獨立的管制性機關係指受命對直接影響公共福祉的私人企業進行經濟上的規範，且擁有源自國會的準司法及準立法權威。

13 (D)

依據憲法增修條文第七條規定，監察院設監察委員二十九人，並以其中一人為院長、一人為副院長，任期六年，由總統提名，經立法院同意任命之。

14 (C)

依據憲法第104條規定，監察院設審計長，由總統提名，經立法院同意任命之。

05 選舉制度

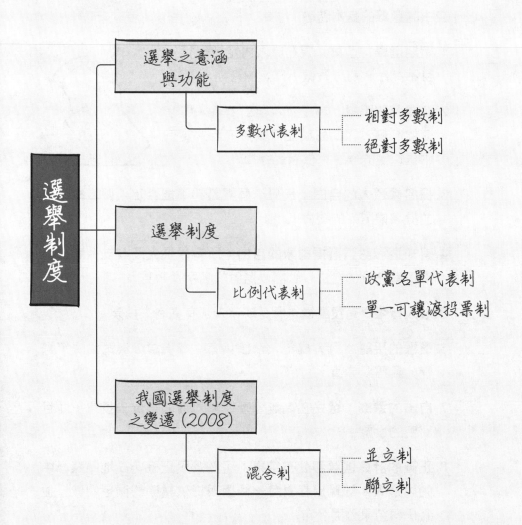

5-1 選舉之意涵與功能

(一) 自由的選舉的基本特徵

1. **定期選舉**：選舉必須在時限內定期舉行，且不能讓政府官員做不確定的延期。

2. **有意義的選舉**：為了有效地對公職人員行使控制權，因此對於任何職務，至少要有兩位以上的候選人供選民選擇。

3. **提名候選人的自由**：任何一個團體都不能否定人們組織政黨並提名候選人的機會。

4. **有知道和討論選擇對象的自由**：所有候選人及其支持者都必須擁有充分的自由以公開候選者的名字及政見。

5. **成人普遍享有投票權**：所有成年人都有權利去投票。

6. **選票的平等**：所有成年人都該具有平等機會參與政治決策過程。且票票等值。

7. **自由的選舉**：選民在毫無障礙或無恐懼的情況去投票，並且秘密的投票。

8. **正確的計算選票和公布結果**：可讓選民正確無誤地圈選心中的候選人。計算過程對每一個選舉提供精確的圈選總數。並將選舉結果公開公布。

(二) 投票的資格

1. **公民身分**：大部分國家僅容許自己的公民投票。

2. **年齡**：須達到一定成熟年齡才被允許參與全部社會事務。

3. **居住時間**：多數民主國家要求選民在此國家或特定選舉區居住一段時間才具選舉權。

4. **登記**：為避免造成選舉詐欺，多數民主國家會在每個選區提供合法的選民名冊，以確定那些人是否合法以及是否投票過。

(三) 強制投票（compulsory voting）【100普、100地四】

1. **意涵**：強制投票並非以物理之力來強制，而通常是經法律規定投票之義務性，故未履行此義務者，須提出理由說明，否則可能面臨罰款處分等較負面之後果。有些國家例如澳洲、比利時、義大利、希臘、西班牙，採取強制性投票制度提升政治參與動機較低的公民參與，以有效提升投票率。

2. **以澳洲為例**：在選舉時任何一個已註冊卻沒去投票的人都必須提出解釋，如果當局認為理由不充分，沒有去投票的人必須罰款。此法使澳洲投票率從70%增加至93%。

(四) 傑利蠑螈（Gerrymandering）及選區劃分

1. **意涵**：指以不公平的選區邊界劃分方法操縱選舉，致使投票結果有利於某方。

2. **起源**：此名詞源自於1812年美國麻州州長埃爾布里奇‧傑利（Elbridge Thomas Gerry）將某一選區劃分成不尋常的蠑螈

（salamander）狀，使當時的民主共和黨得勝。傑利的政敵
於是將傑利（Gerry）姓氏與蠑螈的字尾（mander）組合成
「gerrymandering」（傑利蠑螈），用來影射為照顧黨派利
益，不公平畫分選區的方式。美國最高法院在1985年裁決該
做法違憲，此後各州的眾議院選區劃分須以人口比例去作分
配，每十年的人口普查決定州的選區數目。

(五) 選舉之功能【102高三】

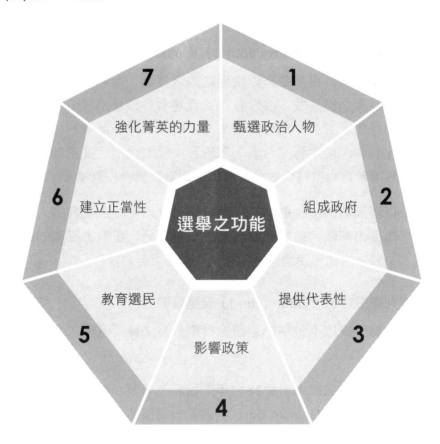

5-2　選舉制度

選舉制度依照選票計票規則可分為**多數代表制**、**比例代表制**及**混合制**三大制度，其中多數代表制又可細分為相對多數代表制、絕對多數決制，絕對多數制中又有選擇投票制及兩輪決選制兩種較常提到的選舉制度。比例代表制又可分政黨名單制、單一可讓渡投票制及單記不可讓渡投票制。混合制又可分為聯立制以及並立制。以下針對各選舉制度做詳細說明。

選舉制度種類表

選舉制度			
多數代表制	相對多數代表制	單一選區相對多數制	
		複數選區相對多數制	全額連記法
			限制連記法
			單記不可讓渡投票制
	絕對多數代表制	選擇投票制	－
		兩輪決選制	－
比例代表制	政黨名單制	－	－
	單一可讓渡投票制	－	－
混合制	聯立制	－	－
	並立制	－	－

資料來源：筆者整理。

5-3 相對多數制與絕對多數制　｜108調三

(一) 單一選區相對多數制（plurality systems或majority systems，或稱領先者當選制度first-past-the-post system）【97普、98普、98地四、100高、101地四、102普、103地四、104地四、106普】

1. **內涵與特徵**：通常以約略相等的人口數，將全國劃分成數百個單一席次的選區；選民只能圈選一位候選人，通常以戳記在候選人的名字上面圈選之；候選人僅需獲得相對多數的選票即可宣告當選。

2. **採用國家**：英國、美國、加拿大、印度等。

3. **優點**：

   (1) **代議士與選區有明顯的聯繫**，得以確保當選者確實履行其所隸屬選區的職責。

   (2) 提供選民得以清楚地選擇未來的執政黨。

   (3) 儘管經常以選民相對多數的支持為基礎，但是該制使政府的組成明顯來自選民的委任。

   (4) 阻止**極端主義**的滋生，使激進的小黨較難獲得席位和取得選民的支持。

   (5) 容易造成**強勢且有效率**的政府，某一政黨通常較有機會贏得議會過半數的席位。

   (6) 促成**單一政黨政府**的產生，而造成**穩定**的政府，鮮有因倒戈或內部派系的紛爭而垮台。

4. 缺點

(1) **浪費**大多數的**選票**，有時甚至敗選的多位候選人，在相對多數的規則之下，其總累積票數反而多於勝選者。

(2) 由於小型政黨的「**低度代表**」，以及地理上平等分配各支持對象，造成選舉偏好被扭曲。

(3) 由於**兩大黨制**的雙頭政治傾向，因此候選人只能提供有限的選擇性。

(4) 在內閣制中的聯合內閣政府，由於政府經常只擁有少數支持者，卻產生多數治理的制度，削弱了政府的正當性。

(5) 由於政府變動可能導致政策方向的劇烈變動，因此產生不穩定性。

(6) 在內閣制中，由於國會多數派的成員均是執政黨的支持者，以至於立法機關通常從屬於行政機關，並導致不負責任的政府。

(7) 該制度鼓勵能吸引大多數人支持的候選人，而不鼓勵具有特定族群代表性的候選人出線，使得當選者較不具社會代表性。

5. **對政黨政治之影響**

學者杜瓦傑（Duverger）在其著作《政黨論》中提出所謂杜瓦傑法則（Duverger's Law），認為選舉制度同時透過**機械效果（mechanical effect）**與**心理效果（psychological effect）**影響政黨體系的生存。

(1) **杜瓦傑法則（Duverger's Law）**：單一選區相對多數制
有利大黨，容易產生兩大黨制；比例代表制較有利小黨
出現，容易產生多數黨制。

(2) **機械效果**：係指選舉制度對各政黨在選票與席次之間的
轉化情形，一般而言，比例代表制經常有利大黨而不利
較小政黨。

(3) **心理作用**：則是由於機械效果使得選民認知到如果將選
票投給小黨，在小黨不易贏得席位的情形下，其選票將
形同浪費，因此除非選民不去投票，否則最終的投票對
象將傾向在兩個較大政黨之間做選擇，以使其選票發生
作用，此即為選舉制度的心理作用。

(4) **結論**：單一選區相對多數制有利兩黨制（the simple-
majority single-ballot system favors the two party system）。

(二) 複數選區相對多數制

1. **全額連記法（block vote）**：提供選民與應選名額相同的
選票數，如應選名額有五名，則選民至多可以有五張選
票，分別投給五位候選人，以得票數較高的前五名候選人
當選。

2. **限制連記法（limited vote）**：提供選民少於應選名額的選
票數，如應選名額五名，則可能選民至多可以有四張選票
或是更少張選票（但仍多於一張），並以得票數較高的前
五名候選人當選。

3. **單記不可讓渡投票制（或稱複數選區單記不可讓渡投票制，multi-member district, single non-transferable vote, MMD_SNTV）**

(1) **內涵與特徵**：選民只有一張選票，投票給一位候選人，且選票不能轉移給其他候選人，並以得票數在前五名的候選人贏得席位。

(2) **採用國家**：我國2004年以前的區域立法委員選舉，以及目前各直轄市、縣市議會議員、鄉鎮市議會代表的選舉即採此制度。

(3) **對政黨政治的影響**

就選舉結果而言，複數選區單記不可讓渡投票制對政黨政治的影響效果介於單一選區相對多數制及比例代表制之間。也就是説，複數選區單記不可讓渡投票制選擇投票制不像單一選區具有強烈的扭曲效果，而少數黨亦有取得席位之機會。同時，也不像比例代表制那樣強調選票分布應正確反映在席次分布上，因為當選與否實際決定於候選人個人得票，政黨在計票中並無正式地位。

惟此制度在精神與效果上應該仍是比較接近比例代表制，因為大體反應了選民之政黨分布狀況。由於同黨候選人之間亦會相互競爭，所以政黨組織動員能力，或所謂的「配票」成功與否，對選舉結果符合選票分布之程度，會有極大的界定或改變作用。

(三) 絕對多數制

1. 兩輪決選制（run-off election; second ballot system）【106 高三、102地四、101普、103普】

(1) 內涵與特徵

1	當選名額為一名，且選民僅能圈選一位候選人。
2	為了在第一輪獲勝，候選人需要獲得半數以上選票。
3	假如第一輪投票沒有候選人獲得過半數選票，則就其中前二名候選人進行第二輪決勝性的選舉。

(2) 採用國家：法國。（1962年，法國將總統選制改為兩輪決選制，之後在第一輪投票便勝出的總統不曾有過。）

(3) 優點

- ▶ 該制度擴大了選舉的選擇性：選民可以在第一輪根據心中偏好進行投票，而在第二輪時圈選最不差的候選人。

- ▶ 由於候選人必須贏得過半數選票方能獲勝，因此鼓勵他們盡量使其訴求越廣越好。

- ▶ 所選出的候選人具有絕對過半數之民意支持，可組成強而穩定的政府。

(4) 缺點

▶ 由於該制度比「單一選區相對多數制」的比例代表性略高而已，因此會扭曲選民偏好，並對小黨不公平。

▶ 參與最後決勝的候選人被鼓勵放棄他們的原則，以尋求短期的名望，或產生與落敗候選人訂定協議的結果。

▶ 舉行第二輪投票可能有損候選人的耐性，並傷害他們對政治的興趣。

2. 選擇投票制（alternative vote system，或稱偏好投票制，preferential ballot）【99普、104地四、105普、102地四】

(1) 內涵與特徵

1 選民須在選票上標示自己對候選人的偏好順序。

2 如果有一候選人得到超過半數的第一偏好選票數，即可取得席位。

3 如果第一次開票結果沒有候選人贏得過半數的第一篇好選票，則將候選人當中獲得第一偏好選票最少的候選人淘汰，並且將該被淘汰候選人之第二偏好選票分配給其他候選人。此時如有任何一人加總之後，居於領先且第一偏好的票數過半，則由該候選人取得席位。

4 如經此程序仍無人取得過半數選票，則重複前述動作將獲得第一偏好選票次少的候選人淘汰，並將其第二偏好選票再如前述分給其他候選人，直到有人當選為止。

(2) **採用國家**：澳洲的眾議員選舉、愛爾蘭、斯里蘭卡的總統選舉。

(3) **優點**

1	比起「單一選區相對多數制」，該制度浪費較少的選票。
2	不像兩輪投票制，本制度不可能出現選舉結果受候選人之間協議的影響。
3	雖然獲勝候選人必須確保至少百分之五十的支持，但不會排除單一政黨多數政府的可能性。

(4) **缺點**

1	本制度並未比「單一選區相對多數制」具有更大的比例代表性，因此仍會產生有利於大黨的偏差。
2	選舉結果可能決定在支持度較低，可能是極端主義政黨的選民身上。
3	獲勝候選人可能只擁有低度的第一偏好的選民支持，而且該候選人的唯一優點可能只是因為他不是所有候選人之中最不受到討厭的人物。

比例代表制的計票規則強調儘量忠實地反應選票與席次的轉化關係，只要某一政黨有相當比例的得票，即應當可取得相對應比例的席次。

該名詞並非單一的選舉方式，而是各種選舉機制，這些機制可以確保比例性的結果產生，至少具有高度可信賴的比例代表水準。最著名的比例代表制包括：政黨名單制、單記可讓渡投票制、附帶席位制。比例代表制通用於歐洲大陸，其所關心的是政黨的代表性，而非個別候選人的代表性，而且該制度特別適用於分裂或紛歧的社會。

(一) 政黨名單制比例代表制（party list system）【101高三、100地四、102地四、102普、103普、104普、104地三、107普】

1. 內涵與特徵

(1) 席次分配可以將全國視為一個選區，也可以建立在地區性政黨名單的基礎上，而將全國分成一些較大規模多席位選區。

(2) 各政黨提出一份名單給選民，但選民基本上不能改變名單上的排列順序。

(3) 選民投票給政黨而不是候選人。

(4) 政黨案該次選舉中的得票率分配到其應得席位。各政黨依據名單上的候選人順序分配，依次分配該黨當選名額。

(5) 可能設有「門檻」（threshold）的規定，藉此排除以極端主義為訴求的小黨有當選的可能性。

2. 採用國家：以色列、歐洲議會以及包括比利時、盧森堡和瑞士在內的歐洲國家。（英國、法國、德國除外）

3. 優點

(1) 在純粹比例代表制之下，對所有政黨而言，都較為公平。

(2) 透過鼓勵選民認同其國家或地域而非僅止於某一選區，使此制度有助於團結。

(3) 在比例代表制之下，婦女與少數團體更有當選的機會。

(4) 該制度有助於許多小黨擁有代表席次，因而必須強調協調、談判和共識。

4. 缺點

(1) 在內閣制下，小黨林立將導致弱勢和不穩定的政府。

(2) 代議士與選區之間的聯繫形同瓦解。

(3) 對不受歡迎但因列於政黨名單而獲當選的候選人，無法以罷免使之去職。

(4) 政黨變得幾乎大權在握，由於政黨領袖決定了政黨名單，黨員為能名列政黨名單而對政黨百般順從。

5. 對政黨政治影響

學者杜瓦傑認為相對於多數代表制的政治影響，比例代表制的政治影響則顯得多樣性。

(1) 阻止兩黨制的形成：學者杜瓦傑認為比例代表制可以提供產生多數代表制政治後果的一個有利煞車（a powerful brake），亦即可以阻止兩黨制的形成。

(2) 有利小黨出現：比例代表制的實施過程相較於多數代表制，沒有明顯地對於小黨具有懲罰作用，因此更有利小黨的出現。

(3) 比例代表制並非必然有利小黨的產生與維持，尤其是當小黨的支持者具有相當大的流動性時，比例代表制也不見得可以對其生存提供保障。

(4) 學者**薩多利（Sartori）**指出不論多數代表制或者比例代表制，本質上對政黨都會有相當程度的歧視，只是比例代表制對於政黨的歧視沒有多數代表制來得嚴重，且選舉制度的作用也要同時考量各選區的特性，尤其是選區當中的政黨力量結構強度（strength of structure），會進一步強化或是減輕選舉制度的作用。

(二) 單記可讓渡投票制（single-transferable -vote system, STV）

1. 內涵與特徵

(1) 多席位選區的規劃，每個選區應選名額至多五席。

(2) 各政黨可提名該選區應選名額同數量的候選人。

(3) 選民可依偏好投票。

(4) 候選人若獲得所規定的最低票數以上便可當選。

(5) 根據第一偏好被重新分配給其他候選人，並依此類推直到選出該席位為止。

2. 採用國家：愛爾蘭、英國北愛爾蘭議會。

3.優點

(1) 該制度可產生高度比例性的結果。

(2) 來自同一黨候選人之間的競爭，意謂著選民可以根據候選人過去的紀錄，以及相關議題所採取的立場來加以評價，進而打破政黨藩籬。

(3) 同一選區有數名議員可提供服務，意謂著選民可選擇其中某一位議員作為他們申訴的管道。

4.缺點

(1) 達成比例性的程度各不同，大部分根據政黨制的基礎而定。

(2) 難以成立強而穩定的單一政黨政府。

(3) 黨內競爭可能引起分裂，並且可能使得議員逃避他們對於選區的責任。

5-5 混合制（並立制、聯立制）

97普、97高三、100地四、100普、101高三、102普、104普、105地四、108調三

混合制係指結合多數代表制與比例代表制，使兩類選舉的特性並存，最常見的混合制類型是將單一選區相對多數制與比例代表制並用。最常被討論的例子是德國所採用的「聯立制」和日本及目前我國立法委員選舉所採用的「並立制」。

(一) 聯立制（或稱附帶席位制additional member system, AMS）

1. 內涵與特徵

(1) 有一定比例的席次採用單一選區相對多數制選舉產生。例如**德國**採**5%**的比例。

(2) 剩下比例的席次利用政黨名單比例代表制產生。

(3) 選民可投兩票，一票投給一名選區中的候選人，另一票投給政黨。

(4) 先以政黨比例代表制所獲得之選票計算政黨應當所獲之總席次，再扣除政黨在單一選區相對多數制所得到的席次後，即為該政黨在政黨名單所獲得席次，此稱之為「**補償性席次**」（compensatory seat），用以彌補並確保政黨在選票與席次上的比例性，或稱為「**修正式席次**」（correctional seat），或稱為「補償性的兩票制」。

(5) **超額席次**：如果政黨在單一選區相對多數制所得到的席次超過政黨應得席次，則政黨在比例名單部分便不再分得任何席次。

(6) **政黨席次門檻（threshold）規定**：政黨必須在選舉中取得相當數量的選民支持，才有資格分享議會席次，此一規定主要目的在於防止比例代表制下，產生太多小政黨造成政黨林立的現象，規定方式常以政黨的得票率必須高於一定比例，或是政黨必須在國會中取得一定席位之後，才有資格分配比例席次。例如德國的政黨得票門檻要求政黨必須取得5%的選票或者3席以上的國會議席才能分配比例名單。

2.採用國家：德國、義大利、紐西蘭。

3.優點

(1) 具有綜合的本質，可兼顧選區代表性和選舉公平性的需要。政黨名單程序可確保整個國會具有比例代表性。

(2) 從選舉結果的觀點來看，雖然本制度具有廣泛的比例性，但是仍可維持單一政黨政府存活的可能性。

(3) 允許選民從一個政黨中選擇一位選區代表，但支持另一政黨組成政府，即**分裂投票**。

(4) 考慮到選民代表和擔任內閣是兩種不同的職務性質，需要不同的才能與經驗。

(5) 允許候選人雙重候選，即允許候選人代表某黨在區域選區參選，同時列名該黨政黨不分區名單。

> **分裂投票**
> *Split─ticket voting*
> 係指在不同的公職人員選舉或是單一選區兩票制的選舉之中，選民投票給不同政黨或無黨籍的候選人，使得選舉結果呈現出由不同政黨分別贏得席次。這是一個重要的政治學選舉行為的觀念，請務必掌握。

4.缺點

(1) 單一選區制的維持組織了高度比例性的結果。

(2) 本制度產生兩類的代議士，一類背負不安定性與選區義務，另一類擁有較高地位以及擔任部會首長職務的機會。

(3) 在該制度下，政黨變得更加集權，也更有權力。政黨不僅可以決定誰能進入安全名單中，以及誰必須在選區裡奮戰，而且可以決定候選人在政黨名單裡的順序。

(二) 並立制

1. 內涵與特徵

(1) 有一定比例的席次採用單一選區相對多數制選舉產生，剩下比例的席次利用政黨名單比例代表制產生。例如**日本**的多數代表制與比例代表制兩者比例為5：3。

(2) 選民可投兩票，一票投給一名選區中的候選人，另一票投給政黨。

(3) 選票與席次的轉換計算方式：個別政黨以其在區域當中的席次數加上其在比例代表制部分的席次數即為其最後總席次。

2. 採用國家：日本、我國立法委員選舉。

(三) 對政黨政治之影響

1. 多數學者認為混合制既然包含多數代表制及比例代表制的特性，所產生的政治影響也應介於兩者之間。一般而言混合制當中的比例代表制成分愈高時，該制對小黨生存較為有利，但如果多數代表成分比例較高時，對大黨較為有利。

2. 此外，分配席次的計票規則也對政治結果有所影響，例如同樣是單一選區兩票制的設計，德國的「聯立制」較日本的「並立制」更強調比例代表制的精神。

3. 整體而言，多數代表制較有利產生一個國會大黨或是過半數的執政黨，而比例代表制則提供小黨較多出現的機會，以及多黨體系產生的空間。

4. 然而，為避免落入制度決定論，學者Nohlen指出，儘管選舉制度對政黨體系的發展的確具有重要性，但是在選舉制度與政黨體系兩者之間並沒有存在單一因素（monocausal）或是單一線性（unilinear）間的關係，選舉制度本身所存在的政治社會結構對於政黨體系間的相互影響或來自選舉過程中各種互動效果的影響，也都必須被納入考量因素。

 我國投票制度採用之變遷　99地四、101地三、103普、103地四、105地四、107地四、107普、108地四

我國立法委員選舉制度改革在2005年國民大會代表通過新的選舉制度之後告一段落，減少國會總席次以及採行單一選區兩票制成為主要特色。

(一) 減少國會總席次：由原本應選總席次225席減半為**113席**。

(二) 選舉制度改變：

1. 複數選區單記不可讓渡投票制：2008年前所採行之制度

選區應選	名額一名～多名。
選票結構	一張選票使用於兩種類型的選舉。
計票規則	區域得票決定政黨比例得票。
區域席次與政黨名單席次比例	74.7%（168/225）vs.21.8%（49/225）

政黨名單席次門檻與計算方式	5%，最大餘數法。
原住民席次	4席山地原住民，4席平地原住民。
法定任期	3年。

2.**單一選區兩票制**：2008年後所採行之制度

選區應選	一名。
選票結構	兩張選票分別使用於兩種不同選舉。
計票規則	區域得票與政黨比例得票分別計算。
區域席次與政黨名單席次比例	64.6%（73/113）vs.30.1%（34/113）
政黨名單席次門檻與計算方式	5%，最大餘數法。
原住民席次	3席山地原住民，3席平地原住民，沿用舊制。
法定任期	4年。

(三) 對於立法院政治結構、行政立法關係以及政黨政治之影響

1. 新選制單一選區增加，以及其占所有席次的高比重直接影響選舉的比例性。

2. 新選制有利大黨，比較容易產生過半數的多數黨。單一選區兩票制比原有的單記非讓渡票制產生更高的不比例性。

3. 就小黨而言，在新選制之下的生存挑戰比舊選制之下來得更為艱困。

4. 在全國不分區部分，新選制提供選民可以針對個別政黨直接投票，因此，選民最終的投票決定可以是一致性投票（straight ticket voting），或者選民也可以進行分裂投票（split ticket voting）。

5. 新選制除了有區域選舉以及政黨比例名單制選舉外，仍舊保有原住民選舉的成分，以強化保障原住民的參政權。

申論題精選

相對多數制（第一名當選制）有何特徵？其政治的結果及優缺點為何？　　　　　　　　　　　　　【100高】

 賴老師答題架構

(一) 相對多數制之內涵與特徵

(二) 相對多數制之政治結果

(三) 相對多數制之優缺點

選擇題

( )　**1** 傑利蠑螈（Gerrymandering）通常被學者用來描述下列那一種現象？
(A)選區劃分以行政區域為主
(B)選區劃分彎彎曲曲，並不公平
(C)選區劃分依人口數多寡
(D)選區劃分依地理區域為主。　　　　　　　　　　【地四】

( )　**2** 很多國家都有選舉，但是一個**自由的選舉**必須具備數項特徵，試問下列那一項**不是**自由選舉所指的特徵？
(A)定期的選舉與有意義的選舉
(B)任何團體均有組黨與提名候選人的自由
(C)平等與自由的選舉
(D)黨內民主與黨內初選。　　　　　　　　　　　【地四】

( )　**3** 下列何者**不是民主國家**對於**選民資格的限制**？
(A)國籍　　　　　　　　(B)年齡
(C)收入　　　　　　　　(D)居住事實。　　　　【普】

( )　**4** 下列那一個民主國家在選舉時實施**強制性投票**（compulsory voting）？
(A)日本　　　　　　　　(B)德國
(C)澳洲　　　　　　　　(D)俄羅斯。　　　　　【普】

( )　**5** 「**單一選區多數決制**」的核心原則是：
(A)勝者全拿　　　　　　(B)尊重少數
(C)反映多元　　　　　　(D)政治平等。　　【103地四】

( )　**6** 政治學者**杜瓦傑（Maurice Duverger）**所稱選舉制度的**機械效果**，下列何者最正確？

(A)選民投票會始終投給同一位候選人

(B)選民投票會始終投給同一個政黨

(C)比例代表制不利於小黨

(D)單一選區相對多數制有利於大黨。　　　　　【102普】

( )　**7** 下列那一個國家**並非**採用**混合制**（Mixed Systems）的選舉制度進行國會議員的選舉？

(A)德國　　　　　　　　(B)南韓

(C)日本　　　　　　　　(D)美國。　　　　　【普】

( )　**8** 一般來說，**比例代表制**（proportional representation）的**優點**為何？

(A)有助於政局穩定

(B)耗費資源比較少

(C)有利於兩黨制的形成

(D)有利於社會多元聲音的表達。　　　　　【104普】

( )　**9** 德國、日本、紐西蘭的國會選舉中，皆容許候選人雙重候選，請問何謂「**雙重候選**」？

(A)候選人可以同時在兩個區域選區同時參選

(B)候選人可以同時列在兩個不同政黨的不分區名單中

(C)允許候選人代表某黨在區域選區參選，同時列名他黨政黨不分區名單

(D)允許候選人代表某黨在區域選區參選，同時列名該黨政黨不分區名單。　　　　　【105地四】

( ) *10* **日本**式的**並立式**國會議員選舉指的是什麼？

(A)選民有兩票，一票選黨，一票選人，候選人選票可以轉移

(B)選民有兩票，一票選黨，一票選人，以選黨的票決定席次

(C)選民有兩票，一票選黨，一票選人，兩票分別計算

(D)選民有兩票，一票選黨，一票選人，兩票皆可轉移。

【普】

( ) *11* 下列那一種選舉制度會產生**「超額席次」**的特
殊狀況？

(A)比例代表制

(B)「單一選區兩票制」聯立制

(C)「單一選區兩票制」並立制

(D)兩輪投票制。 【104普】

( ) *12* 在實施**單一選區兩票制**的國家中，**政黨**應獲席次
率係由其在比例代表制中的得票率決定，扣除區
域所獲席次後，再**補足比例代表**部分的席次。這
是下列那一個國家國會議員之選舉方式？

(A)日本 (B)韓國

(C)德國 (D)中華民國。 【地四】

( ) *13* 1962年，**法國**將總統選制改為兩輪決選制。之
後在第一輪投票便勝出的總統是：

(A)戴高樂 (B)密特朗

(C)席哈克 (D)不曾有過。 【102地四】

( )　**14** **選擇性投票制**（alternative vote system）是下列
那一國家國會議員的選舉制度？
(A)澳洲　　　　　　　　(B)紐西蘭
(C)巴西　　　　　　　　(D)荷蘭。　　　　　　　【普】

( )　**15** 下列何者是**臺灣地方議會**所使用的選舉制度？
(A)單一選區相對多數決制
(B)單一選區兩票制
(C)複數選區單記非讓渡投票制
(D)複數選區單記可讓渡投票制。　　　　　　【107普】

( )　**16** 下列何者**不是**我國在民國97年所實施的**立法委
員選舉制度**的**改革內容**？
(A)採行單一選區兩票制
(B)立委名額減至113席
(C)採行聯立制
(D)全國不分區各政黨當選名單中，婦女不得低於二分之一。
　　　　　　　　　　　　　　　　　　　　【107地四】

( )　**17** 「**分裂投票**」（split-ticket voting）的意涵，下
列何者正確？
(A)投票時撕裂選票者的人權應受保護
(B)在這次選舉支持甲黨候選人，下次選舉則支持乙黨候選人
(C)在同一次選舉的不同公職選舉中分別投不同政黨候選人
(D)同一家庭成員各別支持不同政黨的候選人。　　【102普】

解答與解析

1 (B)

傑利蠑螈（Gerrymandering）係指以不公平的選區邊界劃分方法操縱選舉，致使投票結果有利於某方。

2 (D)

自由選舉的特徵包括如下：
(1) 定期選舉。
(2) 有意義的選舉。
(3) 提名候選人的自由。
(4) 有知道和討論選擇對象的自由。
(5) 成人普遍享有投票權。
(6) 選票的平等。
(7) 自由的選舉。
(8) 正確的計算選票和公布結果。

3 (C)

民主國家對於選民資格的限制包括國籍（應為本國人民）、年齡、以及居住事實。

4 (C)

強制投票並非以物理之力來強制，而通常是經法律規定投票之義務性，故未履行此義務者，須提出理由說明，否則可能面臨罰款處分等較負面之後果。有些國家例如澳洲、比利時、義大利、希臘、西班牙，採取強制性投票制度提升政治參與動機較低的公民參與，以有效提升投票率。

5 (A)

單一選區多數決制的核心原則即為贏者全拿，因此容易形成兩大黨競爭的政治體制，而不利弱勢群體代表、小黨生存。

6 (D)

政治學者杜瓦傑（Maurice Duverger）所稱選舉制度的機械效果係指選舉制度對各政黨在選票與席次之間的轉化情形，一般而言，單一選區相對多數制有利於大黨，

比例代表制經常有利大黨而不利較小政黨。

7 (D)

混合制（Mixed Systems）的選舉制度係指混合單一選區相對多數制與比例代表制而言，又分為並立制與聯立制，德國係採聯立制，日本與南韓採並立制。美國係採單一選區相對多數制。

8 (D)

比例代表制的優點為較能反映不同利益，有利於社會多元聲音的表達，而有利於小黨發展，但缺點是可能導致政局不穩，而耗費較多資源，且不利兩黨制形成。

9 (D)

雙重候選係指在比例代表制中，允許候選人代表某黨在區域選區參選，同時列名該黨政黨不分區名單。

10 (C)

並立制係指選民有兩票，一票選黨，一票選人，兩票分別計算。

11 (B)

「超額席次」係指發生在聯立制中的「單一選區兩票制」，意指如果政黨在單一選區相對多數制所得到的席次超過政黨應得席次，則政黨在比例名單部分便不再分得任何席次。

12 (C)

德國的聯立制係指政黨應獲席次率係由其在比例代表制中的得票率決定，扣除區域所獲席次後，再補足比例代表部分的席次。日本、韓國、中華民國皆採並立制。

13 (D)

1962年，法國將總統選制改為兩輪決選制後，不曾有過在第一輪投票便勝出的總統。

14 (A)

選擇性投票係指選民須在選票上標示自己對候選人的偏好順序。如果有一候選人得到超過半數的第一偏好選票數，即可取得席位。如果第一次開票結果沒有候選人贏得過半數的第一偏好選票，則將候選人當中獲得第一偏好選票最少的候選人淘汰，並且將該被淘汰候選人之第二偏好選票分配給其他候選人。此時如有任何一人加總之後，居於領先且第一偏好的票數過半，則由該候選人取得席位。如經此程序仍無人取得過半數選票，則重複前述動作將獲得第一偏好選票次少的候選人淘汰，並將其第二偏好選票再如前述分給其他候選人，直到有人當選為止。採用國家：澳洲的眾議員選舉、愛爾蘭、斯里蘭卡的總統選舉。是以，依據題(A)為正解。

15 (C)

我國地方議會所使用的選舉制度為複數選區單記非讓渡投票制，係指選民只有一張選票，投票給一位候選人，且選票不能轉移給其他候選人，並以得票數在前五名的候選人贏得席位。

16 (C)

我國在民國97年所實施的立法委員選舉制度的改革內容包括：選舉制度由原本複數選區單記非讓渡投票制改為並立制，其中區域立委採行單一選區兩票制；立委名額減至113席；全國不分區各政黨當選名單中，婦女不得低於二分之一。

17 (C)

「分裂投票」（split-ticket voting）係指在同一次選舉的不同公職選舉中分別投不同政黨候選人。

06 政黨與政黨制度

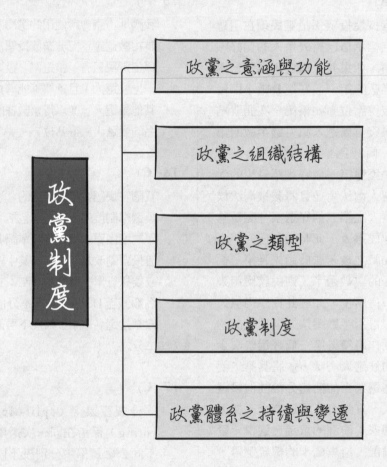

政黨制度
- 政黨之意涵與功能
- 政黨之組織結構
- 政黨之類型
- 政黨制度
- 政黨體系之持續與變遷

6-1　政黨之意涵與功能　│ 103地四、106高三

(一) 政黨之定義【103地四、106高三】

政黨是一群為了**掌握執政權力**的人，所組織的團體，透過**選舉或其他手段**達成此一目的。

(二) 政黨與其他團體之區別

1. 政黨與其他（利益）團體的不同：

(1) 政黨目標在於藉由**贏得政治職位**來控制**執政**大權。

(2) 政黨是**組織化**的團體，黨員有正式的「黨證」。這可以和較廣泛且更多樣化的政治運動相區隔。

(3) 政黨基本上有**廣泛的議題焦點**，針對政府政策的主要領域而發。

(4) 在不同程度上，政黨基於共同政治偏好及相同的意識形態認同而團結起來。

2. 我國學者任德厚認為政黨與派系不同之處在以下四點：

① 基礎不同　政黨存在的前提是一定的社會期盼與支持；派系則來自政治人物間人與人之間感情信念及利益的聚合。

② 政治制度中的地位不同　政黨是處理政治之必要結構，活動也有正式規範的指導與保障。派系在現代政治中的地位並不一致，有些情況會遭到壓制，多在非正式的層次運作。

③ 影響政治的方法不同	政黨主要是經發動社會資源、尋求社會支持、贏得選舉或其他方式表現的民意。派系必然是在較大正式的組合中存在與運作，嘗試掌握正式組織，但卻難以取代正式組織。
④ 持續能力不同	政黨建立在特定的社會與價值基礎上，反映特定價值與基礎的政黨也不致消失。派系則是人與人的聚合，時空改變或人物隱去，派定派系可能自趨消失。

(三) 政黨之功能【98普、98地三、101高三】

1. 代表的功能

代表經常被視為政黨的主要功能。這是指政黨有回應和表達黨員與選民意見的能力。

2. 菁英的培養和甄選

3. 目標的擬定

社會透過政黨設定集體目標，並保證這些目標付諸實行。

4. 利益的表達與整合

政黨促進或捍衛各種商業、勞工、宗教、族群或其他團體利益的工具。例如英國工黨是為了增進工人階級的政治代表權，而由工會運動所促成的。

5. 社會化與動員

透過內部的辯論與討論，以及競選活動與選舉競爭，政黨成為政治教育與社會化的重要機制。

6. 政府的組成

政黨之組織結構　97普、98高三、101普、104普

(一) 黨團

政黨組織黨員的方式不一，早期西方政黨多為菁英政黨。其主要的組織型態僅為「黨團」（Caucus）。黨團就現代意義來說，係指某個議會中代表某黨的所有議員。在使用西敏制的國家，議會黨團是政黨的決策機構。

(二) 黨鞭

黨鞭係指負責維持議會黨團**紀律**的人。黨鞭在議會裏代表其政黨領袖（黨魁），督導其同政黨議員**出席**及**表決**行為的人。

(三) 黨紀

黨紀係指政黨的紀律。

(四) 政黨初選（primary election）

1. 初選是黨內選舉活動，初選是在挑選黨內候選人，以角逐隨後「正式的」選舉。在二十世紀，初選成為**美國政黨提名候選人**的主要方法。

2. 初選制度係由一般選舉人直接投票推出候選人，又分為「封閉初選」（closed primary）和「開放初選」（open primary）兩大類型。

   (1) **封閉初選**：前往初選投票者，限定於登記為該政黨的支持者。

   (2) **開放初選**：允許所有選民出席該政黨的初選，不考量其政黨認同傾向。

3. 初選制度對美國選舉過程之影響：

(1) 政黨組織重要性降低，政治過程更具開放性。

(2) 初選凝聚民意效果大。

 政黨之類型 ┃ 97普、98普、98地四、101普、102普、103普、104普、105普、107高三

(一) 內造政黨與外造政黨

1. **內造政黨**：係指其權力核心在**政黨內部**，亦即黨在國會中的領導中心。

2. **外造政黨**：係指權力主要由**國會外**的組織領導人是掌握政黨，如英國工黨為產業職工會與費邊社會主義者的會社聯合組成，主導黨務。

(二) 群眾型（mass）政黨與幹部型（cadre）政黨

1. **群眾型（mass）政黨**：係指在**群眾中**吸收黨員，入黨者皆納入組織，黨員對組織有義務如繳納黨費等，黨維持經常性組織或動員。

2. **幹部型（cadre）政黨**：此類政黨不在乎黨員人數，平日僅有**極少數積極份子**在處理黨務，政黨組織鬆散，並無「主義」，僅有若干政治原則。

(三) 代表性政黨（parties of representation）與整合性政黨（parties of integration）

學者紐曼（Sigmund Neumann）將政黨分為代表性政黨與整合性政黨。

1. **代表性政黨**：係指以代表社會中個別的利益為主要功能的政黨。

2. **整合性政黨**：係指以「整合」社會的各種利益為職志的政黨，這類政黨常以代表國家或全民的共同利益自居。

(四) 左翼（left-wing）政黨與右翼（right-wing）政黨【99地四、102普、106地四、107普】

1. **左翼政黨**：係指被視為「左派」（例如進步主義、社會主義和共產主義政黨）主張變革，並以社會革新或整體經濟的脫胎換骨為目的，左翼政黨傳統上是吸納收入較低階層或弱勢團體的支持。通常強調**自由、平等、博愛、權利、進步、改革**與國際主義。左翼政黨例如英國工黨、法國社會黨、德國社會民主黨、德國綠黨等。

2. **右翼政黨**：係指被認為是「右派」的政黨（指保守主義政黨，尤其是法西斯主義政黨），強調**權威、階層、傳統、秩序、民族、國家**等概念。通常受到企業家以及中產階級支持。例如美國共和黨、英國保守黨、法國共和黨、日本自民黨、德國基督教民主黨等。

(五) 普涵式政黨（catchall party）

學者柯屈漢默（Kirchheimer）提出普涵式政黨或稱囊括型政黨（catchall party）此概念。

係指政黨為極大化選民支持，降低了其意識形態的包袱，以爭取最大可能的選民支持，例如德國的基督教民主黨（Christian Democratic Union, CDU）、美國的民主黨以及共和黨。

(六) 掮客型政黨（broker party）

主張盡可能符合大多數人的利益與思想，又稱為現實交易型
政黨，此類型政黨透過協商的方式來集結各種利益，整合各
種衝突的價值。

(七) 使命型政黨（missionary party）

係指堅持追求某些特定理想或原則的實踐，其觀點容易因時
因地而改變，但堅持任何政策都必須符合其堅持的價值取向
之目標與原則，又稱「教條政黨」。

(八) 民主集中制（Democratic centralism）

1. 民主集中制是列寧提倡的一種進行決策的組織原則。

2. 重要原則包括：

　　(1) 絕對**服從**：

　　　　✓個人服從組織。　　✓少數服從多數。

　　　　✓下級服從上級。　　✓全黨服從中央。

　　(2) 任何主張及行動均以**多數意見**為基礎並得由多數意見加
　　　　以最後的判決。

6-4 政黨制度

99普、100普、101普、102普、103普、103地四、104地四、105普、107地四、109身三

(一) 義大利學者薩多利（Giovanni Sartori）依據政黨<u>意識型態上</u><u>競爭與差距</u>，將政黨體制分為兩種：

1	**離心式** 政黨制	政黨間的**意識型態差距大**，政治競爭激烈，不同政黨的政治精英構成的背景和途徑亦不甚相同，政治體系相對較不穩定，價值觀之爭而非公眾利益，成為政黨間競爭的中心。
2	**向心式** 政黨制	政黨間的**意識型態差距小**，政治菁英因而多能就事論事地處理政治事務。在這種政黨下，政治體系相對穩定。

(二) 義大利學者薩多利（Giovanni Sartori）根據政黨數量、相關性判準、以及政黨在意識形態上的距離等，建構七大類型政黨體系。

1. 一黨制（one party）

政治體系中只容許一個政黨存在，**其餘政黨皆被禁止**。例如古巴、北韓、越南等極權國家或是共產國家。

2. 霸權式一黨制（hegemonic party）

一個強大執政黨之外，尚有一個或數個小黨，但小黨不具備實力來挑戰執政黨。例如**威權體制**國家透過**法治途徑**保障執政黨的絕對優勢地位，小黨只是聊備一格，甚至需要仰賴執政黨的資助才能生存。

3. **優勢一黨制（predominant party，或稱支配型政黨制）**

一個執政黨之外，法律制度也提供其他政黨來競爭政治權利的機會，政黨之間的選舉競爭公平，但實際上其他政黨幾乎沒有機會取代執政黨，例如新加坡。

4. **兩黨制（two party）**

(1) 兩個政黨皆有能力去贏得國會多數而執政，兩黨輪替成為一個常態。例如美國民主黨與共和黨。

(2) 兩黨制的形成理由：

1 ▶ 歷史方面

英美政黨之興起，比較未經革命的衝擊，故其政黨制確立時，既有菁英提供了較強的共同價值基礎。

2 ▶ 社會方面

例如美國社會雖然由多種移民組成，但此社會之高度多樣，以及移民社會之快速流動，也使各種社會間隙較不固定，不能為多黨制之興起，提供充分的條件。

3 ▶ 政治文化方面

英語民族較具實用精神，就抽象理念之強調，或對意識形態之執著，亦較歐陸國家為低。

4 ▶ 憲法與選舉制度

在現代國家建立之過程中，歐陸國家一般強調國權強大。英倫島國則較開放包容，故後者憲法制度的採擇與吸收能力相對較高。

(3) **兩黨制的優點**：

> ✓ 穩定性、選擇性和責任性。
> ✓ 有助於形成強勢且具責任性的政府。
> ✓ 兩大政黨偏愛採取中間路線，以尋求最大多數民意之支持。

(4) **兩黨制的缺點**：

> ✗ 兩大政黨會為了贏得選票，而競相超越對方的選舉承諾，進而造成公共支出不斷上升以及通貨膨脹雪上加霜。
> ✗ 就選舉和意識形態的選擇而言，兩黨皆明顯受到限制。

5. **有限（溫和）多黨制（limited party）**
   有3個到5個有相關性的政黨存在，且各政黨之間意識形態的差距並不大，因此，選舉時政黨之間會有不同的政策立場，但此種差異僅限於政策主張，而非更為深層的意識形態。

6. **極度多黨制（extreme pluralism）**
   有5個以上的相關性的政黨存在，且在某些政黨之間存在極大的意識形態上的差異，在選舉競爭上則傾向離心競爭的型態。

7. **粉碎（原子化）多黨制（atomized pluralism）**
   政黨數目多，但沒有一個政黨可以單獨的對政治體系產生太大的影響，政黨利用特定的訴求吸引一部分選民的支持，而非多數選民的支持。

6-5 政黨體系之持續與變遷

99高三、103普、
106普、109身三

(一) 政黨分裂化及其特色

1. 政黨分裂化：政黨體系中存在許多政黨，而每一個政黨皆具有一定民意基礎並取得國會席次之代表權。

2. 政黨分化指數（fractionalization index）：學者雷伊（Rae）提出以測量政黨分裂化的程度，顯示國會政黨實力分布與政黨體系類型。當指數愈高時，表示該國家有愈多的政黨在國會中占有席次，也因而使政黨體系呈現較多政黨的情形。

(二) 政黨重組與關鍵選舉

1. 政黨重組：政黨制度徹底改變，比如原有的多數黨或政黨聯盟被擊敗並瓦解，被新崛起的原少數黨取代。

2. 關鍵選舉 (critical elections) 與「政黨重組」(party realignment) (或解組，dealignment)：

(1) 學者凱伊（Key）研究1916年至1952年美國總統選舉對政黨體系的影響所提出。

(2) 在關鍵性的選舉當中，選民有更高度的選舉參與，選舉結果顯示政黨其支持者之間的連結情形**與選舉之前有明顯的不同**，而且此種新的連結關係持續到後面幾次的選舉，此種關聯性的選舉也代表另一波**政黨重組的開始**。

3.政黨體系變遷的原因

社會學解釋觀點	1. 以馬克思的階級論作解釋，強調社會團體或政治組織對於不同階級利益的代言角色以及互相間的政治鬥爭。 2. 學者Lipset與Rokkan以社會學為出發點，強調政黨的形成與政黨體系的變遷源於社會議題產生之後，這些新的組成或議題將影響政黨或政黨體系的演進變化。
制度論解釋觀點	1. 強調政治制度所產生的政治效果對政黨或政黨體系的重要性，尤其以選舉制度的選擇更具重要性。 2. 例如以選舉制度而言，依據法國政治學者杜瓦傑所提出之杜瓦傑鐵律，實施單一選區選舉制度的國家當中，有助於兩黨制政黨體制之形成；實施比例代表制選舉制度的國家，則有助於多黨制政黨體制之形成。

申論題精選

一、 民主政治的穩定發展有賴開放的政黨組織與政
黨間的和平競爭,請問何為政黨?學理上政黨
與派系或利益團體的差異為何?學者常指出政
黨的出現代表了社會裂痕的具體化,根據經驗
觀察,那些社會分歧與理念差異較可能促成政
黨的出現? 【106高三】

 ▶ 賴老師答題架構

(一) 政黨之內涵
(二) 政黨與利益團體之差異
(三) 政黨出現的社會基礎

二、 試述民主社會政黨之五種功能(functions)。並
以單一選區制與比例代表制為例說明選舉制度對
於政黨體系(party system)有何影響?【101高三】

 ▶ 賴老師答題架構

(一) 政黨之內涵與功能
(二) 單一選區制之內涵與對政黨體系之影響
(三) 比例代表制之內涵與對政黨體系之影響

三、 何謂政黨重組（party realignment）？而政黨重
　　 組發生的原因為何？試分別說明之。

 ▶ 賴老師答題架構

(一) 政黨重組之內涵
(二) 政黨重組發生之原因

四、 何謂政黨體系（party system）？它有那些類別
　　 及特性？請逐一舉例說明之。　　　　【109身三】

 ▶ 賴老師答題架構

(一) 政黨體系之內涵
(二) 薩多利的七大政黨體系

選擇題

( )　**1** 申請設立**政黨**，須向下列那個**主管機關**辦理
備案？
(A)立法院　　　　　　(B)監察院
(C)法務部　　　　　　(D)內政部。　　　　　【105地四】

( )　**2** 一般來說，**政黨**與利益團體經常被混為一談，
下列有關政黨的敘述那一個是**錯誤**的？
(A)目標在贏得政治職位
(B)提名候選人是重要的功能
(C)所提訴求通常針對單一議題
(D)組織政府。　　　　　　　　　　　　　　【103地四】

( )　**3** 下列那一種政黨，**最不可能**提倡「**產業國有
化、計畫經濟**」為其政黨主張？
(A)保守黨　　　　　　(B)共產黨
(C)工黨　　　　　　　(D)社會民主黨。　　【106地四】

( )　**4** 在國會中，平時負責瞭解及**溝通黨員意見**，開
會時**指揮同黨議員**參與議事過程的執行者為：
(A)黨主席　　　　　　(B)黨鞭
(C)議長　　　　　　　(D)委員會召集人。　　　【普】

( )　**5** 在西方世界，那個國家的**黨內初選**最制度化？
　　　(A)英國　　　　　　　　(B)美國
　　　(C)法國　　　　　　　　(D)德國。　　　　　　　【101普】

( )　**6** 政治學者**薩多利（Giovanni Sartori）**提出政黨
　　　得否納入**政黨體系**的標準，下列何者正確？
　　　(A)是否有勒索的潛力　　(B)意識型態是否溫和
　　　(C)黨紀是否嚴明　　　　(D)國際社會是否支持。　【102普】

( )　**7** 依據學者**薩托利（Giovanni Sartori）**對於政黨體
　　　系的分類，下列何者屬於**溫和多黨制**的特徵？
　　　(A)主要政黨數目超過6個或以上
　　　(B)政黨意識型態差距很大
　　　(C)對政治體制的政治原則較有認同感
　　　(D)非競爭性政黨體制。　　　　　　　　　　　【103普】

( )　**8** 一個國家**只允許一個政黨**存在，**其他**政黨並**不
　　　能合法**存在，此種政黨體系稱之為：
　　　(A)一黨霸權制　　　　　(B)一黨威權制
　　　(C)單一政黨制　　　　　(D)一黨獨大制。　　　　【普】

( )　**9** 下列那一項**不屬於兩黨制**的**優點**？
　　　(A)易形成多數意見而加速決策
　　　(B)易形成由單一政黨主導的責任政府
　　　(C)易反映社會多元意見
　　　(D)提供輪替執政的選擇性。　　　　　　　　【107地四】

( )　**10**　下列那一項**不是極化多元**主義政黨體系的特徵？

(A)政黨數目超過五個以上

(B)政黨都主張維持現有體系

(C)社會對立激烈

(D)往中間移動的政黨往往受兩邊極端同時攻擊。　　　【普】

( )　**11**　下列關於**關鍵選舉（critical election）**的描
述，何者是**錯誤**的？

(A)關鍵性選舉是指某一陣營獲得大勝的選舉

(B)美國1932年羅斯福總統當選，被認為是關鍵性選舉

(C)關鍵性選舉指的是相當比例的選民改變過去的長期的政
黨認同，造成原有政黨勢力版圖變化的選舉

(D)在兩次關鍵性選舉之間，選民的政黨認同基本上沒有太
大的變化。　　　【普】

( )　**12**　在民主國家中，以**宣揚理念**為最主要目標的政
黨，謂之：

(A)使命型政黨　　　　(B)掮客型政黨

(C)外造政黨　　　　　(D)內造政黨。　　　【普】

( )　**13**　在**政黨**做決策之前，要求黨員能**自由討論**，但
決定權在**少數人**手裡，且決定後就**不能**再加以
批評的原則，謂之：

(A)民主集中制　　　　(B)菁英民主制

(C)寡頭鐵律　　　　　(D)多元民主制。　　　【104普】

( ) **14** 以下那個政黨在意識型態的光譜上屬於**中間偏右**的政黨？
(A)德國綠黨　　　　　　(B)德國基督教民主黨
(C)英國工黨　　　　　　(D)法國社會黨。　　　　【102普】

( ) **15** 下列那個政黨屬於所謂的**右派**政黨？
(A)德國社會民主黨　　　(B)日本社會黨
(C)德國基督教民主黨　　(D)英國工黨。　　　　　【地四】

( ) **16** 下列那一個政黨比較可能主張用**縮減福利**開支，並對企業進行大規模**減稅**的方式，以達到削減預算赤字、刺激國家經濟動能之目的？
(A)美國共和黨　　　　　(B)德國綠黨
(C)法國社會黨　　　　　(D)英國工黨。　　　　【107普】

( ) **17** 某個國家的大選結束，有6個政黨獲得國會席次：
A黨獲得11%的席次、B黨獲得16%的席次、C黨獲得40%的席次、D黨獲得2%的席次、E黨獲得17%的席次、F黨獲得4%的席次，由C政黨籌組政府。下列那一種組合**符合「超量聯合政府」**（oversized coalitional government），但**未達「大聯合政府」**（grand coalitional government）？
(A)A黨＋C黨
(B)A黨＋B黨＋C黨＋D黨＋E黨
(C)A黨＋C黨＋D黨
(D)C黨＋F黨。　　　　　【110普】

解答與解析

1 (D)

依據政黨法第二條規定，本法所稱主管機關為內政部。

2 (C)

政黨目標在於藉由贏得政治職位來控制執政大權。政黨是組織化的團體。政黨基本上有廣泛的議題焦點，政黨基於共同政治偏好及相同的意識形態認同而團結起來。

3 (A)

反對國有化、計畫經濟系右派之主張，而選項中(B)(C)(D)皆為左派政黨。通常黨名中有「社會」、「勞工」、「福利」等關鍵字者多屬於左派政黨。黨名中有「基督」、「保守」、「共和」等關鍵字者多屬右派政黨。

4 (B)

黨鞭係指在國會中，平時負責瞭解及溝通黨員意見，開會時指揮同黨議員參與議事過程的執行者。

5 (B)

初選是黨內選舉活動，初選是挑選黨內候選人，以角逐隨後「正式的」選舉。在二十世紀，初選成為美國政黨提名候選人的主要方法。初選制以「封閉初選」（closed primary）和「開放初選」（open primary）為主要兩大類型。所謂「封閉初選」係指前往初選投票者，限定於登記為該政黨的支持者（不完全是黨員）。「開放初選」則允許所有選民出席該政黨的初選，而不考量其政黨認同許向。

6 (A)

薩多利（Giovanni Sartori）提出政黨得否納入政黨體系的標準如下：

(1) 該政黨是否具有聯盟的潛能，即該政黨是否有足夠實力（也就是足夠的國會席次數）可以被其他政黨邀請共同組成政府。

(2) 該政黨是否具有勒索的潛能，即該政黨是否有實力可以對新政府推動的政策形成阻力。

7 (C)

薩托利提出溫和多黨制的特徵如下：有3個到5個有相關性的政黨存在，且各政黨之間意識形態的差距並不大，因此，選舉時政黨之間會有不同的政策立場，但此種差異僅限於政策主張，而非更為深層的意識形態。

8 (C)

單一政黨制係指政治體系中只容許一個政黨存在，其餘政黨皆被禁止，此種政黨體系常見於極權國家或是共產國家當中，例如古巴、北韓、越南。

9 (C)

兩黨制的優點在於穩定性、選擇性和責任性。有助於形成強勢且具責任性的政府。兩大政黨偏愛採取中間路線，以尋求最大多數民意之

支持。其缺點在於不利多元社會意見之反映。

10 (B)

薩托利提出極化多元主義政黨體系的特徵包括如下：政黨數目超過五個以上、政黨主張分歧、社會對立激烈、往中間移動的政黨往往受兩邊極端同時攻擊。

11 (A)

關鍵選舉係指某一次的選舉結果具有關鍵性意義，意即相當比例的選民改變過去的長期的政黨認同，造成原有政黨勢力版圖變化的選舉。例如美國1932年羅斯福總統當選被認為是關鍵性選舉。

12 (A)

使命型政黨係指在民主國家中，以宣揚理念為最主要目標的政黨。
掮客型政黨係指政黨的主張盡可能符合大多數人的利益與思想。
內造政黨係指在西方議會政治

中，源於議會內的聯盟關係而逐漸形成的政黨。

外造政黨係指透過社會運動，逐漸發展出的政黨，所以黨的決策權力並不完全操控在議會菁英之下，有時黨的行政體系反而主導了黨的決策與走向。例如英國的工黨。

13 (A)

民主集中制係指在政黨做決策之前，要求黨員能自由討論，但決定權在少數人手裡，且決定後就不能再加以批評的原則，例如列寧式政黨。

14 (B)

本題關鍵字在中間偏右，右派的主要觀念包括重視傳統、家庭、國家、財產、秩序、減稅，知名的政黨包括英國保守黨、德國基督教民主黨、法國共和黨、美國共和黨、日本自民黨等。本題其餘選項皆為中間偏左或左派政黨。

15 (C)

德國社會民主黨、英國工黨、日本社會黨係屬左派政黨。通常黨名中有「社會」、「勞工」、「福利」等關鍵字者多屬於左派政黨。黨名中有「基督」、「保守」、「共和」等關鍵字者多屬右派政黨。

16 (A)

縮減福利開支、對企業減稅等依據題旨屬於右派政黨的主張，選項中(B)(C)(D)皆為左派政黨。通常黨名中有「社會」、「勞工」、「福利」等關鍵字者多屬於左派政黨。黨名中有「基督」、「保守」、「共和」等關鍵字者多屬右派政黨。

17 (C)

超量聯合政府是指超過國會席次半數的政黨；大聯合政府是指兩個在政治光譜上不同的最大政黨同組政府，因此選項(C)為正解。

第四章 │ 政治行為與互動

01 投票行為

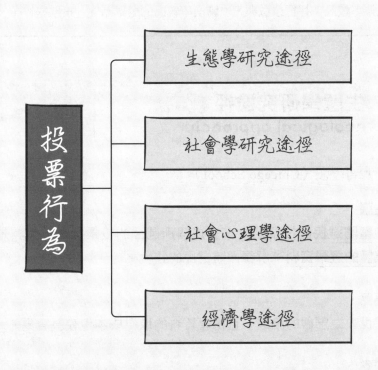

投票行為

- 生態學研究途徑
- 社會學研究途徑
- 社會心理學途徑
- 經濟學途徑

影響選民投票行為的因素主要有四種研究途徑，分別為生態學研究途徑、社會學研究途徑、社會心理學途徑以及經濟學途徑。
【97普、99地三、100普、101高、101地四、109身三】

政治小學堂

影響投票率高低之因素很多，包括社會因素、經濟因素、選舉種類因素、是否強制投票、選舉制度、便利性等。通常政治功效意識較高的民眾投票率較高；採行票數與席次轉換率較高的選舉制度，投票率較高。

生態學研究途徑 ecological approach

【103普、110高三】

又稱芝加哥學派（Chicago School）。

(一) 主張

從**整體選民**的投票結果來論述個別選民的投票行為，尤其是以**集體的選舉資料**來解釋個體選民的特性。

(二) 優點

提供較為宏觀的論述，且總體資料的取得成本也較為容易。

(三) 缺點

會產生「生態謬誤」（ecological fallacy），強調集體的生態特性與個體政治選擇之間的關係並無法全然等同，用全體來解釋個體容易造成過度簡化的風險。

1-2 社會學研究途徑 sociological approach

105地四、109高三、110普、111普

社會學研究途徑又稱為哥倫比亞學派（Columbia School）、社會分歧途徑（social cleavage school）。

(一) 主張

強調**社會與人際網路傳播**影響選民投票行為。

(二) 學者拉扎斯菲爾德（Lazarsfeld）與貝雷爾森（Berelson）

研究發現在選舉過程中，選民個人所接觸的**大眾傳播媒體**（mass media）、次級團體（secondary group，例如工會組織、宗教組織、社區組織等）以及選民個人網絡（network）等不僅會影響選民對於**選舉資訊的取得**，也會影響選民的**投票決定**。

(三) 學者李普塞（Lipset）與羅肯（Rokkan）

社會結構因素對於選民投票行為的影響評估。其主張選民的投票行為是受到選民自身所處的社會環境所影響。例如一個藍領階級的選民，在選舉的過程中會特別注意有關工人的福利問題。

1-3 社會心理學途徑 social psychological approach

97地四、98普、98地四

亦稱為密西根學派（Michigan School）。

(一) 主張

學者Campbell與Converse等人在1960年所出版的《美國選民》（The American Voter）一書強調選民的心理因素對其投票行為

的影響，尤其是選民對於政黨的態度與政黨認同，影響選民投票決定最重要且穩定的因素。

(二) 漏斗狀因果模型（funnel of causality）

在此模型當中，社會結構因素、候選人因素、甚至是選舉過程中的各項事件，只能視為影響選民投票行為的短期或是次要的因素，真正具有影響力的因素是**選民的政黨認同**。政黨認同提供選民取得與評估選舉資訊的依據，透過此一認同態度在選舉中評價**政黨與候選人**，而且此一認同會透過社會化的作用，成為個人**穩定的態度**。

(三) 與之相對的是「獨立選民」（independent voter）

係指投票時不考量政黨因素的選民。

1-4　經濟學途徑 economic approach

97地四、110普

又稱為理性投票模型（rational choice model），或是型式理論（formal theory）。

(一) 主張

強調選民是理性地進行投票行為，以成本效益的觀念選擇一個成本最小，但效益最大的結果。

(二) 內涵

學者唐斯（Downs）在1957年所出版的《民主的經濟理論》（An Economic Theory of Democracy）；將**經濟學上的理性**預期應用到選民的投票決定上。選民在選舉中的行為如同在市場中的消費行為，會理性的增加自身利益，任何投票對象的選擇

即是要使自身的利益得到最大的保障或是實現，因此選民在選舉當中評估候選人或是政黨的政策立場，甚至評估其贏得選舉的機會，從中尋求對自己最有利的決定。

(三) 回溯性投票（retrospective voting）

選民會對於現任者過去幾年的表現進行整體評估來決定其支持的候選人。

影響選民投票因素研究途徑表

層次	研究途徑	代表學派	關注焦點
總體	生態學途徑	芝加哥學派	選民投票行為與整體資料之關係。
個體	社會學途徑	哥倫比亞學派	個人所處社會結構與團體對投票行為影響。
個體	社會心理學途徑	密西根學派	候選人與議題之短期因素及政黨認同之長期因素對投票行為影響。
個體	經濟學途徑	理性選擇學派	選民經理性成本效益分析決定支持方向及投票與否。

資料來源：政治學第二十八講選舉(三)簡報檔，王業立，台大開放式課程，頁12

選擇題

( )　**1** 有許多原因導致美國選舉時的投票率通常不高，在制度上，導致**美國選民投票意願低落**的原因有那些？　(1)政府體制為總統制　(2)參、眾兩院制　(3)國會議員採取單一選區相對多數制　(4)投票登記制　(5)採政黨初選制

(A)(1)(5)　　　　　　　　　(B)(2)(4)

(C)(3)(4)　　　　　　　　　(D)(1)(3)。　　　　　　　【106普】

( )　**2** 「**獨立**選民」（independent voter）通常是指：

(A)支持國家獨立的選民

(B)投票時只支持自己認同政黨的選民

(C)投票時不考量政黨因素的選民

(D)從來沒有參加過任何政黨的選民。　　　　　　【地四】

( )　**3** 「**回溯性**投票」（retrospective voting）是指：

(A)選民會對於現任者過去幾年的表現進行整體評估來決定其支持的候選人

(B)選民會根據自己過去幾年投票的喜好來決定其支持的候選人

(C)選民會根據過去幾屆自己選區的投票結果來決定其支持的候選人

(D)選民會根據過去幾次民調結果來決定其支持的候選人。

【地四】

（　）　**4**　對於選民投票行為的研究，其中一派為「**社會學研究途徑**」。下列何者**不是**該研究途徑之特性？

(A)以社會差異造成的群體為分析對象

(B)選民投票行為反映其社會地位

(C)可以探測選民對政黨的心理情感

(D)宗教投票、階級投票屬於該研究途徑的解釋範疇。

【105地四】

（　）　**5**　依據選民行為研究中的「**社會心理學途徑**」，影響選民投票決定最重要的因素是：

(A)候選人因素　　　　(B)選民的社經地位

(C)選民的政黨認同　　(D)社會整體的經濟狀況。【110普】

（　）　**6**　根據**社會心理學**研究途徑對選民投票行為的研究，下列那一項因素會**長期而穩定**地影響選民投票行為？

(A)經濟因素　　　　　(B)議題

(C)政黨認同　　　　　(D)候選人形象。　　　【地四】

（　）　**7**　早期的投票行為研究中，有一派學者強調選民**所屬的團體**是影響選民投票行為最重要的因素，請問此一學派被稱為什麼？

(A)密西根學派　　　　(B)哥倫比亞學派

(C)芝加哥學派　　　　(D)普林斯頓學派。　　　【地四】

( ) **8** 針對投票行為的研究，主要是採取選區的**總體資料**，以及相關**人口學**的統計數據，以探究不同環境脈絡背景因素對於各選區之投票率或選民投票方向的影響，此一研究途徑是指：

(A)芝加哥學派（Chicago School）

(B)哥倫比亞學派（Columbia School）

(C)密西根學派（Michigan School）

(D)理性選擇學派（Rational Choice）。 【103普】

NOTE

解答與解析

1 (C)

在制度上，導致美國選民投票意願低落的原因為國會議員採取單一選區相對多數制導致贏者全拿，較不容易反映弱勢族群的利益。其二係投票登記制導致增加美國選民投票門檻而影響意願。

2 (C)

獨立選民係指投票時不考量政黨因素的選民，意即依據理性判斷投票之選民。

3 (A)

回溯性投票係指選民會對於現任者過去幾年的表現進行整體評估來決定其支持的候選人。

4 (C)

社會學研究途徑係以社會差異造成的群體為分析對象，認為選民投票行為反映其社會地位，因此宗教信仰、階級因素等皆可能影響選民之投票傾向。

5 (C)

社會心理學途徑係指選民的心理因素對其投票行為的影響，尤其是選民對於政黨的態度，或是政黨認同。因此，選項(C)為正解。

6 (C)

社會心理學研究途徑又稱密西根學派，提出三項影響選民投票行為最重要之因素為候選人、政黨、政見，其中政黨認同因素會長期而穩定地影響選民投票行為。

7 (B)

社會學研究途徑，又稱之為哥倫比亞學派學者強調選民所屬的團體是影響選民投票行為最重要的因素。

8 (A)

芝加哥學派（Chicago School）採社會學研究途徑，主要是採取選區的總體資料，以及相關人口學的統計數據，以探究不同環境脈絡背景因素對於各選區之投票率或選民投票方向的影響。

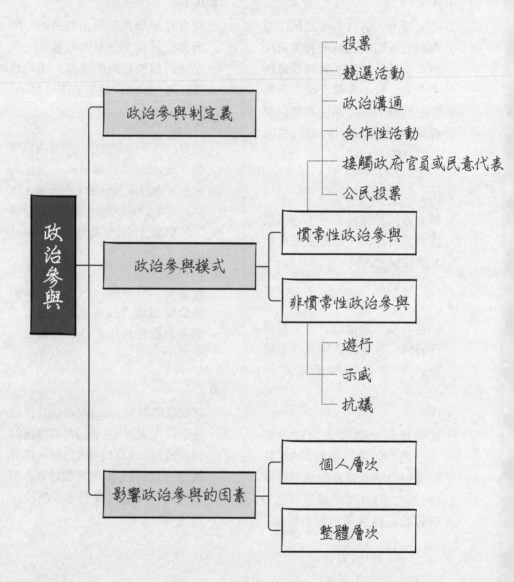

投票

競選活動

政治溝通

合作性活動

接觸政府官員或民意代表

公民投票

政治參與制定義

慣常性政治參與

政治參與模式

非慣常性政治參與

政治參與

遊行

示威

抗議

個人層次

影響政治參與的因素

整體層次

2-1　政治參與之定義

99普、101地三、103地四

政治學者Verba與Nie：政治參與係一般公民或多或少直接地以影響政府的人事甄選或（及）政府所採活動為目標，進而採取的各種行動。

(一) 公民：政治參與的主體是公民，至於政府官員、民意代表、職業說客等介入政治的專業人員，都並非政治參與的主體。

(二) 行動：政治參與必須要以行動來展現，若僅有某種態度或意念，但未具體地以行動展現，則不算是政治參與。

(三) 政府：政治參與和政府的人事以及政府的決策或行動有關，包括中央或地方的各級政府。

(四) 目的：政治參與並非漫無目的，而是有目的的，都是企圖去影響政治體系內價值的權威性配置。

2-2　政治參與的模式

學者佛巴（S. Verb）和奈（Norman. H. Nie）認為政治參與的模式可以分為慣常性（conventional）與非慣常性（unconventional）兩種。慣常性的政治參與包括兩大類，第一類是試圖影響政府人事的活動，包括投票與競選活動，第二類是影響政府決策與行動的活動，包括政治溝通、合作性活動、接觸政府官員或民意代表及公民投票。非慣常性政治參與則包括遊行、示威、抗議等抗議性的活動。

(一) 影響政府人事的活動

投票與競選活動：最簡單、最普及，且也是最具影響力的一種政治參與方式。投票是一件較為簡單的行動，因此需要的主動程度以及與他人合作的程度都會很低。

(二) 影響政府決策與行動的活動

1. 政治溝通

(1) 扮演民眾與政府的溝通者的角色。

(2) 通常由於此類活動是公民主動想要去接觸訊息，表達意見給決策者，往往需要負擔較高的成本，因此所需要的主動程度極高。

2. 合作性活動

公民個人與他人聯合，以集體的力量來促成某種目標的實現。合作性活動通常要集結眾人來對社區或社會上的公共事務加以表達或促進，因此需要較多的主動程度並與他人的高度合作。

3. 接觸政府官員或民意代表

公民為了某一個特定需求，而與政府決策者接觸，例如寫信、打電話給民意代表或政府官員，以期望政府施行或撤回某項政策或行動。

4. 公民投票

(1) **意涵**：**公民直接**用**投票**的方式來表達對公共事務的意見，與一般選舉投票不同的是，一般選舉是選出政府官員與民意代表，而公民投票則是**直接針對公共事務**表示意見。公民投票的方式可以是創制，也可以是複決。前者係指公民對於未完成立法程序的法案或政策，以法定人數的同意來使

之成為政府的法律或政策；後者係公民對於已完成立法程序
的法案或政策加以議決，以決定其應否成為法律或政策。

(2) 贊成公民投票的理由

- **彌補代議政治制度**之不足。
- 利於民主公民的養成。

(3) 舉行公民投票的時機

A. **國家遇到極重大的爭議**：譬如加拿大魁北克省是否應
該獨立、東帝汶是否應該獨立、英國是否要退出歐
盟、英國與愛爾蘭對於北愛爾蘭的和解方案，以及美
國許多州對於墮胎問題都實施過公民投票。

B. **國家遇到重大決定需由全民投票來賦予合法性時**：譬
如法國第五共和的憲法是由行政官員擬定，而以公民
投票的方式取得合法性。

C. **當立法機關無法做適當的立法或決策時**：譬如紐西蘭
在1993年透過公民投票的方式將其國會議員選舉制度
從單一選區相對多數制改為單一選區與比例代表的混
合制，又在1999年透過公民投票的方式來減少國會議
員的名額。

(4) 反對公民投票的理由

A. 政治菁英逃避作出決策。

B. 公民投票簡化政治協商。

C. 合法化不民主決策的手段：例如納粹希特勒就曾利用
公民投票作為合法化其政策的手段。因此，不宜將一
個國家的民主與否，與是否具有公民投票劃上等號。

(三) 非慣常性政治參與

1. 依據學者Marsh與Dalton的觀點，將各種抗議性活動從最輕微到最嚴重區分為幾個層次。

第一層次	包括簽署請願書與合法示威。此為慣常性政治參與到非慣常性的過渡性活動。
第二層次	採付諸直接行動的方式，如抵制，介於合法與非法之間的非制度化的政治參與活動。
第三層次	參與非法但非暴力的行動，如未經許可的罷工、和平占領建築物。
第四層次	訴諸暴力的非法行動，如人身傷害、占領建築物、破壞、暴力等。

2. 非慣常性的政治參與有下列特徵：

1	是一種直接行動的策略，與政治菁英直接對抗，而非在政治菁英已界定好的架構下參與政治，並且由參與大眾選定時間與地點。
2	通常將焦點置於特定的議題上，且通常傳達出極高的訊息與極大的能量。
3	持續而有效的非慣常性政治參與往往需要極高的自主性，以及與他人合作。

2-3 影響政治參與的個人因素 │ 107地四

(一) 介入政治活動所需要的資源

財富　　　　教育　　　　社會關係

(二) 個人介入政治所獲得的報酬與利益

1. 如果政治的結果攸關**公民個人的直接利益**，則他們會較積極的介入。

2. 如果公民較**強烈的偏好**某種政治結果，或較認同於某個候選人或政黨，則他就會去參與政治。

3. 如果公民擁有**強烈的公民責任感**，則他較傾向於介入政治。

2-4 影響政治參與的政治因素 │ 101地四

動員係指政治菁英促使民眾參與政治的過程，政治菁英動員的方式可以是直接動員與間接動員。前者係指政治菁英經由面對面的接觸而促使民眾參與政治過程；後者係指政治菁英先動員某一部分人，再由這部分人藉由社會關係網絡來動員其他人。

(一) 菁英的動員策略

學者Rosenstone與Hansen指出菁英的動員策略如下：

1. 抓準動員**目標**。

2. 抓準動員**時機**。

(二) 菁英的動員方式

政治菁英利用社會關係來動員民眾。政治菁英往往利用議題或意識形態來動員民眾。

2-5　影響政治參與的整體社會心理因素

102高三、99地四

(一) 政治不滿感

公民對政治制度或政治人物沒有信心，或對政府的表現或重要問題處理的不滿意。

(二) 相對剝奪感

係指個人或團體對於其所處情境的評量並非來自於對客觀條件的評估，而是來自於個人或團體**主觀**上的與其他個人或團體的**比較**。當公民有下列三種情況時，相對剝奪感就可能產生：

1. 渴望某些個人或其團體所沒有的東西。

2. 個人覺得自己或其團體應該擁有那些他們所渴望的東西。

3. 將沒有擁有那些東西怪罪予他人或其他團體，而不覺得是自己的問題。

(三) 政治功效意識

係指個人認為其政治行為對於政治過程一定**有或能夠有所影響**的**感覺**。可分為內在功效意識與外在功效意識。前者是指個人感覺自己有去了解及參與政治的能力，而後者是指個人感覺政府有去回應個人需求的能力。

 2-6 # 影響政治參與的制度因素　│106地四

(一) 制度設計來增加平等性

1. **提升投票意願**：強制投票制、自動登記制，使資源較少及動機較低的公民必須要投票。

2. **平衡政治參與影響力**：一人一票、票票等值、政治獻金的限制、遊說的相關管制等等制度設計，使得資源較多或動機較高的公民，降低其政治參與量與政治影響力。

(二) 以美國為例，美國的投票率較其他民主國家低之原因

1. 美國過去曾制定的選舉法規

人頭稅	必須繳費才能登記投票。
識字測驗	民眾必須要顯示他們有讀寫能力才能去投票。
白人初選	只有白人才能在初選中投票，以決定誰才是正式選舉中的候選人。
定期性的投票登記制度	在投票之前必須要先登記，過去甚至有些州規定要在選舉日之前一年登記方才有效。

2. 美國在1971年將投票年齡由20歲降低為18歲，而年輕人原本就不想投票，因此促成投票率下滑。

3. 民眾的政黨認同與政治功效意識降低。

4. 階級投票率降低。

申論題精選

一、 政治暴力是什麼？政治暴力的種類有那些？請分項說明。　　　　　　　　　　　　　　　　【100地三】

▶賴老師答題架構

(一) 政治暴力之內涵

(二) 政治暴力之種類

二、 請說明影響政治參與的整體社會心理因素有那些？　　　　　　　　　　　　　　　　　　　　【102高三】

▶賴老師答題架構

(一) 政治參與之內涵

(二) 影響政治參與的整體社會心理因素

選擇題

( )　**1** 下列有關**政治參與**的定義，那一項是**錯誤**的？
(A)涉及到一個具體的行動
(B)有公民的參與
(C)與政府的決策或人事有關
(D)有民意代表或政府官員的介入。　　　　　　　【103地四】

( )　**2** 政治參與可以區分為慣常性與非慣常性的兩種類型，下列何者歸屬於**非慣常性類型**的政治參與？
(A)遊行示威
(B)投票
(C)參與競選活動
(D)與政府官員或民意代表接觸。　　　　　　　【110普】

( )　**3** 下列何者**並非主動表達民意**的方式？
(A)連署　　　　　　　(B)公聽會
(C)示威　　　　　　　(D)遊行。　　　　　　　【普】

( )　**4** 對公民投票的說明，下列敘述何者**錯誤**？
(A)施政較能貼近民意
(B)可能倉促表達民意
(C)可以彌補代議制度之不足
(D)無助於提升全體選民的政治素養。　　　　　　【110普】

（　）　**5** 下列關於**公民投票**的陳述，那一項是**正確**的？
　　　　(A)公民投票是人民用投票的方式表達對政府人事的意見
　　　　(B)除非給予公民投票，否則就不算是個民主國家
　　　　(C)公民投票是對代議政治的補救措施
　　　　(D)公民投票是一種人民與生俱來的權利。　　　　　【地四】

（　）　**6** 下列那一類活動是屬於**非慣常性**的**政治參與**
　　　　活動？
　　　　(A)參與候選人的競選餐會
　　　　(B)捐款給政黨或候選人
　　　　(C)接觸政府官員或民意代表
　　　　(D)示威遊行。　　　　　　　　　　　　　　　　【103地四】

（　）　**7** 個人認為其政治行為對於政治過程一定**有或能**
　　　　夠有所**影響**的感覺，稱之為：
　　　　(A)政治無力感　　　　　(B)政治疏離感
　　　　(C)政治參與感　　　　　(D)政治效能感。　　　　【101地四】

解答與解析

1 (D)

政治參與係指從事政治參與的主體是公民而非政府官員,涉及到一個具體的行動,與政府的決策或人事有關,有一個想要去影響政府的人事或決策的目的。

2 (A)

非慣常性類型是指以直接行動或體制外的方式影響政府政策,包括遊行、示威、抗議、抵制、暴動。

3 (B)

主動表達民意的方式包括請願、示威、遊行、連署、陳情等。被動表達民意的方式則包括參與公聽會、說明會、投票等。

4 (D)

公民投票是指政策由公民直接參與的投票行為來決定,使得民意表達更直接,施政更貼近民意,能彌補代議政治的不足,且能透過選舉過程議題充分討論提升選民素質。

5 (C)

公民投票係指對代議政治的補救措施,實踐公民投票的權利。在廢除國民大會後,複決立法院所提憲法修正案及領土變更案的權利由全體國民行使。

6 (D)

非慣常性的政治參與指,用直接行動或非體制的政治參與方式,例如,遊行、示威、抗議、抵制、暴動等,表達自身的意見,希望政府有所回應。

7 (D)

政治效能感或稱政治功效感係指個人認為其政治行為對於政治過程一定有或能夠有所影響的感覺。

民意與政治傳播

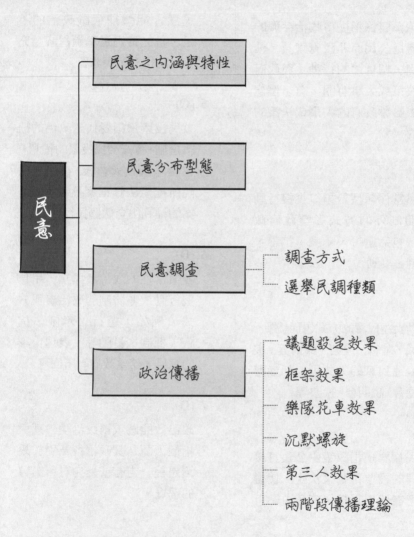

- 民意之內涵與特性
- 民意分布型態
- 民意調查
  - 調查方式
  - 選舉民調種類
- 政治傳播
  - 議題設定效果
  - 框架效果
  - 樂隊花車效果
  - 沉默螺旋
  - 第三人效果
  - 兩階段傳播理論

民意

3-1 民意之內涵與特性 ｜97普、99普、101地四、103地四、104高三、107地四

(一) 民意之定義

學者Key認為，民意是指「一些政府要慎重注意的民眾意見」，這些民眾的意見包括民眾對候選人的意見、對政黨的看法、對政府表現的態度、對公眾事務好壞的判準以及對政府的期望。

(二) 民意的特性

1. 民意並**不完全理性**。
2. 民意往往是對某一個問題**資訊不足瞭解不夠**的人形成的意見。
3. 民意**易變**，也有**顯性與隱性**的不同。
4. 民意具重要性，政治人物大多不敢公然表示不尊重民意。
5. 實際政策上，**不宜過於高估**民意的作用與影響。
6. 政府並不僅僅被動地接受民意，且能**主動地影響**民意，甚至**改變**民意。

(三) 民意分布型態【97普、97地四、98地四、99地四、100地四、103地四、107普】

1	穩定曲線 stable curve	民意傾向非常明顯，對政府產生很大壓力。如倒向一邊的J型曲線。
2	鐘型曲線 bell-shaped curve	單峰曲線、常態分布。民眾對此議題大多採取中庸，溫和的立場，很少人走極端。例如統獨立場，較多主張維持現狀。
3	U型曲線 extreme division	雙峰分布、極化分布。民意大多聚集在議題立場的兩端而非中央。例如美國墮胎議題、台灣設賭場議題。

| 4 | **N型曲線**
N-shaped curve | 民意分布表示，多數反對但非強烈，少數贊成但強烈，使得政府可能會聽取少數意見。 |
| 5 | **W型曲線**
W-shaped curve | 民意分布表示，贊成和反對的人數均等且立場強硬，此種型態的社會對立嚴重，呈現政治極不穩定的狀態。 |

政治小學堂

民意分布示意圖

1. J型曲線——民意傾向明顯

2. 鐘型曲線——意向中庸、少極端

3. 雙峰分布——極化分布

4. U型曲線——極化分布

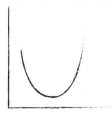

5. N型曲線

6. W型曲線

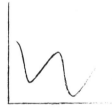

3-2　民意調查 ┃ 98地四、99地四、102地三、102地四、
　　　　　　　　 ┃ 106普、106地四、107普

(一) 民意調查之程序

民意調查係指以科學的方式探索民意。

1. 針對調查研究的對象，「**母體**」，加以定義。
2. 經由科學的抽樣程序，自母體中抽出具有<u>代表性</u>的樣本，據以進行訪問。
3. **測量工具**：問卷題目，經過反覆分析檢討其**信度與效度**而得。
4. **訪問的執行**：採用標準化的程序，招募與訓練訪員，並要求訪員按照**一致**的**執行方式**進行訪問。經由訪問蒐集到的資料，也必須經過適當的複查、編碼、輸入與檢誤程序方得以確保資料品質。

(二) 母體樣本

1. **母體（population）**：研究的對象全體，具有某些共同特質（characteristic）的元素（element）或個體所組成的群體。
2. **樣本（sample）**：研究者從母體中所抽取的<u>部分元素</u>所組成的集合，是母體的一部份。

(三) 調查方法

1. **普查（Census）**：對母體內**每一個元素**加以調查並記錄其特徵，通常適用於母體數量小且有限的情形。
2. **抽樣調查（sampling survey）**：隨機自母體中抽選出一部份具有**代表性**的個體作為樣本加以調查，據此組樣本進行統計分析，再將所得結果推論母體之特徵。
   (1) **隨機抽樣（機率抽樣）**：母體中每一樣本被抽中的<u>**機會均等**</u>。當前民意調查最普遍也是最抽樣方式。
   (2) **非隨機抽樣（機率抽樣）**：母體中每一樣本被抽中的<u>**機會不均等**</u>。

(四) 一般使用蒐集民意的方式，大致可分為：面訪、電話訪問、郵
寄問卷、網路民調等。

面訪

面訪是四種量化調查研究法中最昂貴但是資料內容較
為豐富的研究方法。

電話訪問

目前在民意調查中最為普遍的搜集資料方式。其優點
在於快速便捷、研究經費較為節省以及可以接觸到任
何有電話的受訪者。其缺點在於問卷題目不得太複雜
或太多、接觸不到僅有手機而無電話者、以及詐騙案
件層出不窮影響民眾接受訪問的意願。

郵寄問卷

郵寄問卷所需要的研究經費與研究人力精簡，由於不
需要訪員，因此不會出現因為訪員特質或者訪員舞弊
而產生的偏差情況。不過郵寄問卷的回收率通常較
低，且有些問題也許因為受訪者漏答而影響資料可信
度以及品質。

網路民調

透過受訪者在網路上直接填答或將問券寄到受訪者電
子郵件信箱等方式進行訪問。優點在於費用經濟回收
快捷且分析方便。缺點在於問卷是否由本人填寫不得
而知，進而影響資料的真實性。

(五) **選舉民調**【99地四、102地三、106普】

1. **出口民調**：係指當選民**剛離開投票所**後，所進行的民意調查。準確性較高。

2. **基點民調**：通常是在候選人決定參選後所進行的。通常訪問成功的樣本數較大，訪問的題目較多也常會包括一些開放性的問卷題目。

3. **模擬對決民調**：通常是將兩位可能的候選人配對廝殺，看選民在此模擬配對中，對潛在競爭對手的喜好程度，這種民調通常是運用在單一選區的選舉。當有多位候選人嘗試角逐該職位，或是政黨決定在幾位可能的候選人中提名一個最有希望的候選人時，所採用的民意調查。

4. **滾動樣本民調**：先於一定的時間，完成一份可供推論的有效樣本。例如研究者可以用四天為一個單位，每天訪問成功250份，則四天下來累計的樣本共1000份，並以此樣本推論母體。在第五天時，仍然訪問250份成功樣本，並將第一天的250份樣本排除，然後以第二天到第五天共1000份的樣本進行分析。

5. **審議式民調**：是結合焦點團體以及民意調查而成的新型民意調查。其進行方式是先以隨機抽樣的方式，訪問具有代表性的樣本，了解其對該項議題的看法，再邀請這些受訪者，先提供他們對所研究議題不同立場的資訊，讓民眾進行小組討論，再讓不同立場的專家對相關資訊與立場給予說明，然後再進行民意調查。

6. **壓迫式民調**：係指民調從業人員利用扭曲的資訊迫使受訪者回答支持或是反對特定候選人或是政策選項的答案。

3-3 政治傳播

97普、98地四、100地四、102地四、103普、104地四、105普、105地四、106普、107普、107地四、109高、110高、111高

(一) 政治傳播之定義

政治傳播是對於政治事務有目的之傳播。政治傳播又稱「政治溝通」，是指涉及政治系統內政治消息的傳播過程。

(二) 政治傳播（溝通）的要素

1. 傳播者（communicator）

任何採取行動影響政府政策者，即為政治傳播者。在民主政體中，例如政府、政黨和利益團體為主要政治傳播者。

2. 訊息 （message）

傳播者透過訊息的傳播，開始溝通。訊息的構成方式可以是文字、圖像、手勢、聲音等。在此過程中，傳播者嘗試將其心中的想法傳達至受訊者的心目中。

3. 媒介（medium）

傳播者必須運用某些媒介及透過某些方法傳達訊息，使他們所欲傳達的受訊者能知道這些訊息，媒介的形式包括個人，例如朋友、家人和政府官員之間的口頭對話，或電話、廣播、報紙和雜誌上的專欄和社論等傳播載具、或抗議遊行隊伍裡的訊號都是傳播訊息的媒介。

4. 接收者（receivers）

(1) 指接受傳播者訊息的人。又可分為第一手傳播或第二手傳播，前者為直接由傳播者處得到的消息，後者指傳播者傳播的消息經過多層傳遞後才接收到的消息。

(2) 不管如何取得訊息，受訊者的知識、感興趣的程度及認知圖像，是決定訊息影響力的重要因素。

5. **反應**

(1) **啟發**：接收者原先對議題並無太多想法，而傳播者啟發了受訊者對問題的看法。

(2) **轉變**：接收者因訊息被說服而改變原先的立場。

(3) **增強**：在接收到傳播者的訊息之後，接收者更確信原先的立場。

(4) **催化**：接收者以實際行動體現原有的立場。

(三) 政治傳播對民意的影響

1. **議題設定效果（agenda-setting effect）**：傳播媒體所選擇報導的新聞內容，會影響民眾對相關議題**重要性的排序**。

2. **預示效果（priming effect）**：係指電視新聞的報導內容，會影響視聽者據以判斷政府政策或是競選公職候選人的標準。

3. **框架效果（framing effect）**：是指媒體報導事件的歸因，會影響民眾的態度方向。

4. **樂隊花車效果（Bandwagon effect）**：民眾傾向支持在民意調查中較為**領先**的候選人。學者Lazarsfeld等人針對美國1940年總統選舉所進行的研究時，提出樂隊花車效果，他們發現受訪者支持的候選人（選民的個人偏好）以及他們認為會勝選的候選人（選民對選情的認知）之間有高度相關。

5. **沈默螺旋（spiral of effect）**：係指民眾對於身邊**政治氛圍**的認知會影響他表達其正傾向的意願。由於個人不希望被團體中多數成員所孤立。

6. **第三人效果（third-person effect）**：係指民眾認為媒體的內容對於自己或是與自己相似的影響效果，遠低於其他人（第三人）的效果。

(三) 兩階段傳播理論（two-step flow of mass communication）

1. **研究緣起**：1940年美國學者拉扎斯菲爾德（P.F.Lazasfeld）等人調查發現，訊息從大眾媒介到民眾，經過了兩個階段，首先從大眾傳播到**意見領袖**，再傳到社會大眾。

2. **理論內涵**：在選舉中，人際關係之間面對面的交流比受大眾傳媒的影響更為關鍵。

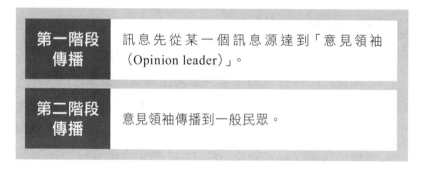

第一階段傳播	訊息先從某一個訊息源達到「意見領袖（Opinion leader）」。
第二階段傳播	意見領袖傳播到一般民眾。

(四) 寒蟬效應（Chilling Effect）

指人民**害怕**因為言論**遭到國家刑罰**，或是必須面對高額的代價，而**不敢發表**言論。寒蟬效應的發生，將導致公共事務乏人關心，被視為過度壓制言論或集會自由的不好後果，此情況在國家戒嚴時期特別顯現。

> 選擇題

( )　**1** 下列何者**不是**「**民意**」一詞所涵攝的概念？
(A)態度（attitudes）
(B)參與（participations）
(C)信念（beliefs）
(D)意見（opinions）。　　　　　　　　　　【101地四】

( )　**2** 根據民意研究，下列那一項應**不屬民意**之**特性**？
(A)民意是不可探知的
(B)民意並不完全理性
(C)民意可能是對某一問題資訊不足、了解不夠的人所形成
　 的意見
(D)民意有顯性與隱性之不同。　　　　　　　【107地四】

( )　**3** 主要意見集中於**左右兩極端**的民意分布形態，
稱之為：
(A)J型曲線　　　　　　　　(B)鐘型曲線
(C)U型曲線　　　　　　　　(D)Z型曲線。　　　【地四】

( )　**4** 在民意調查中，針對**剛投完票**、**離開投票所**的
選民所進行的民意調查方式稱為：
(A)基點民調　　　　　　　　(B)模擬對決民調
(C)出口民調　　　　　　　　(D)強迫式民調。　　【106普】

( )　**5** 媒體報導能夠影響人們心中對於那些政治議題是
　　　　當前最重要議題的認知，政治傳播理論上稱為：
　　　　(A)議題設定理論（Agenda setting theory）
　　　　(B)兩級傳播理論（Two-step flow of communication theory）
　　　　(C)知溝理論（Knowledge-gap theory）
　　　　(D)沉默螺旋理論（Spiral of silence theory）。　　　【110普】

( )　**6** 下列何者**不屬於大眾傳播媒體**對民意的影響
　　　　類型？
　　　　(A)議題設定效果　　　　(B)成就效果
　　　　(C)框架效果　　　　　　(D)樂隊花車效果。　【105地四】

( )　**7** 伴隨商業電視蓬勃發展出現的「**跨媒體所有
　　　　權**」（cross-media ownership）現象，對政治的
　　　　主要影響為：
　　　　(A)娛樂業更加發達
　　　　(B)少數人或單一觀點得以片面影響政策
　　　　(C)社會多元意見得以發聲
　　　　(D)受媒體寵愛的政治人物影響力變小。　【107地四】

( )　**8** 拉薩斯菲爾德（P. Lazarsfeld）與凱茲（Katz）
　　　　兩人提出「**兩階段傳播理論**」，第一階段是媒
　　　　體所發出來的訊息，**第二階段**是指由誰來傳達
　　　　媒體相關的訊息？
　　　　(A)意見領袖　　　　　　(B)家庭成員
　　　　(C)學者專家　　　　　　(D)工作同事。　　　【105普】

解答與解析

1 (B)

民意是指「一些政府要慎重注意的民眾意見」，這些民眾的意見包括民眾對候選人的意見、對政黨的看法、對政府表現的態度、對公眾事務好壞的判準以及對政府的期望。

2 (A)

民意之特性包括如下：

(1) 民意並不完全理性。

(2) 民意往往是對某一個問題資訊不足瞭解不夠的人形成的意見。

(3) 民意易變，也有顯性與隱性的不同。

(4) 民意具重要性，政治人物大多不敢公然表示不尊重民意。

(5) 實際政策上，不宜過於高估民意的作用與影響。

(6) 政府並不僅僅被動地接受民意，且能主動地影響民意，甚至改變民意。

3 (C)

民意分布形態類型包括如下：

(1) 穩定曲線（stable curve）：係指民意傾向非常明顯，對政府產生很大壓力。如倒向一邊的J型曲線。

(2) 鐘形曲線（bell-shaped curve）：單峰曲線、常態分布。民眾對此議題大多採取中庸，溫和的立場，很少人走極端。例如統獨立場，較多主張維持現狀。

(3) 極化分布（extreme division）：雙峰分布、U型曲線。民意大多聚集在議題立場的兩端而非中央。例如美國墮胎議題、台灣設置賭場議題。

(4) N型曲線（N-shaped curve）：民意分布表示，多數反對但非強烈，少數贊成但強烈，使得政府可能會聽取少數意見。

(5) W型曲線（W-shaped curve）：民意分布表示，贊成和反對的人數均等且立場強硬，此

種型態的社會對立嚴重，呈現政治極不穩定的狀態。

4 (C)

出口民調係指針對剛投完票、離開投票所的選民所進行的民意調查方式。

基點民調係指通常是在候選人決定參選後所進行的。通常訪問成功的樣本數較大，訪問的題目較多也常會包括一些開放性的問卷題目。

模擬對決民調係指通常是將兩位可能的候選人配對廝殺，看選民在此模擬配對中，對潛在競爭對手的喜好程度，這種民調通常是運用在單一選區的選舉。

壓迫式民調係指民調從業人員利用扭曲的資訊迫使受訪者回答支持或是反對特定候選人或是政策選項的答案。

5 (A)

議題設定理論是指媒體可以決定什麼樣的議題排入媒體播放議程，什麼樣的議題不排入，僅而影響閱聽眾對社會觀感的認知。因此，選項(A)為正解。

6 (B)

大眾傳播媒體對民意的影響類型如下：

(1) 議題設定效果（agenda-setting effect）：是傳播媒體所選擇報導的新聞內容，會影響民眾對相關議題重要性的排序。

(2) 預示效果（priming effect）：係指電視新聞的報導內容，會影響我們據以判斷政府、總統、政策或是競選公職候選人的標準。

(3) 框架效果（framing effect）：是指媒體報導事件的歸因，會影響民眾的態度方向。

(4) 樂隊花車效果（Bandwagon effect）：即台灣俗諺所說的「西瓜倚大邊」，就是民眾傾向支持在民意調查中較為領先的候選人。

(5) 沈默螺旋（spiral of effect）：
係指民眾對於身邊政治氛圍
的認知會影響他表達其正傾
向的意願。

(6) 第三人效果（third-person
effect）：係指民眾認為媒體
的內容對於自己或是與自己
相似的影響效果，遠低於其
他人（第三人）的效果。

7 (B)

「跨媒體所有權」（cross-media
ownership）係指媒體經營者朝
向擴藉媒體經營而將不同媒介
之經營所有權聚集一身之情形，
對於媒體輿論會產生輿論單一
化、觀點單一片面化之情形。

8 (A)

訊息從大眾媒介到民眾，經過
了兩個階段，首先從大眾傳播
到意見領袖，再傳到社會大
眾。此理論稱為兩級傳播論，
或稱兩階段傳播理論。

NOTE

04 政治文化與政治社會化

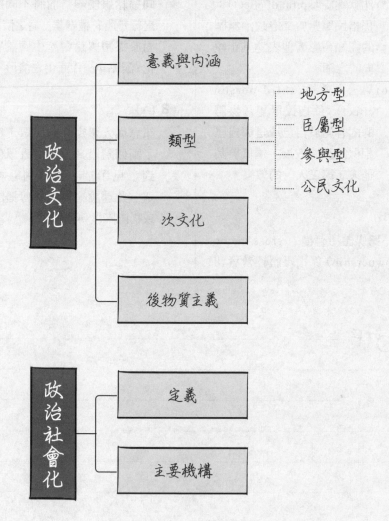

4-1　政治文化

(一) 政治文化之意義與內涵【98地四、99地三、99地四、100普、102高三、102普、102地四、104普、105普、105高三、105地四、106普、106地四、107普、107地四】

1. 奧蒙（Almond）對政治文化的定義為：「每一個政治體系鑲嵌於某種對政治行動取向的特定模式中。」政治文化的本質是具有一定的集體性。換言之，「政治文化是由一個政治體系的集體歷史與該體系成員生活史結合而成的產物。」

2. 佛巴（Verba）對政治文化的定義為：「由包括經驗性的信仰（empirical beliefs）、表達的符號（expressive symbols）以及價值觀（values）三者所交織而成的一個體系。」

(二) 政治文化之類型：奧蒙（Almond）與佛巴（Verba）在1963年出版的《公民文化》（The Civic Culture）一書利用調查研究方法，分析美英德意墨等五個國家民眾的政治態度以及對民主政治穩定程度的可能影響。他們依照認知、感情與評價三個面向，以及政治體系、政治輸入（政策的制定過程）、政治輸出（具體政策及執行結果）以及民眾的自我能力，將政治文化劃分為地方型（parochial）、臣屬型（subject）以及參與型（participant）政治文化。

1. 地方型（parochial）政治文化

地方型政治文化出現在非洲的部落社會，其社會**分工程度極低**，常常是部落領袖集政治－經濟－宗教大權於一身，並沒有專職的政治角色。該政治文化體系中的人民在政治取向上

與其宗教與社會行為取向並無差異，其對於政治體系、政治輸入、政治輸入以及自我政治能力並**沒有特別的期望。**

2. 臣屬型（subject）政治文化

臣屬型政治文化是人民對於政治體系以及政治輸出具**有一定的認知**，但在情感上是相當消極的。而在政治輸入以及自我參與的能力上，人民在認知、情感以及評價上都相當**被動或是疏離。**

3. 參與型（participant）政治文化

參與型政治文化是人民在政治體系、政治輸入、政治輸出以及自我能力上，皆**具備認知、情感與評價的能力。**

上述三種政治文化的類型只是分類上的理想型（ideal type），就現實情況而言，各個國家的政治文化多是混合式的。

4. 公民文化

即為一種**混合**參與地方型政治文化、臣屬型政治文化以及參與型政治文化而形成的行為取向。奧蒙（Almond）認為公民文化係提供民主政治最佳支持的文化。該政治體系內部的部分人民通曉政治事務、主動積極涉入，並起理性而非感性作出政治決定。不過，也有許多人民僅願意扮演較為被動的角色。人民一方面也對他人信任、願意與他人合作、積極參與社區事務或是加入志工的行列。而最重要的，是人民對政治典章制度具有高度共識，能夠容忍不同意見，社會上更有高度的互信與合作精神。

(二) 多元文化主義（multiculturalism）與次文化【97普、104高三】

1. 多元文化主義指涉的是文化上的多樣性，其源自於社會中有兩個以上團體存在，這些團體的信仰與實踐產生出獨特的集體認同感。例如原住民文化等。

   多元文化主義源自於種族、族群、語言等差異的社群多樣性，基於對不同文化團體權力的尊重，承認其信仰、價值與生活方式皆有其重要性。

2. 次文化（Subculture）是指從母文化（主流文化）中衍生出來的新興文化，也就是小眾文化。

   次文化的差異常出現在不同種族之間。例如美國白人與黑人在政治態度上明顯不同，黑人普遍支持民主黨，且認為政府應扮演較積極的角色。

(三) 後物質主義【101普、104地四、105地四、106地四、107普、107地四】

1. **研究緣起**：學者**英格哈特（R. Inglehart）**針對西方工業化國家過去數十年的長期觀察，其認為隨著資本主義經濟的快速發達，在物質更為富裕下，民眾的需求層次以及價值觀，也隨著過去重視自身安全、滿足生理需求與經濟繁華的物質主義（materialism），<u>轉變</u>為<u>重視尊嚴與自我表達的後物質主義</u>。

2. **研究內涵**：英格哈特（R. Inglehart）認為一個社會價值的轉變，主要是基於兩個假設。

稀有性假設 **scarcity hypothesis**	意指個人需求的優先順序，反映其所處的社會中該事務的稀有與否。換言之，該社會環境愈稀有的事物，則民眾需求愈為殷切。

社會化假設 socialization hypothesis	係指一個人價值是在其成年前後形成的。

將兩個假設予以結合，則價值體系的變遷，肇因於整個社會環境的改變，而新世代民眾如果成長時期所處的社會與經濟大環境與上一代不同，則相較於上一代民眾，不同世代民眾的需求將出現顯著差異。因此，環境變化以及世代交替，新的價值有可能取代舊的價值，成為一個社會或是政治體系的主流價值。

3. **後物質主義者關心焦點在於生活品質、道德、政治正義與個人實踐的關心，議題包括女性主義、世界和平、種族和諧、生態與動物權的關懷、環境保護正義等。**

4-2　政治社會化

97地四、98普、99普、100地三、102普、104地四、105普、105地四、109普

(一) 政治社會化之定義

政治社會化（political socialization）是一個**發展過程**，所獲取的是包括態度與信念（beliefs）的政治定向以及行為模式。

(二) 政治社會化的主要機構（途徑）

1. 家庭。
2. 學校。
3. 同儕團體。
4. 工作場所。
5. 大眾傳播媒體。
6. 選舉。
7. 重大事件。

(三) 個人政治學習效果四模型

模型種類	理論內涵
終身持續模型 lifelong persistence model	1. 個人一但學習、獲取特定政治態度之後，該態度會**終生持續**不變，並影響其對其他政治事務的看法。 2. 政治社會化效果相當持久，並限制個體日後改變的機會。
終身開放模型 lifelong openness model	1. 個人並沒有所謂「固定的」政治定向，各種政治態度可能會**隨著**新資訊的吸收而及時**調整**。 2. 一個人的政治定向是一輩子都可能改變。
生命週期模型 life-cycle model	隨著年齡增長，面對**生命不同階段**時，例如成家、立業、為人父母等，而調整其政治態度。
世代模型 generational model	1. 出生在同一個世代的選民，受到相同**歷史、政治與社會變遷**所影響，在政治定向上與其他世代出現顯著不同。 2. 例如二二八事件、美麗島事件、1990年代野百合學運產生的「學運世代」等。

選擇題

( )　**1**　某選民**非常不認同**現任執政者的表現，因此參加示威抗議的活動。下列那一項因素，可以解釋他的政治參與行為？
(A)政治效能感　　　　(B)政治信任感
(C)政治不滿感　　　　(D)相對剝奪感。　　　　【110普】

( )　**2**　下列政治學概念，何者涉及學習政治過程的目的？
(A)政治衰退　　　　(B)政治社會化
(C)政治認同　　　　(D)政治發展。　　　　【110普】

( )　**3**　下列那一項不是民意的特徵？
(A)具有組織性　　　　(B)具有方向性
(C)具有強弱度之別　　(D)具有開放性。　　　　【110普】

( )　**4**　政治體系中的一組**基本價值**、情感、認知，它賦予對政治運作的形式與實質，此謂之：
(A)政治社會化　　　　(B)政治文化
(C)政治效能　　　　(D)政治變遷。　　　　【地四】

( )　**5**　阿爾蒙（Almond）與佛巴（Verba）所提出的**公民文化**是一種：
(A)臣屬型政治文化　　(B)參與型政治文化
(C)混合型政治文化　　(D)積極型政治文化。　　【地四】

( )　**6** 一個國家**新移民**的政治價值觀，**不同於**原有的
　　　主流體系，就有可能出現一種政治上的：
　　　(A)大眾文化　　　　　　　(B)次文化
　　　(C)優勢文化　　　　　　　(D)菁英文化。　　　　　【普】

( )　**7** 根據**英格哈特（R. Inglehart）**的研究，西方社
　　　會已進入**後物質主義（post-materialism）**社
　　　會，下列何者**不是**後物質主義關心的議題？
　　　(A)女權　　　　　　　　　(B)經濟發展
　　　(C)環境保護　　　　　　　(D)種族和諧。　　　　【104地四】

( )　**8** 下列有關**政治社會化**的敘述何者**錯誤**？
　　　(A)政治社會化的成功，相當程度影響政治體系的
　　　　　生存與穩定
　　　(B)一般而言，家庭是政治社會化最具影響力的
　　　　　社會機制
　　　(C)同儕團體對青春期的政治社會化有高度影響力
　　　(D)宗教較少在政治社會化中發揮影響。　　　【106地四】

解答與解析

1 (C)

政治效能感是指人民認為自己能夠影響政府政策的能力。相對剝奪感是一種比較的心態,人民得不到自己認為應該得到的東西,就產生了相對的剝奪感,有時候並不是實際上的匱乏。

2 (B)

本題關鍵字在「過程」,而是社會化即強調過程。因此選項(B)為正解。

3 (D)

開放性並非民意的特徵。因此,選項(D)為正解。

4 (B)

依據學者奧蒙的定義,政治文化是由一個政治體系的集體歷史與該體系成員生活史結合而成的產物。

5 (C)

公民文化即為一種混合參與型政治文化、臣屬型政治文化以及參與型政治文化而形成的行為取向。

6 (B)

次文化(Subculture)是指從母文化(主流文化)中衍生出來的新興文化,也就是小眾文化。例如一個國家新移民的政治價值觀,不同於原有的主流體系,就有可能出現次文化。

7 (B)

後物質主義者關心焦點在於生活品質、道德、政治正義與個人實踐的關心,議題包括女性主義、世界和平、種族和諧、生態與動物權的關懷、環境保護正義等。

8 (D)

政治社會化(political socialization)是一個發展過程,所獲取的是包括態度與信念(beliefs)的政治定向以及行為模式。政治社會化的主要機構包括如下:
(1) 家庭。　　　　(2) 學校。
(3) 同儕團體。　　(4) 工作場所。
(5) 大眾傳播媒體。(6) 選舉。
(7) 重大事件。
宗教是重要社會機構,有可能影響一個人的生命重大事件。

05 利益團體

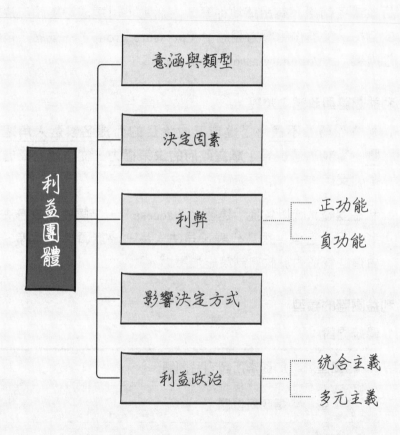

- 意涵與類型
- 決定因素
- 利弊
  - 正功能
  - 負功能
- 影響決定方式
- 利益政治
  - 統合主義
  - 多元主義

利益團體

5-1 利益團體之意涵

(一) 利益團體之定義

利益團體（interest group）係指一群人的組成，抱持共同的政治目標或者信念，有組織地從事政治活動，以達成影響政府決策的目標。又稱作「壓力團體」（pressure group），或者「自願性組織」（voluntary association）。

(二) 利益團體與政黨之差異

1. 利益團體並**不會**為了達成其政治目的而**提名候選人角逐公職**，嘗試贏得選舉，**掌握政府的決策權力**，從事政府高層人事的安排。

2. 利益團體試圖以各種「途徑」（access），接觸說服政府決策者、行政官僚、民意代表、司法人員、政黨領導菁英等，藉由這些管道對於政府制策施加壓力。

(三) 利益團體的類型

1. 傳統界說：

組織型	即通常所謂利益團體。
機構型	指政府機關。
非組織型	指非正規的人群集合，如派系等。
不軌型	如遊行隊伍、暴動時的自發性暴民群，其存在目的也是藉政治壓力以爭取利益。

2. 學者海伍德將利益團體分為三類：

1	**社群型**團體 communal groups	成員結構係基於身分的特質，並非篩選的程序，被框在社會脈絡中。此類的團體包含家庭、部落、世襲的社會階級和族群團體。
2	**制度型**團體 institutional groups	是政府機制的一部分。試圖在政府內發揮其影響力。例如官僚體系與軍隊。
3	**社團型**團體 associational groups	是由一群追求共同且特定目標的人所組成的團體。即所謂一般稱之為的利益團體。

3. 我國學者吳定將利益團體分為二類：

1	**公益型** 利益團體	以促進公共利益為目的、無特定服務對象。如：環境保護團體。
2	**私益型** 利益團體	以促進私人利益為目的、有特定服務對象。如：商業同業公會。

(四) 利益團體影響力決定因素

1. 團員人數。　　　　　　2. 會員的社會地位。

3. 會員的團結性。　　　　4. 領導才能與技巧。

5. 遊說與其他活動的技術。

6. 團體的基本哲學與立場符合社會的主流思想。

7. 組織得以運用的經費。　8. 組織成員的分布程度。

5-2 利益團體之利弊 　　　　　　　│108普

(一) 正功能

1. 資訊與民意的提供。

2. 彌補區域代議的不足。

(二) 負功能

1. 資訊提供偏差。

2. 利益團體違背大多數人民的利益。

3. 使決策過程過分分割。

4. 利益團體內部組織官僚化（寡頭鐵律）。

5. 綁架政府組織形成鐵三角：美國學者羅威（Theodore Lowi）在其著作《自由主義的末日》（The end of Liberalism）指出利益團體的政治使真正的自由主義的政治程序無以為繼，少數團體強大的利益團體透過資源輸送，與決策者關係之密切，達成影響政府決策的目的，行同綁架政府。換言之利益團體（interest group）、行政部門（bureaucracy）以及國會委員會（congressional committee）三者所構成的鐵三角關係危害美國民主政治運作。

政治小學堂

鐵三角

1. 「鐵三角」除了用來指美國政治生態的「軍工複合體」（國會＋行政官僚＋利益團體），也被用來形容日本政商掛勾的現象。

2. 日本的「鐵三角」，又稱為政‧官‧財の鉄の三角形，是政黨+行政官僚+利益團體所組成，這點與美國的鐵三角不同。考試考鐵三角如果沒有特別註明的話，通常指的是美國的鐵三角，請考生特別留意。

(三) 奧森《集體行動的邏輯》（The Logic of Collective Action）

【109高三】

1. 美國經濟學家奧森（Mancur Olson）1971年著作《集體行動的邏輯》（The Logic of Collective Action）一書，引用經濟學中公共財概念，認為理性自利的個人在搭便車（free rider）的心理下，不可能產生集體行動。此為**對多元主義所設想的團體競爭本質提出質疑**。

2. 理性個人在實現集體目標時往往有**搭便車（free-riding）**的傾向：集體行動所追求的公共財具有不可分割的特性，理性自利的個人會發現即便自己不對集體貢獻也能享受集體產生的利益。

3. 集體行動的困境：個人行為和集體行動間之矛盾，即因個人理性與自利，導致集體不理性。

4. 除非在團體成員不多，或能借助某種強制性措施，或提供其他特別誘因，以使成員願為共同利益努力，否則理性且自利的個人，將不可能為他們的共同或團體利益貢獻。

利益團體影響決定之方式

5-3

97普、99地四、100地四、101普、102地四、104地四、105高三、106普、106地四、107普

(一) 遊說

遊說係指利益團體的代表人員與政府重要決策人士進行接觸,藉由這些管道對於有關部門表達其意見與訴求,以便影響政府的作為。遊說的接觸途徑可能是非正式的型態,透過電話、電子郵件、傳真、書信等方式,甚至在餐敘中表明所屬團體的立場。

政治小學堂

我國遊說法簡介

1. 立法目的:遊說乃多元化的民主國家政治體制運作的正常現象,遊說法之制定,係為使合法的遊說在公開、透明的程序下進行,引導遊說行為發揮正面功能,並防止不當利益輸送,杜絕黑金政治與不法關說。

2. 遊說:指遊說者意圖影響被遊說者或其所屬機關對於法令、政策或議案之形成、制定、通過、變更或廢止,而以口頭或書面方式,直接向被遊說者或其指定之人表達意見之行為。【遊說法第2條第1項】

3. 遊說者指:【遊說法第2條第2項】
   (1) 進行遊說之自然人、法人、經許可設立或備案之人民團體或基於特定目的組成並設有代表人之團體。
   (2) 受委託進行遊說之自然人或營利法人。

4. 被遊說者指:【遊說法第2條第3項】
   (1) 總統、副總統。
   (2) 各級民意代表。
   (3) 直轄市政府、縣(市)政府及鄉(鎮、市)公所正、副首長。
   (4) 政務人員退職撫卹條例第二條第一項所定之人員。

A. 依憲法規定由總統任命之人員及特任、特派之人員。

B. 依憲法規定由總統提名，經立法院同意任命之人員。

C. 依憲法規定由行政院院長提請總統任命之人員。

D. 其他依法律規定之中央或地方政府比照簡任第12職等以上職務之人員。

5. 遊說法主管機關為內政部。【遊說法第3條】

6. 遊說之消極限制：

(1) 遊說者之限制：進行遊說之自然人、法人、經許可設立或備案之人民團體或基於特定目的組成並設有代表人之團體，與欲遊說之政策、議案或法令之形成、制定、通過、變更或廢止無關者，不得遊說。【遊說法第4條第1項】

(2) 受託遊說者之限制：受委託進行遊說者，以經專門職業及技術人員高等考試及格領有證書目前執業中之自然人或章程中載有遊說業務之營利法人，並向主管機關備案者為限。【遊說法第4條第2項】

(3) 被遊說者之旋轉門：第二條第三項所定人員，除各級民意代表外，於離職後三年內，不得為其本人或代表其所屬法人、團體向其離職前五年內曾服務機關進行遊說，亦不得委託其他遊說者為之。【遊說法第10條】

(4) 遊說代表人之指定與人數限制：遊說者為法人或團體時，應指派代表為之，其代表人數不得逾十人。【遊說法第6條】

7. 不適用遊說法之行為：

(1) 公務員依法執行職務之行為。

(2) 外國政府或政府間國際組織派駐或派遣之人員所為職務上之行為。

(3) 人民或團體依其他法規規定之程序及方式所為之申請、請願、陳情、陳述意見等表達意見之行為。【遊說法第5條】

8. 遊說法禁止事項：不得以不正當手段為之。【遊說法第9條】

9. 被遊說者所屬機關舉辦公聽會之通知義務：被遊說者所屬機關於遊說者登記遊說期間內，舉辦與遊說內容有關之公聽會時，應通知遊說者出席。【遊說法第20條】

(二) 影響公眾輿論

透過大眾媒體推出宣傳廣告，建立正面的形象，影響民眾觀感。

(三) 動員組織成員

動員所屬組織成員，或者發動遊行造勢活動，以表達組織的立場。

(四) 政治捐獻

運用政治捐獻介入選舉，影響候選人的勝敗。

政治小學堂

美國政治行動委員會（Political Action Committees, PACs）

是美國的一種競選組織，主要功能是企業團體對候選人**提供政治獻金**的管道。政治行動委員會從捐獻者所得到的經費用於支持或反對特定的候選人、投票活動和立法活動。

(五) 司法訴訟

對某些弱勢的利益團體而言，提出司法訴訟往往是一項有利的活動策略。尤其當這些利益團體嘗試對政府部門以及社會輿論加以影響，但始終無法有顯著進展之際，訴諸司法訴訟就成為關鍵的手段。

(六) 公民不服從（Civil Disobedience）

為非暴力方式之代表作法。「公民不服從」亦稱消極抵抗、對公民政府的抵抗、論公民抗命、公民不服從論，是美國作家（Henry David Thoreau）梭羅所提出。

主張為了更高的宗教、道德或政治原則，合理化違反法律的行徑，為「堅持某事是必要的」而違法，而不是因為可以避開懲罰而違法。在基本上仍尊重法治的情形下，公開違法，採取和平非暴力的手段為之，民主更根深蒂固。

(七) 社會運動

1. **社會運動（social movement）**：係一種特別的集體行為形式，其行為動機源自於成員的態度和渴望，通常在鬆散的組織架構下行動。社會運動要求具有某種程度的信仰和政治行動主義，而不是正式會員制的團體成員。早期十九世紀初期，社會運動是為了改善工人生活與工作條件而興起勞工運動，至於民族運動通常是為了向跨國性的歐洲帝國爭取獨立。

2. **新社會運動（new social movement）**：

   (1) **發起人**：自1960年代以來風起雲湧的新社會運動，諸如婦女運動、環境保護運動或綠色運動以及和平運動興起，不同於傳統的社會運動是由受壓迫者或弱勢者所發起，新社會運動則吸引年輕人、涉教育程度較高者以及較為富裕者的注目。

   (2) **議題**：新社會運動一般具有後物質的（postmaterial）傾向、較關心生活品質（quality of life）的議題，而較不關心社會進步（social advancement）的議題。

   (3) 新社會運動傾向於具有著重分權和參與決策的完善組織架構，以及發展出新型態的政治行動主義，走向更具創造性和戲劇性型態的抗議政治模式。

5-4 利益政治的兩種型態

在歐美先進國家，利益政治以兩種不同形式表現，一種是歐洲大陸國家的統合主義（corporatism），另一種是英美等國的多元主義（pluralism）。

(一) 統合主義（corporatism）

1. **內涵**：統合主義的基礎是職業代議，亦即代表行業的利益團體由國家公權力賦予特權地位，得在國家政策形成過程中，直接參與商議，並且以非正規的方式與相對團體獲致妥協，以爭取成員利益。

2. **利益團體組織結構**：利益團體係屬中央集權組織，層級分明，與單一制國家的行政組織無異，必須承諾其成員必然遵守達成協議或政策。組織性利益被授予特權及接近政策決策的制度化管道。

3. **團體成員來源**：強制加入，國家法律規定每一行業的從業人員必須參加其所屬利益團體，如勞工必須參加工會，不得自由選擇。

4. **影響決策的方式**：三邊協商（tripartism），亦即結合政府代表、企業雇主以及工會代表的組織結構，作為制度化團體間的協商平台。

5. **代表國家**：奧地利、瑞典。

(二) 多元主義

1. **內涵**：權力是割裂（fragmented）的且廣為分散的，政策的制定匯集了各個團體所提出的不同意見和利益，決定的過程是討價還價（bargaining）型式的一種繁複互動過程。

2. **利益團體組織結構**：利益團體原則上是自主的，並無類似官僚組織的嚴格層級。

3. **團體成員來源**：自主加入，國家並無規定人民必須參加任何組織與團體。

4. **影響決策的方式**：利益團體盡量依合法的活動影響政府決策，但不能直接參與政策的制訂，或直接干預政府施政方向。

5. **代表國家**：美國、英國。

申論題精選

何謂社會運動（social movement）？二十世紀1960
年所出現的新型社會運動（new social movement）
與十九世紀初期由勞工運動所啟始的社會運動有何
重要差異？請分別說明之。　　　　　　【105高三】

▶賴老師答題架構

(一) 社會運動之內涵。

(二) 新型社會運動與舊型社會運動之差異。

選擇題

( ) **1** 利益團體會採取不同的策略來影響政府，下列何者錯誤？

(A)遊說立法部門　　　　(B)訴諸大眾輿論支持

(C)採用司法途徑　　　　(D)推出候選人參選。　　　【110普】

( ) **2** 關於**利益團體**的敘述下列何者是**錯誤**的？

(A)利益團體有利於促進民主社會的多元聲音

(B)官僚機構也可以被視為利益團體之一

(C)利益團體確保社會上每個人的聲音都能公平發出

(D)利益團體有時又被稱為壓力團體。　　　　　　　【普】

( ) **3** 根據學者**奧爾森（M. Olson）**的研究，下列有關利益團體的敘述，何者**錯誤**？

(A)利益團體有時會損及社會整體利益

(B)民眾因搭便車的心態，而不願意加入利益團體

(C)利益團體能保障多數人的權益

(D)利益團體太活躍會使得政策陷入僵局。　　　【101地四】

( ) **4** 董氏基金會等**禁煙團體**屬於那一類型的利益團體？

(A)非組織型利益團體　　(B)制度型利益團體

(C)公益性利益團體　　　(D)私利性利益團體。　　　【地四】

( ) **5** 日本政策制訂過程中的**鐵三角不包括**下列何者？

(A)國會議員　　　　　　(B)文官體系

(C)利益團體　　　　　　(D)傳播媒體。　　　　　【106普】

( )   **6** 在民主國家中,利益團體可以採取很多行動,
以取得**對政治決策的影響力**,下列何者**不是**他
們較常使用的方法?
(A)競選   (B)遊說
(C)政治捐獻   (D)司法訴訟。   【地四】

( )   **7** 利益團體(interest group)都試圖影響公共事務
的價值分配,下列何者**不是**它們為了達成目標
所運用的策略?
(A)提供政治獻金   (B)提名候選人
(C)提供資訊給政府   (D)合作。   【102地四】

( )   **8** 下列那一項**不是**民主國家內,一般利益團體常
見的行動方式?
(A)發動司法訴訟
(B)提供政治捐款
(C)提名候選人競選公職
(D)從事個人或集體的非暴力行動。   【106地四】

( )   **9** 代議民主制下**公民不服從**所以合理且正當的原
因,**不包含**下列何者?
(A)當公民不服從精神被普遍接受,民主更根深蒂固
(B)法律精神違背良心道義
(C)基本上仍尊重法治
(D)憲政制度完全無法發揮功能。   【107普】

( ) **10** 主張抗拒不公道法律，並且著有**「論公民不服從」**一書的思想家是：
(A)杜威（John Dewey）
(B)梭羅（Henry David Thoreau）
(C)傅柯（Michel Foucault）
(D)沙特（Jean-Paul Sartre）。　　　　　　　　【地四】

( ) **11** **「公民不服從」**的內涵**不包括**以下那一項特性？
(A)不違法
(B)非暴力
(C)有比法律更高的道德訴求
(D)是公開的行動。　　　　　　　　　　　　【普】

( ) **12** 歷史上最早為「公民不服從」提出**深刻辯護者**為：
(A)希臘哲學家蘇格拉底（Socrates）
(B)美國作家梭羅（Henry Thoreau）
(C)印度聖雄甘地（Mahatma Gandhi）
(D)美國民權領袖金恩（Martin Luther King, Jr.）。　【104地四】

( ) **13** 下列因素中，何者**不是**決定利益團體**影響力的關鍵因素**？
(A)組織成員的社會地位
(B)組織的歷史淵源
(C)組織領導的統御才能和技巧
(D)組織的團結程度。　　　　　　　　　　　【105普】

( )　**14** 多元主義和統合主義是研究利益團體常見的基礎
　　　理論，關於此二種理論的比較，下列何者**錯誤**？
　　　(A)多元主義視利益團體為民主的根基
　　　(B)統合主義重視國家的角色，視國家為調節利
　　　　益團體的行為者
　　　(C)多元主義把政府獨立出來，認為利益團體相
　　　　互競爭後，形成決策交付政府執行
　　　(D)統合主義同時適用於民主與非民主國家。　【107地四】

( )　**15** 下列何者**不是「統合主義」**（corporatism）的
　　　特徵？
　　　(A)授予特定層峰團體某些特權或準立法權（quasi-
　　　　legislative powers）
　　　(B)政府、企業、工會的三邊協商關係
　　　(C)以瑞典、荷蘭等國家為代表
　　　(D)各利益團體的政治權力是分散且割裂的。　【105地四】

( )　**16** 下列那一種理論，強調政府、雇主與工會之間
　　　直接**溝通與協調**的**「三邊政府」**（tripartite
　　　government）理念？
　　　(A)多元主義　　　　　　(B)菁英主義
　　　(C)馬克思主義　　　　　(D)新統合主義。　【106地四】

( )　**17** 在美國，那一種組織的主要工作，是向工會個人
　　　或公司的所屬員工**募**集自願性的小額捐**款**，再
　　　將此捐款轉贈給它們所**支持的政黨或候選人**？
　　　(A)政治行動委員會　　　(B)地方聯合委員會
　　　(C)府際關係委員會　　　(D)利益團體。　　【102地四】

解答與解析

1 (D)

推出候選人參選是政黨的功能。因此，選項(D)為正解。

2 (C)

利益團體並不是確保「每個人」聲音都能被聽到，而是確保「多元族群」有發聲的管道，也就是說利益團體畢竟還是以「團體」這樣一個群體性的組織為單位，而不是以個人為單位。

3 (C)

奧森提出集體行動邏輯的困境，是對「利益團體能保障多數人利益」這樣的論點發出質疑，他認為集體組織如不採取強制措施終究會因個人搭便車的行為而崩潰。

4 (C)

禁菸團體的目的在於公共利益，因此屬於公益性利益團體。

5 (D)

所謂鐵三角為利益團體、官僚體系、國會議員組成的公共利益壟斷體制。

6 (A)

競選是為了取得政治領導權，這是政黨成立的目的，而不是利益團體成立的目的。利益團體成立的目的是影響政府施政。

7 (B)

競選、提名候選人是為了取得政治領導權，這是政黨成立的目的，而不是利益團體成立的目的。利益團體成立的目的是影響政府施政。

8 (C)

參見前兩題解析，從連續三題考古題可以從行政策略的採取方式看出政黨與利益團體的差異，這是頻出考點，請務必留意。

9 (D)

公民不服從並不是要推翻政權以及現存憲政體制，而是在遵從現有憲政體制下所做的合法抵制。

10 (B)

有關公民不服從的知名人物，請想到梭羅、甘地、金恩博

士，前者為論述者，後者兩者
為實踐者。

11 (A)

公民不服從的內涵就是非法
的、非暴力行為，從「不服
從」可得知其違法的性質。

12 (B)

有關公民不服從的知名人物，
請想到梭羅、甘地、金恩博
士，前者為論述者，後者兩者
為實踐者。

13 (B)

一個組織的影響力關鍵是講求
一些實質的力量，才能在社會
上發揮作用，因此關鍵因素不
外乎：錢、權、人數、技術、
團結力等，必須瞭解到在民主
政治國家，拉攏人數等於拉攏
票數，親近高社經地位者等於
獲得競選金援。

14 (C)

多元主義講求競爭，但最後決
定權還是落在政府手上，這點
與統合主義直接由層峰團體、
政府協商溝通決定有所不同。

15 (D)

利益團體政治權力分散割裂是
多元主義的特徵，統合主義講
求層峰團體與政府協商決定政
策，因此層峰團體必須有足夠
的代表性與力量支持才能替組
織成員發言。

16 (D)

本題關鍵字在三邊、溝通協
調，是統合主義的特徵。

17 (A)

美國政治行動委員會由特殊利
益團體所組成、旨在為其相信
將增進自身利益的政黨候選人
的競選運動募集和捐贈資金的
組織。

112年 高考三級

一、 將政治定義為「權力」（power）是最多數人採用的
　　方式。拉斯威爾（H. Lasswell）及陸克斯（S. Lukes）
　　對權力的研究被認為是其中的經典。請敘述這兩位學
　　者對權力的看法，並加以評述。

 老師答題

(一) 何謂權力

廣義來說，權力是指達成某些預期結果的能力，也就是要
求特定或不特定對象去做或不做某些事的力量。在政治的
領域中，權力被視為是一種關係，等於影響他人以非自己
選擇的方式行事的能力。從狹義來說，權力就是指賞罰的
能力，因此權力具有強制力或支配力的意涵。

(二) 學者看法與評述

1. 拉斯威爾：將權力視為政治研究的重心，權力也是政治現
　象的核心。在其著作中《政治：誰得到什麼？何時得到？
　如何得到？》以權力途徑來定義政治現象與活動。從他
　的觀點來看，政治是一種廣泛的支配現象也是政治學的
　核心概念，同時呈現出決策、非決策與文化三個面向。

2. 陸克斯

提出三種面向（Faces）的觀點，分別是：

(1) 決策面，能掌握最終決策過程與結果就是有權力。

(2) 非決策面，即非正式決策過程中的其他關係，可以阻止決策的因素。可以是人際關係、資訊落差等。

(3) 文化面，他稱之為基進觀點。可以透過意識形態的操弄讓精英階層可以消除非精英階層不認為受到壓迫甚至樂於接受當前的模式。

【參考書目】

陳義彥、游清鑫主編（2020）。《政治學》。台北：五南。（見第21章）

海伍德（2018）。《政治學與國際關係的關鍵概念》。台北：五南。（見第二部分）

二、 在政治傳播理論中，有兩個相當知名的理論，分別是「兩階段流程」（two-step flow of communication）傳播理論與「沉默螺旋理論」（spiral of silence），請敘述這兩個理論，並加以評述。

老師答題

(一) 兩階段流程理論

1. 或稱兩級傳播理論，大眾傳播媒體的訊息先影響意見領

袖，再由意見領袖以面對面的人際傳播方式，將資訊傳遞給較不關心政治的人。

2. 個人評述：在社群媒體興起的現代，各種資訊已經不加修飾或傳遞，直接大量湧現到閱聽人眼前，因此越來越多的一階段流程傳播成為常態；另一個存在的社群媒體的事實是各式各樣KOL的出現，也承擔起了社群媒體的新意見領袖，並較之傳統的意見領袖在大範圍的有影響力，在細分領域內，不同KOL又具有超乎想像的影響力；更進一步看，不同議題透過不同社群媒介與型態（如短影音）的不斷傳播與「被創作」，更為複雜的多級傳播也成為常態。

(二) 沉默螺旋理論

1. 大幅度強調傳播媒介的主導力量，因為強勢的意見經由媒體不斷的放大，促使與強勢意見相同立場的聲音會積極表達，反之少數的聲音則自動選擇沉默，如此就不斷創建所謂的多數意見，儘管這樣的多數意見不一定是真正的多數民意。

2. 個人評述：個人害怕被孤立的心理因素大過於表達真實意見的堅持，這樣的論點是否過於簡化心理因素？也忽略了意見表達過程當中的其他可能因素，如害怕衝突、評估實際利益等；網路的匿名性與自媒體的出現，一方面可能加速螺旋的速度（聲量大者恆大），但也能打破了「沉默」的必要性，亦即人人都可在自己的小天地中發聲而無需在意其他人的意見，因此多變的螺旋才是當前傳播生態的樣貌。

【參考書目】

陳義彥、游清鑫主編（2020）。《政治學》。台北：五南。
（見第15章）

三、 政治文化偏向負面，可能造成低度的政治效能感
（political efficacy）、低度的政治信任感（political
trust），以及近來受到重視的公民不服從（civil
disobedience）。請問何謂政治效能感、政治信任感
以及公民不服從？請說明之。

 老師答題

艾爾蒙（G.A.Almond）與佛巴（Sidney Verba）合著的公民文
化（Civic Culture）一書，調查比較英、美、德、義、墨等五
國之政治文化，提出三種政治文化的類型，即原始政治文化，
或稱為狹隘的政治文化（parochial political culture）；臣屬政
治文化（subject political culture）；參與者政治文化（partici-
pant political culture）。其中就以政治效能感與政治信任感與
公民不服從三者的分析來貫穿其分析。

(一) 政治效能感

個人是否有自信採取行動以影響政府政策並認為自己能感
受到政府回應。政治效能感的高低足以影響政治參與的積
極度，進而形塑出不同的政治文化。

(二) 政治信任感

個人對於政治體制、人物與各種政治制度的信任程度。此一感受將影響人民對政府的信心、認同甚至正當性高低。

(三) 公民不服從

泛指人民基於特定道德價值堅持違反既有法律與規範，通常在尊重或最低限度破壞現行法治下，採取非暴力行動對外公開表達主張，仍會遭受相關的刑罰。印度聖雄甘地的不合作運動、美國金恩博士的黑人民權運動等都是非常著名的例子，他們的主張在當時已違反相關規範，但因為堅持理性溫和的反對方式，反引起世人注目，當權者被迫回應相關訴求，終能達到更為合理的新規範。

梭羅（Henry David Thoreau），美國作家，於1849年發表「論公民的不服從」一文，提出當個人在面對不公時，不一定要訴諸暴力積極做法，可採取不支持或消極抵制的方式。這篇短文對此後從事公民不服從的人士，產生了廣泛的影響。

【參考書目】

陳義彥、游清鑫主編（2020）。《政治學》。台北：五南。（見第14、17章）

四、 政治參與包含公民、行動、政府、目的四個元素，請詳述這四個元素的涵義。

老師答題

學者Verba與Nia指出：「一般公民或多或少直接地以影響政府的人事甄選或政府所採活動為其目標，從而採取的各種行動。」針對此一界定，政治參與至少包含了四個元素：公民、行動、政府與目的，同時可以用來理解為何公民社會需要政治參與。

(一) 公民就是政治參與的主體，也就是公民社會的參與主角，所以一個成熟的公民社會，對於此種身分的保障就顯得相當基本卻又重要。早期尚有針對財產、身分與性別等限制，現今之國家一般除法定年齡與心智方面的規範外，已無任何限制。

(二) 行動無論是主動或被動，都會對政府決策產生一定影響。公民社會的政治參與方式多元，也是公民實質參與政治與影響政策的方式。

(三) 政府包含中央與地方等各級公部門。公民經由各種方式，主要是以選舉為主，來決定主導政府的個人與其政見。

(四) 目的通常都是為了影響政治體系進行的價值權威性分配，無論這樣的目的僅是理念宣揚、具體政策、公民個人或政治菁英所帶動，都是在政府的權威之外，有強制其實現或不實現的可能。

【參考書目】

陳義彥、游清鑫主編（2020）。《政治學》。台北：五南。（見第17章）

呂亞力（2009）。《政治學》。台北：三民。（見第19章）

一、 源自十八世紀末期的保守主義（conservatism），主要是對法國大革命的反思。請敘述保守主義主要觀點，並加以評論。

👩‍🦰▶ 老師答題

英國政治理論家柏克（Edmund Burke,1729-1797）被認為是英美的保守主義之父，從早期擔任英國輝格黨之下議院議員，強烈支持美國獨立與批判英國王室的立場而聞名。直至出版《法國大革命的反省》一書，其立場轉向批判革命是一種大災難，認為法國大革命是一種暴力的民主，而非真正的憲政民主。他的論點與立場的驟變，在當時引起政治圈與學界的震驚，隨後引發了一連串的正反論證。

(一) 保守主義

源自於18世紀末至19世紀初，人們對經濟、政治與生活型態等快速改變的不安。從工業革命（1769）、美國獨立運

動（1775）到法國大革命（1789）達到顛峰。保守主義的相關主張逐步凝聚，主要是抗拒自由與主張社會主義、民族主義，中心思想在於維護傳統尊重既有制度、甚至極端者是抗拒任何改變。

(二) 相關基本論點與其評論

1. 人性：

(1) 承認人類的不完美性：因此對人性是悲觀的態度，人在道德上容易墮落，所以秩序的建立與維持不容輕易破壞。

(2) 實用主義：人類理性有其侷限性，根植於經驗與歷史信念較能信任。

評論：相較於自由主義下的個人主義，保守主義忽略了個人獨立、理性與懷疑批判思考下所帶來的改變和新可能。

2. 個人與社會關係：

(1) 有機體：社會組織（如國家、社會與家庭）基於自然需求，價值文化的維繫是不可或缺的，不是單純的機械組合而是一種有機體的存在關係（柏克的有機體論）。社會先於個人存在，每一個個人都是受到社會傳統習俗所影響的，故強調尊重既有制度。

(2) 層級體系：社會地位的層級化與流動都是不可避免的現象，這樣並不會導致衝突，只要彼此互惠社會就會緊密結合。

(3) 重視權威：由上而下的領導或是基於經驗與技能而來的權威，足以成為社會團結的來源。

評論：保守主義傾向妥協，忽視現況的僵化所帶來的停滯。過於堅守傳統價值、維護既有框架就導致了集體退步的窘境，甚至有導致獨裁、極權或少數精英統治的趨勢。

3. 個人與個人關係：
   (1) 傳統：保持現狀且這樣的穩定及安全是為了給予個人社會的與歷史的歸屬感。
   (2) 財產：給予人們安全感與獨立於政府之外的工具，同時將財產人格化成為可以繼承移轉的標的，使得財富得以流傳保障後代。

評論：保守主義認同個人在智力財力上的差異而允許區別待遇與等級制度的合理性，如此一來在政治平等、自由市場、個人選擇自由等領域造成箝制。

【參考書目】

海伍德（2009）。《政治學新論》。台北：韋伯。（見第3章）

海伍德（2009）。《政治學的關鍵概念》。台北：五南。（見第3部分）

二、 如何進行選舉制度的分類？請說明之。

 ▶ 老師答題

政治學者李帕特（Arend Lijphart）認為應從選舉規則（electoral formulas）、選區規模（district magnitudes）、附加席次條款（provisions for supplementary seats）、選舉門檻（electoral thresholds）和選票結構（ballot structures）等五個面向比較分析不同選舉制度及其影響。

(一) 選舉規則，即選票計算與勝選規則。可再區分為相對多數決（第一名過關制）、兩輪決選制（第一輪若無人單獨過半，則取一定名次進行第二輪投票）、比例代表制（設定一定得票門檻再依比例分配席次）等細項。

(二) 選區規模，通常可以當選名額區分為單一席次（通常對大黨有利易形成兩黨制）或複數席次（對小黨有利並提高整體代表性）。

(三) 附加席次條款

與國會席次的席次分配有關，可分為並立式與聯（連）立式。

1. 並立式（分立式）：選民手中的兩票，其結果分開計算，亦即比例代表（我國稱不分區）逕依第二張票之比例分配席次，與第一張票所選出的席次無關。因此一政黨之總席次係由兩票個別計算後加總，日、韓與我國均採行此種制度。

2. 聯立式（補償式）：選民手中兩票，以第二張政黨票的比例來進行總席次的分配。一政黨之總席次必須以第二張政黨票之比例來分配，在計算上直接將應得席次減去第一張票勝選席次，不足額部分由政黨代表名單依序補足。若在第一張票區域已當選較多人而超過第二張票的比例，頂多不再另外分配總席次，但就會形成超額席次，因此國會總席次不固定。因較之於並立式的兩票對等分開計算，聯立式更具有比例代表精神與補償小黨之作用。德國目前採用之。

(四) 選舉門檻

依照所得選票必須通過一定門檻（得票比例）形成有意義的競爭者才能入場參與分配，如我國憲法增修條文規定不分區立委依政黨名單投票選舉之，由獲得百分之五以上政黨選舉票之政黨依得票比率選出之。

(五) 選票結構

選民的投票（通常是國會）是否可以影響候選人順序或跨黨投票，包含開放選票（投票者可影響政黨名排序）、封閉選票（相較前者，投票者不能影響）、類別選票（可投給特定政黨內一位或多位候選人）與順位選票（投票者可投給不同政黨與不同候選人）。

不同面向疊加影響下，就產生比例代表制（如歐洲多國議會）、多數決（如法國總統兩輪決選與我國總統相對多數決）、混合制（如我國立法院選舉）等不同制度進而影響該國政治體系與運作模式。

【參考書目】

陳義彥、游清鑫主編（2020）。《政治學》。台北：五南。
（見第6～9章）

海伍德（2016）。《政治的意識形態》。台北：五南。（見第1、6、7章）

選擇題

( ) **1** 關於政治一詞的概念，儘管學者間有不同界定，但在核心意
義上有基本共識。下列何者距離核心意義最遠？
(A)眾人之間的事
(B)與社會價值有關
(C)具有權威性
(D)個人私領域的行為偏好。

( ) **2** 有關民族主義的敘述，下列何者錯誤？
(A)民族主義是爭取民族生存發展的政治主張
(B)民族主義促進區域整合與全球化發展
(C)民族主義是一種意識形態
(D)被殖民者常以民族主義爭取獨立自主的權利。

( ) **3** 有關西方政治思想名著《理想國》一書的敘述，下列何者
錯誤？
(A)大力支持民主政治
(B)倡導哲君政治
(C)採用倫理學的觀念來探究，認為國家要合乎公道正義
(D)作者是柏拉圖。

( ) **4** 關於分立政府的敘述，下列何者錯誤？
(A)是指行政部門與立法部門分屬不同政黨掌握
(B)在分立政府的架構下政治責任的歸屬仍非常明確
(C)兩院制國家其中一院與行政部門分屬不同政黨，亦可稱
　　為分立政府
(D)美國經常出現分立政府現象，此與憲政體制的制度安排
　　以及選民的分裂投票有關。

( ) **5** 有關美國總統產生方式之敘述，下列何者錯誤？
(A)由美國公民直接選出
(B)贏得多數選舉人票的候選人勝出擔任總統
(C)美國各州的選舉人票為該州聯邦參眾兩院票數
(D)選舉人票總數為538票。

( ) **6** 新興國家在建國的過程中，往往會碰到危機，下列何者是
指軍閥割據，使得中央政府無法控制全境的危機？
(A)認同危機　　　　　　(B)參與危機
(C)分配危機　　　　　　(D)貫徹危機。

( ) **7** 最廣義的民主化是指：
(A)自由化
(B)民主鞏固
(C)從獨裁政體存在到民主政府建立的過程
(D)從獨裁政體存在到民主政府完整確立的過程。

( )　**8** 下列何者為古典自由主義的核心精神？
　　　(A)崇尚愛國情操與德行
　　　(B)強調私有財產的不可侵犯性
　　　(C)彰顯傳統與宗教的正向功用
　　　(D)重視社群成員的團結與共同感。

( )　**9** 關於民主鞏固的定義，下列何者錯誤？
　　　(A)民主鞏固意指成熟民主政治的存在
　　　(B)若一個國家的民主制度鞏固則難以倒退至威權統治
　　　(C)當民主已成為一個國家政治的唯一遊戲規則，就達成民
　　　　主鞏固
　　　(D)民主鞏固是民主化的必然結果。

( )　**10** 對於平等權的詮釋與理解，下列那一種評論最可能錯誤？
　　　(A)對社會弱勢族群提供特別保護違反當代平等權的概念
　　　(B)強調人們在法律地位上的平等
　　　(C)存有「絕對平等」與「相對平等」的爭論
　　　(D)屬於人民的基本權利。

( )　**11** 下列那些權利概念或主張與「墮胎」的相關辯論無涉？
　　　(A)基於身體自主權女性有選擇墮胎的自由
　　　(B)反對墮胎者認為墮胎是謀殺行為
　　　(C)反對墮胎者認為胚胎具有生命權
　　　(D)胚胎為懷孕女性之財產。

( ) **12** 現代化理論是政治發展的主要理論分析途徑。關於現代化
理論對於政治發展的解釋，下列何者錯誤？
(A)大量勞工階級的出現有助於民主政治發展
(B)經濟發展與穩定的民主政治密切相關
(C)經濟發展所帶動的社會動員影響民主政治的發展
(D)教育程度的提升有助於民主政治發展。

( ) **13** 年少時經歷過威權統治的父親與成長於民主時期的孩子，
對政治議題有不同的看法。下列何項政治社會化理論，最
適合解釋父親與孩子的差異？
(A)終身持續模型（lifelong persistence model）
(B)終身開放模型（lifelong openness model）
(C)生命週期模型（life-cycle model）
(D)世代模型（generational model）。

( ) **14** 憲法可以依據不同方式予以分類，關於憲法分類的敘述，
下列何者錯誤？
(A)剛性憲法比柔性憲法更難修改
(B)不成文憲法又稱為法典法
(C)不成文憲法比成文憲法更具有彈性
(D)英國、紐西蘭是不成文憲法的案例。

( ) **15** 依據和平基金會的定義，下列何者不屬於失敗國家的衡量
標準？
(A)失去對領土的控制權 (B)無力提供公共服務
(C)失去統治的正當性 (D)人民的言論自由被剝奪。

( ) **16** 有關半總統制的敘述，下列何者正確？
(A)混合了總統制與共和制兩種體制
(B)具備經人民選舉並擁有實權的總統
(C)總理由總統任命並只對總統負責
(D)行政與立法融合的政治機制。

( ) **17** 有關國會兩院制的優點，下列何者錯誤？
(A)可以強化對行政的監督
(B)可以廣泛代表不同的利益
(C)立法上可以更專業化
(D)可以避免政治的僵局。

( ) **18** 關於英國與美國國會的敘述，下列何者錯誤？
(A)英國國會為論壇型立法部門（arenalike legislature），美
國國會為轉換型立法部門（transformative legislature）
(B)英國國會運作為院會中心主義，美國國會運作為委員會
中心主義
(C)在英國，委員會審查階段在院會一讀與二讀之間；在美
國，委員會審查階段在院會二讀與三讀之間
(D)英國國會為不對等的國會兩院制，美國國會是較為對等
的國會兩院制。

( ) **19** 下列何種行為屬於慣常性政治參與？
(A)參與政府舉辦的公聽會
(B)參加同志遊行
(C)參加工會組織的罷工活動
(D)參與理念相近的示威活動。

( ) **20** 關於公民投票的敘述，下列何者正確？
(A)取代代議制的一種機制
(B)公投結果不具有約束力
(C)只適用於全國性事務
(D)議題容易被簡化。

( ) **21** 有關出口民調的敘述，下列何者正確？
(A)當選民剛離開投票所後所進行的民意調查
(B)出口民調的結果必能準確預測選舉結果
(C)通常教育程度較低的選民，較會填答出口民調
(D)因為出口民調不是正確的結果，所以新聞媒體都不會
報導。

( ) **22** 有關利益團體的敘述，下列何者錯誤？
(A)利益團體又稱壓力團體
(B)促進型利益團體是指追求特定理念、價值或目標的團體
(C)保護型利益團體是追求或確保特定對象的利益
(D)促進型利益團體又稱功能型團體。

( ) **23** 下列何者不是多元主義對於利益團體的看法？
(A)鼓勵不同利益團體表達意見
(B)不同利益團體有不同意見，衝突難以避免
(C)透過談判互動的過程，讓不同團體意見被納入考量
(D)國家應該介入主導利益團體的運作。

( ) **24** 有一道民意調查的題目，結果非常同意占5%，有點同意占
20%，中立占50%，不太同意占20%，非常不同意占5%，
這種結果比較偏向下列那一種民調分布類型？
(A)U型分布　　　　　　　(B)J型分布
(C)鐘型分布　　　　　　　(D)M型分布。

( ) **25** 下列何者不是政黨常見的功能？
(A)匯集民眾對政府政策的不同意見
(B)提供民眾參與的機會與管道
(C)網路上宣傳政黨的主張
(D)對於弱勢民眾提供急難救助。

解答與解析

1 (D)

私領域非政治關心範疇。

2 (B)

(B)錯誤，正面而言，民族主義被認為容易凝聚共同意識、團結對外；反之，就是形成新的次團體並造成分裂甚至對立。

3 (A)

柏拉圖（Plato）為蘇格拉底的學生、也是亞里斯多德的老師，承先啟後，創辦學院，提出理想國概念，其中對政體分類為重要概念。最推崇貴族政體，並不大力支持民主政治。

4 (B)

(B)在分立政府的架構下政治責任的歸屬仍非常明確。錯誤，通常有政治責任歸屬不清的爭議。

5 (A)

選舉人團（Electoral College）負責選出美國總統和副總統。

根據美國憲法，美國總統由各州議會選出的選舉人團選舉，而不是由選民直接選舉產生，故為間接選舉。

6 (D)

新興國家建國面臨的五危機（建議背誦，曾為申論考題）：

(1) 認同危機：大部分的國家在建立之前，多是多元種族的組成，因此為了建立國家，強勢種族會居於領導優勢。民族國家在建立之後，其中央政府通常不會容許少數種族之分離運動。

(2) 合法性（正當性）危機：影響政府合法性的主要來源之一是政府的表現，涵蓋經濟、政黨政治甚至民主等發展。主政者表現的好壞會直接影響人民是否願意服從政府的政令。所以一個新興國家必須設法盡速透過政績來爭取民眾對政府的支持，而不能一味仰賴強制力的手段

來控制人民，否則政府容易
被推翻。

(3) 命令貫徹危機：如果一個新
興民族國家內的各種族與
部落不認同、不支持中央政
府，甚至抗拒中央的管轄，
將使上令無法下達，政策與
法令都無法達到一致性，對
整體國家治理與穩定有很大
的衝擊。常見以軍閥、自建
武力或割據一定自治範圍。

(4) 參與危機：在現代民主社會
中，政治參與的形式包括選
舉投票、社會運動、利益團
體、政黨、使用媒體等。若
是一黨持續獨大，可能引發
不滿。或是該國箝制正常的
意見表達管道，一直僅有極
少部分的特權份子或階級人
士可以參與，也會衝擊國家
的安定性。

(5) 分配危機：除了政治資源的
分配之外，現代國家在財富
分配上如果出現分配不均的
現象，往往成為社會對立或
撕裂的根本性原因。

7 (D)

指最完整的民主化進程。

8 (B)

自由主義以保障個人自由為中
心思想，因此核心價值有個人
主義、多元主義與理性等。在
政治上則加入同意（consent）
與憲政主義（constitutional-
ism）。自由主義的流派中，古
典自由主義與現代自由主義為
分歧頗大的兩個派生概念，其
中古典自由主義之特點：

(1) 最小程度的國家，認為國家
是存在的必要之惡。

(2) 人的本質是自私的，追求自
我利益。

(3) 從經濟的觀點來看，自由放
任的市場競爭與保障私人
財產。

(4) 成為功利主義與自由放任主
義的基石。

9 (D)

10 **(A)**

(A)對社會弱勢族群提供特別保護違反當代平等權的概念。錯誤，重視等而等之、不等而不等之的實質平等。

(B)強調人們在法律地位上的平等。正確，為一切保障的基礎。

(C)存有「絕對平等」與「相對平等」的爭論。正確。

(D)屬於人民的基本權利。正確。

11 **(D)**

(D)胚胎為懷孕女性之財產。此為民法，與基本權保障有關與本題無涉。

12 **(A)**

(A)大量勞工階級的出現有助於民主政治發展。錯誤。

現代化理論認為必須先有良好且穩定的經濟發展產生穩定的中產階級，之後才能進入政治的良性循環。從西方民主發展來看，工業革命之後英國產生的中產階級對其王室造成的壓力與後續一連串改革所形成的議會民主、立憲君主制度，就是一個明例。

惟須注意經濟發展不必然就能與民主發展等量齊觀，例如印度就是常常被認為是經濟與民主發展的特例。

13 **(D)**

學者Jennings and Niemi在其著作Generations and Politics中提出的四種解釋模型（建議背誦，曾為申論考題）：

(1) 終身持續：政治社會化的效果持續非常久，甚至影響到個體一輩子對政治事務的認知。也就是很難改變或調整其已經建立的政治社會化態度。例如台灣常見的家族政治出身地方派系型人物與其後代，對於特定政黨的堅定支持。

(2) 世代：在同一時期出生的人，會受到相似的環境或當

下特定重大事件所影響，因此政治態度會有明顯的區分。在台灣以1949年因國共內戰來台的老兵或當時二二八事件之後的幾個世代的政治態度最為明顯。

(3) 生命週期：意指個人隨著不同的生命歷程，例如求學、婚姻或就業等，不同階段則對政治社會化有不同的態度。與終身開放型的態度類似，但具體表現在年輕時對街頭運動的支持，工作與成家後傾向穩定保守的政治立場。

(4) 終身開放：與前一個概念相對而言，則是一個人的政治社會化有可能變動的，但不是一定就會改變。較屬於年輕人或經濟選民常見的表現，亦即不會有特定或強烈的立場，而是隨著議題而選擇支持對象或政策。

14 (B)

法典法指成文憲法。

15 (D)

美國非政府組織和平基金會（The Fund for Peace, FFP）所提出之概念。主要是以政府控制力來區分，從前述國家組成四個要素來看，一旦該國政府對領域內之人民、領土與壟斷性合法武力使用無法控制，同時對外缺乏國際認同，則開始邁向失敗國家。

16 (B)

(A)錯誤，混合了總統制與內閣制。

(B)正確。

(C)錯誤，基於憲政慣例如法國總理仍由多數黨組閣，就必須對國會負責；我國行政院院長雖逕行由總統任命，但仍須受國會監督。

(D)錯誤，此為內閣制。

17 (D)

(D)錯誤，相較之下一院制較能避免政治僵局。

18 (C)

(C)錯誤，英國是先進行總辯論再送交委員會、美國新議案在送交全院表決前必須經過相關委員會的審議。

19 (A)

慣常性參與，如政治溝通、合作性活動、與官員或民代接觸、公民投票。

非慣常性參與，如示威、抵制甚至訴諸暴力等。

20 (D)

(A)錯誤，補強功能。

(B)錯誤，具有強制建議或指導功能。

(C)錯誤，可區分為地方性與全國性公投。

(D)正確，限於文字篇幅與投票選項二分法，就不得不過度簡化。

21 (A)

(A)當選民剛離開投票所後所進行的民意調查。正確。

(B)出口民調的結果必能準確預測選舉結果。錯誤，不一定。

(C)通常教育程度較低的選民，較會填答出口民調。錯誤，不一定。

(D)因為出口民調不是正確的結果，所以新聞媒體都不會報導。錯誤，媒體會據此為搶先正確開票結果為報導以製造話題。

22 (D)

功能型團體或稱為自利性團體是以爭取本身成員的利益為主，如農漁會、工會、醫師公會。相對於促進型利益團體廣泛訴求大眾利益或遠大目標而有所不同。

23 (D)

(D)國家應該介入主導利益團體

的運作。錯誤,應由利益團體自由發揮。

24 (C)

(A)U型分布

雙峰型態即是U型分布,因此民意相對集中於贊成與反對,因此可知歧見很大。見下圖:

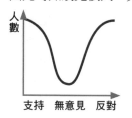

(B)J型分布

穩定型(J型):共識性高的議題爭議性低的議題,此時民意在圖形中相對集中於贊成或反對的一端,極少數比例在另一端。例如調查健全社會福利制度之必要性會得到高度的贊成共識,如下圖:

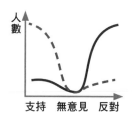

(C)鐘型分布

單峰型(倒U型、鐘型):迫切性與需求性低之議題。

因大眾對於該議題較不在意或無急迫性,因此民意呈現無意見或中立的立場為大多數,極端意見者少。例如台灣統獨立場調查中,採維持現狀比例突出。

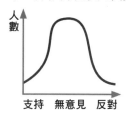

(D)M型分布,無此種分類。

25 (D)

(D)選項屬政府部門或慈善團體之功能。

地方特考三等

一、「國家」是政治學的核心概念之一，但「國家」權力
　　本質是什麼？又代表何種利益？不同主義觀點不一；
　　請從多元主義、資本主義及馬克思主義的思想主張中
　　歸納論述之。

 ▸ 老師答題

國家作為政治行為中的重要角色，依照不同的意識形態而有相
對應的樣貌，分述如下：

(一) 多元主義、資本主義及馬克思主義下的國家權力本質

　　1. 多元主義：多元社會中的不同組織、團體與分類，自然
　　　　有各種不同的利益。換句話說，多元的利益團體可以影
　　　　響國家權力的運作，以確保最廣泛的民意都被聽見。

　　2. 資本主義：從最小政府、最低管制與自由資本等思維，
　　　　來保障人民的財產與尊重市場機制。

　　3. 馬克思主義：階級的對抗（無產階級專政）是主軸，國
　　　　家只是一種工具性存在。透過國家進行公平的分配，最
　　　　終國家也將消滅。

(二) 多元主義、資本主義及馬克思主義的國家利益
　　1. 多元主義：多元的利益團體各自有不程度的能力與競合
　　　關係來影響政治人物進而影響政府對於利益的分配。
　　2. 資本主義：國家降低各種干涉，放任自由競爭，強者恆
　　　大弱者恆弱是此前放任資本主義下的後果，因此已經有
　　　各種不同程度的調整，以國家介入平衡部分利益，如累
　　　進式稅率、富人稅、最低薪資等制度。
　　3. 馬克思主義：透過國家進行各種利益的分配，隨著無產
　　　階級的崛起，最終國家也將被消滅。

【參考書目】

陳義彥、游清鑫主編（2020）。《政治學》。台北：五南。
　（見第4、21章）

海伍德（2016）。《政治的意識形態》。台北：五南。（見第
　2、7、11章）

二、　何謂主權？近年來，主權國家面臨的主要挑戰有那些？

 老師答題

(一) 主權
　　主權是傳統國家論當中國家四個構成要素之一，與人民、
　　領土、政府並列，其特性分述如下：

1. 最高性（supremacy），實力支配範圍內，主權擁有管理的最高權威。

2. 永久性（perpetuality），只要國家存在無論政府更迭，該國都負有承擔、遵守與履行國際社會或組織等簽定的合約之義務。

3. 普遍性（universality），統治效力及於範圍內的一切人事物。

4. 無限限制性（unlimitation），國際上與該國內應無更高的權威存在。

5. 不可分割性（indivisibility），國家是一個完整的單位，主權只有一個。

6. 不可讓與性（inalienability），除非自願讓渡，否則各國間主權應平等與完整。

(二) 主權國家面臨的主要挑戰

1. 全球化喪失自主性（主權向上移轉）：地理上的距離已經逐漸喪失其重要性，領土間的界線（傳統民族國家）意義也消退。表現在政治過程上是國際之間影響加深、經濟上則是國際貿易興盛、科技上則持續壓縮有形的距離。國家在國際間的互動日趨頻繁，諸多跨國與超國家組織在某些事務上取得壓倒性的權力，而使得個別國家不得不一同加入並遵守規則行事。如歐盟與WTO等組織的功能。亦即國家權利不斷被挑戰與壓縮，超國家組織取代之。2016年中英國脫歐事件可以視為國家權力逐漸弱化後的第一個反動，也就是英國本身開始反對將大權交給歐盟而失去國家自主性。

2. 地方化（主權向下移轉）：此點也可以視為地方主義
   的復甦。從一國內部來看，中央政府傾向分權給地方
   政府，緩解中央治理的壓力；族群式民族主義（ethnic
   nationalism）也逐漸興起，甚至成為分離主義（sepa-
   ratism）的溫床，導致國家權力重組或本身瓦解。如90
   年代初期的南斯拉夫聯邦。英國內部如威爾斯、北愛爾
   蘭與蘇格蘭不斷獲得特權，讓英國得以維持一個「完整
   的」英國；其他如西班牙東北方與法國接鄰的加泰隆尼
   亞地區也因為其經濟優勢與文化差異，在西班牙政府不
   斷下放權力的情形下，獨立呼聲高漲。或其他民主先進
   國家內部跨區政府、府際治理的觀念興起，台灣多直轄
   市的設置就是這種發展。

3. 市場化（主權向外移轉）：這一個現象不是將國家權能
   轉移到國際組織，而是反向由國家內部私人機構負責。
   一方面是國家權力的釋出，另一方面似乎使得政府在社
   會福利上的負擔趨緩，簡言之就是公共服務可以被外
   包。在東歐後共產國家與英國民營化最為澈底。大量的
   非營利組織（NGOs）與非政府組織（NPOs）出現，一
   方面獲取政府或社會支持，另一方面也承攬大量政府無
   法或不願負責的政治社會事務，如難民營救、環保等。

【參考書目】

蔡政文等（2011）。《國際關係理論》。台北：五南。（見第
　2、19章）

三、 英國於2016年透過公民投票而決議脫歐，歷史上英國
　　 國家層級訴諸公投來做決策的次數相當少；但同是歐
　　 洲國家的瑞士，卻是頻繁使用；請試從兩國的憲政體
　　 制發展背景及設計原理，來分析探討與兩國公投使用
　　 頻率差異甚大的關聯性。

老師答題

(一) 英國

　　1. 憲政體制發展背景及設計原理：歷史發展與政治文化等
　　　 因素，採君主立憲制度，以國會中的多數黨成為執政團
　　　 隊，形成了議會內閣制，有以下特徵：

　　　 (1) 虛位元首象徵國家，國家是由憲法承認的君王代
　　　　　 表，擁有諸多象徵性、儀式性權力，且具有高度自
　　　　　 制力幾乎不參與、干涉甚至迴避任何政治議題。

　　　 (2) 行政立法融合，內閣首相與成員兼具國會議員身分。

　　　 (3) 議會至上，多數黨領導政府，行政立法合一有效率。

　　　 (4) 首相負實際政策與政治責任。行政首長由首相擔
　　　　　 任，負責一切政治事務規劃執行與成敗責任。

　　2. 公投使用頻率之關聯：以公投直接民主的精神可以彌補
　　　 代議政治的不足，特別當面臨重大決策時用以提高政策
　　　 的正當性。但以英國的憲政體制來看，公投似有削弱國
　　　 會權威疑慮，因此在實際上英國少見訴諸全民公投，僅
　　　 在涉及國家整體主權（如北愛獨立與否或爭取自治權）

與歐盟議題（入盟、脫歐、簽署條約等，英國以其地理位置與美國歷史、宗教、人種與軍事合作等密切關係，以離岸平衡者自豪，故長期有疑歐派聲音）等重大事件，不得不實施公投以弭平國內紛爭。

(二) 瑞士

1. 憲政體制發展背景及設計原理：地理、地形、種族、人口較少與鄰近強國因素，瑞士為全世界唯一的委員制國家，有以下特徵：

   (1) 行政權、立法權與司法權同屬國會，又由國會選出人選組成合議制委員會運作之。

   (2) 委員會共七人，分掌國家七部，連選得連任無任期限制。

   (3) 執行委員互選正副主席，任期一年不得連任。主席與其他執行委員權力相同，僅多一個代表國家的角色。

2. 公投使用頻率之關聯：瑞士組成之初，由26邦行使廣泛的自治權並確立了直接民主的制度運作至今，因此全國性與地方性公投屢見不鮮，每年3～4次相當常見。體現了憲政制度上均權與反應各方代表意見的設計原理。與之相應的優點自然是充分反映民意與公開透明的溝通過程，缺點在是行政立法效率會有所阻礙及投票率下滑的危機。

【參考書目】

曹金增（2008）。解析公民投票。台北：五南。（見第2章）

陳隆志、陳文賢（2010）。國際社會公民投票的類型與實踐。台北：新學林。（見第4～5章）

四、 試申述美國、法國及我國的總統選舉方式，並探討各
　　不同方式對政黨系統可能產生之影響。

▶老師答題

(一) 美國

　　1. 總統選舉方式：採間接選舉，程序上由合格選民投票政
　　　 黨之正副總統，但須經統計由該州過半得票者獲得全部
　　　 選舉人團票（稱為贏者全拿，目前僅有兩小州例外），
　　　 最終獲得全國過半選舉人團票者為當選。按照100名參
　　　 議員（每州定額兩名代表）、435名眾議員（每十年按
　　　 人口統計重新計算分配席次）與首都特區3名，共538張
　　　 選舉人票，269張加1票即為過半當選。
　　　 選舉人團票重要戰區（2020年人口普查後調整）：加州
　　　 54張、德州40張、佛州30張、紐約州28張、賓州與伊利
　　　 諾州皆19張，而首都華盛頓特區僅有3張。

　　2. 對其政黨系統的影響：美國政黨定位為選舉機器，屬於
　　　 弱政黨體系。兩院制的設計下，即參議院由各州固定兩
　　　 名代表組成且任期長達六年，此即代表州的利益，象徵
　　　 各州無論大小或實力皆是平等；眾議院則由按人口數調
　　　 整席次選出且任期僅有兩年，代表的是選區人民的利
　　　 益。讓兩黨政治持續穩定發展，縱偶有地區性具實力之
　　　 第三政黨出現，無法形成全國性的影響，進而打破此種
　　　 兩黨政治的穩定結構。

(二) 法國

1. 總統選舉方式：在2022年之前，法國總統和國會選舉一直不是同步進行（因任期不同），使得總統和總理可能分別來自左翼和右翼政黨。限於憲法規範上的權限分際，總統被迫和控制國會的政敵分享權力，形成左右共治局面。現明定總統需人民直接投票之得票過半，否則須將第一輪得票最高前兩名一起進入第二輪，直到有一候選人過半方當選（兩輪投票制）。

2. 對其政黨系統的影響：因採兩輪投票制，政黨之間的合縱連橫就相當多元，也固化了多黨制的現況。理論上目前總統與國會議員任期相同（皆為五年）且同一年內改選（非同日但相近日期），執政黨會傾力拉攏而反對黨也有接受協調的誘因組成政黨聯盟，否則國會多數黨與總統不一致時，總統的權力將被大幅限縮。

(三) 臺灣

1. 總統選舉方式

(1) 直接選舉：自1996年第9任總統、副總統選舉開始，由中華民國自由地區全體人民直接選舉，選舉人在選票上圈選同一組候選人，以得票最多之一組為當選。總統、副總統任期4年，連選得連任一次。

(2) 政黨推薦或連署：候選人可經由政黨推薦。政黨於最近一次總統、副總統或立法委員選舉，其所推薦之候選人得票數之和，達該次選舉有效票總和5%以上者，或選舉公告發布前最近一次全國不分區及僑居國外國民立法委員選舉或區域及原住民立法委員選舉得票率，達5%以上者，始得推薦；未有政黨推

薦之候選人可經連署人連署聯名登記。連署人數應達最近一次總統、副總統選舉選舉人總數1.5%。

2. 對其政黨系統的影響：隨著我國民主化發展，從一黨獨大到兩黨競爭、政黨輪替與二度政黨輪替，期間或有其他政黨出現（國會席次、地方首長與地方民意代表），但若以總統選舉層次來說，仍以兩大黨為優勢。

【參考書目】

台灣總統選舉引用並摘要自中央選舉委員會：https://www.ey.gov. tw/state/62879155A536D543/c78552af-72f4-45ef-bb89-a044cf2f3f1c

彭懷恩（2007）。《新世紀政治學辭典》。台北：風雲論壇。

Note

112年 地方特考四等

申論題

一、「政黨」至今仍被視為是民主政治運作不可或缺的要素之一，請問如何探悉「政黨組織型態」之變遷，以因應政治與社會結構的變化？請舉例說明之。

 老師答題

政黨在當代民主政治中，係由個人到多人基於一定政治信念或理想等所組成的團體，旨在提名公職人選及影響政治體系的決策。政黨的類型有諸多分類，常見的有以下分類：

1.理念的堅持：使命型政黨與掮客型政黨

2.黨員與黨的關係：幹部與群眾政黨

3.黨的權力核心：內造與外造政黨

4.政黨社會基礎廣狹：普涵與非普涵型政黨

5.黨員參加方式：直接與間接政黨

其組織型態自然也隨著政治與社會結構改變，茲舉例說明如下：

(一) 因應政治與社會結構轉變

　1. 源自英國君主立憲：最早期英國發展君主立憲的過程中，從保皇黨與維護新興富人階級利益，後來隨著國會權威的不斷強化與順帶提升了（有錢人）人權價值的保障，逐步走向現代民主運作的模式—不同黨派間的合縱連橫與利益交換。

　2. 法國大革命與美國獨立運動的加速影響：帶動了人民自主的政治結構轉變大幅轉變並輔以工業革命與資本主義的發展，中產階級全面興起與憲政體制確立，也確立了政黨存在必要性，進而對政黨組織產生關鍵性影響—資本家介入、遊說與大量勞工階級湧入都市等現象，政黨也以普涵政黨來確保爭取大多數人的支持。

　3. 20世紀全球性民主化發展：期間或有逆流，但以相對成熟或穩定的民主國家來看，多元利益與聲音催生出多元政黨與利益團體，其組織也逐漸全面開花，如內造與外造政黨，前者是政黨權力是在國會，後者另有一黨中央主導紛紛出現。

(二) 以我國政黨為例

　早期威權時期國民黨一黨獨大，其組織架構可看出係以整個中國為涵攝之規劃，如1950年代前後推動一系列朝向列寧式政黨的民主集中制改革，一掃之前相對鬆散運作；1980至1990年代，面對解除戒嚴後的風起雲湧，黨務革新與組織再造不斷推進，組織動員、文化宣傳與政策協調成為組改重點；面對2000年的首次政黨輪替，黨內民主的深化，包含黨產處理、人力精簡與年輕化等主軸成為改革重點。

2010年後的太陽花運動，在兩岸關係緊張與網路傳播興起的現實，反中、素人政治與自媒體及直播蓬勃發展，對於當前政黨組織更有直接影響，如強化青年組織與晉用、數位媒體運用、退伍軍人有關服務組織整併等都反映了當前的政治與社會結構轉變。

【參考書目】

彭懷恩（2005）。《台灣政黨論》。台北：米羅。

陳政忠、陳振祥與黃旭男等（2005）。「政黨組織變革與組織定位調整之研究－以中國國民黨為案例」，行政暨政策學報。

二、 何謂「政府」？請問「立憲政府」與「非立憲政府」有何不同？請舉例說明之。

 老師答題

(一) 政府

　　學界通說國家組成四要素為政府、領土、人民與主權，其中對於政府伊斯頓（David Easton）指出政府是一群有組織的人，進行社會價值的權威性分配。意即透過一定程序的創建組織，來針對資源實施有強制力的管理。伊薩克（A. Isaak）認為政府在於決定誰能得到什麼，而且是終局的裁判可以解決紛爭。

(二) 立憲政府與非立憲政府不同

　　1. 立憲主義或稱為憲政主義（Constitutionalism），其主要目的係以抗衡專制政治，建構有限政府（Limited Government），亦即透過憲法明文規範政府的組成與權力的行使，使得人民權利得到保障。經由憲法規範下形成的一個政府，在當代的民主政治中，通常被認為應具有以下特徵：

　　　　(1) 有限政府，限制政府行使權力的範圍。

　　　　(2) 分立制衡，政府內部劃分權限。

　　　　(3) 法治原則，依法行政藉此落實人權保障。

　　　　(4) 司法獨立，強調超然且值得信賴的訴訟系統，以維持政府的穩定性。

　　　　(5) 違憲審查，防止以多數否決多數的民主陷阱。

　　　　當前可以英美日等相對成熟且穩定的民主國家為典型。

　　2. 基於以上的描述，可反面理解非立憲政府的特徵，以朝鮮民主主義人民共和國（簡稱北韓）為例。

　　　　(1) 正當性來源非民意：現任領導人金正恩，係因家族繼承與精英領導而來，威權領導之下政府權力無限擴張。

　　　　(2) 黨國體制：金正恩身兼朝鮮勞動黨總書記、朝鮮民主主義人民共和國國務委員長、朝鮮勞動黨中央軍事委員會委員長與朝鮮民主主義人民共和國武裝力量最高司令官，黨政軍全面掌握缺分立制衡。

　　　　(3) 欠缺法治：號稱社會主義憲法，實則以主體哲學（Juche Philosophy，即北韓國父金日成思想）及先軍政治（Military First，即軍事體系優先）為治理基礎。

(4) 形式司法：北韓最高法院（稱中央法院）對最高人
民會議負責，而此會議由朝鮮勞動黨控制，連形式
上的獨立性都缺乏，遑論實質司法獨立。

(5) 黨高於一切：最高人民會議有通過與修改憲法、法
律等權力，但問題如前述。

【參考書目】

王佳煌（2015）。「北韓與古巴政治體制與轉型之比較研
究」。問題與研究第54卷第1期。

海伍德（2023）。《政治的意識形態》。台北：韋伯。（見第
4、7章）

Note

> **選擇題**

( )　**1**　關於亞洲價值的敘述，下列何者錯誤？
　　　(A)是一種反映有別於西方的亞洲文明價值觀
　　　(B)強調個人在亞洲文化價值下的特殊性
　　　(C)盛行儒家文化與威權主義
　　　(D)重視家庭功能與社會和諧。

( )　**2**　聯合國依據布倫特蘭委員會（Brundtland Commission）報告，於2015年提出17項「2030永續發展目標」。下列何者不是聯合國倡議的永續發展目標（Sustainable Development Goals, SDGs）？
　　　(A)消除貧窮
　　　(B)由後代承受發展成本
　　　(C)保育陸域生態
　　　(D)性別平等。

( )　**3**　關於政黨政治的敘述，下列何者錯誤？
　　　(A)民主國家的政黨輪替主要是來自於人民收回對執政黨支持所致
　　　(B)和平的政黨輪替過程是民主鞏固的重要基礎
　　　(C)政治暴力或革命僅能帶來執政者的替換，但必定無法進行政黨輪替
　　　(D)在三權分立的憲政體制國家如果總統與國會多數黨分屬不同政黨，稱為分立政府。

( ) **4** 下列何種主張，反映以目的論（teleology）判斷一項公共政策的觀點？
(A)照顧社會弱勢
(B)主張女性擁有選擇人工流產的權利
(C)抗議政府強制人民施打COVID-19疫苗
(D)支持性交易除罪化。

( ) **5** 下列各種概念，何者不是歷史制度論（historical institutionalism）的核心分析概念？
(A)路徑依循（path dependence）
(B)關鍵節點（critical juncture）
(C)理性選擇（rational choice）
(D)歷史過程（historical process）。

( ) **6** 根據自由之家（Freedom House）的研究，在人類歷史中的那個階段，自由民主國家的數量，首次大幅超越其他政治體制？
(A)法國大革命時期
(B)美國獨立革命時期
(C)二次世界大戰結束納粹德國戰敗時期
(D)1970年代中期至1990年代早期。

( ) **7** 當一個人說：「我重視傳統觀念、信奉神、反對墮胎」，下列何者為他最有可能的意識形態？
(A)無政府主義 (B)自由主義
(C)社會主義 (D)保守主義。

( )　**8**　某位政治人物主張：「縮小貧富差距，幫助弱勢者能夠生存。」該政治人物的訴求，最符合下列那一種意識形態的主張？
(A)社會主義
(B)古典自由主義
(C)女性主義
(D)保守主義。

( )　**9**　有關意識形態（ideology）的敘述，下列何者錯誤？
(A)最早由法國哲學家迪崔西（Destutt de Tracy）所提出，原意是指觀念之學（science of ideas）
(B)馬克思將意識形態界定為統治階級的觀點，用來維持階級剝削下的統治秩序
(C)自由主義論者認為意識形態是建立在集體自由的基礎之上
(D)1990年代初期，因為蘇聯、東歐共產政權瓦解，有論者提出「歷史終結」觀點，認為自由民主成為人類唯一的意識形態，勝過其他意識形態。

( )　**10**　下列何者為馬克思主義（Marxism）的要素？
(A)歷史唯物論
(B)市場自由
(C)商品經濟
(D)私有產權。

( ) **11** 按照阿蒙（Almond）與佛巴（Verba）的分類，社會成員對
於政治主動關心並熱心參與，成員對所屬的政治體制充滿
信心，屬於那一類的政治文化？
(A)積極型政治文化
(B)互動型政治文化
(C)參與型政治文化
(D)從屬型政治文化。

( ) **12** 下列何者不是影響一個國家採行一院制或兩院制的因素？
(A)人口規模與社會分歧
(B)聯邦制的採行與否
(C)歷史傳統
(D)採行內閣制或總統制。

( ) **13** 自由民主體制（liberal democracy）是自由主義與民主制度
的結合，下列何者無助於增進其正當性？
(A)獨立而開放的大眾媒體，傳達社會中的不同觀點
(B)以選舉、議會辯論及政黨競爭來分散政治權力、化解政
治衝突
(C)以人民的偏好與訴求為政治行動的唯一方針
(D)提供政治參與的管道，讓人民表達其對政府的同意或反
對。

( ) **14** 我國與法國的憲政體制皆屬半總統制，對於兩國半總統制
的敘述，下列何者錯誤？
(A)法國總統有主動解散國會的權力，我國總統無主動解散
國會的權力
(B)法國總統任命總理須國會同意，我國總統任命行政院長
不須國會同意
(C)法國憲政運作有共治經驗，我國憲政運作無共治經驗
(D)法國總統有權力主持部長會議，我國總統無權力主持行
政院會議。

( ) **15** 關於兩院制國會的敘述，下列何者錯誤？
(A)人口多、幅員廣、社會分歧較明顯的國家通常採行國會
兩院制
(B)當前世界上新興民主國家普遍採行國會兩院制
(C)具王室與貴族之歷史傳統的國家通常採行國會兩院制
(D)實施聯邦制的國家普遍採行國會兩院制。

( ) **16** 關於美國政府體制的敘述，下列何者錯誤？
(A)制度設計旨在保障人民權利
(B)凡憲法所未規定的權力均保留給地方政府
(C)總統權力在行政、立法、司法三權之上
(D)行政、立法、司法各自有憲法賦予的職權。

（　）**17** 立法權的衰微是民主國家的常態，下列何者不是主要的原因？
(A)立法過於複雜
(B)國會議員出席率不高
(C)國會議員對公共事務專業度不如常任文官
(D)國會議員汰換率高導致立法工作延續性低。

（　）**18** 下列那個國家的國會議員，可以兼任行政官員？
(A)日本　　　　　　　　(B)韓國
(C)瑞士　　　　　　　　(D)中華民國。

（　）**19** 司法機關確保其獨立性是民主精神中至關重要的原則，下
列何者不屬於司法獨立的範圍？
(A)預算獨立　　　　　　(B)審判獨立
(C)職務獨立　　　　　　(D)文化獨立。

（　）**20** 有關文官組織的敘述，下列何者錯誤？
(A)高階文官的政策資訊與建議，對政務部門的政策決定有
影響力
(B)文官組織可將民眾多元利益反映給政務部門
(C)政務官的常任制，保障了國家政府的穩定性
(D)事務部門於執行政策時多少有裁量權。

（　）**21** 當前有些國家投票率長期明顯低於其他國家，最可能是因
為下列那個因素？
(A)年輕人不想投票
(B)選民需要事先登記才能投票
(C)該國採取強制投票制
(D)選民覺得投票與否不會影響結果。

（　）**22** 影響個人政治參與的因素，下列敘述何者錯誤？
　　　　(A)社會關係比較密集的人，傾向不會去投票
　　　　(B)公民責任感越高的人越有可能參與政治
　　　　(C)男女選民投票率不大一樣
　　　　(D)教育程度越高的人越傾向參與政治。

（　）**23** 關於網路對政治的影響，下列敘述何者正確？
　　　　(A)人民憑藉社群媒體也可以表達意見，公民美德更為提高
　　　　(B)網路帶來大量資訊，政府必能審慎評估，並迅速反映民意
　　　　(C)政治人物透過社群媒體與潛在支持者聯繫，建立更廣泛的支持網絡
　　　　(D)社群媒體成為公共論述平台，仇恨言論會受到限制。

（　）**24** 有關利益團體的敘述，下列何者錯誤？
　　　　(A)利益團體的政治行動可由部分成員投入
　　　　(B)利益團體的政治行動可能是非正式的
　　　　(C)利益團體經常提供政治人物商品和勞務，前提是決策者做出對他們有利的考量
　　　　(D)各國對於政治獻金的管道和數量規範差異不大。

（　）**25** 一個政黨關心經濟、民生、教育、環境、社會福利、交通等所有議題，最可能是下列那一種政黨？
　　　　(A)概括式政黨
　　　　(B)個人式政黨
　　　　(C)幹部黨
　　　　(D)內造政黨。

解答與解析

1 (B)

個人是家庭的一部分,而家庭是社會和諧的關鍵,因此個人價值並無特殊性。

2 (B)

行政院國家永續發展委員會:「西元2015年聯合國成立70週年之際,發表《翻轉世界:2030年永續發展議程(Transforming our world: the 2030 Agenda for Sustainable Development)》文件,作為行動指引,著眼於人(People)、地球(Planet)、繁榮(Prosperity)、和平(Peace)、夥伴關係(Partnership)等重要聯繫,促使全球團結努力,期盼至西元2030年時能夠消除貧窮與饑餓,實現尊嚴、公正、包容的和平社會、守護地球環境與人類共榮發展,以確保當代與後世都享有安居樂業的生活。為聚焦各項努力,更提出「永續發展目標(Sustainable Development Goals, SDGs)」──包括17項核心目標(Goals)及169項具體目標(Targets),於西元2017年再建立232項指標用來衡量實踐情形。」

3 (C)

(C)政治暴力或革命僅能帶來執政者的替換,但必定無法進行政黨輪替。錯誤,執政者的更換即是政黨輪替的一種。

4 (A)

規範倫理學中的目的論:若行為結果能創造最大的利益,則該行為合乎道德、義務標準,(A)最合理。

5 (C)

理性選擇途徑(論),又被稱為經濟學研究途徑,從經濟學的觀點來進行分析,認為選民針對是否進行投票、投給哪個候選人等政治活動,會評估成本高低才做出行動。

6 (D)

(1) 自由之家（Freedom House）為非官方機構（NGO），主要是針對全球各國或地區進行有關政治權利、公民自由與民主發展等進行觀察提出評比，由機構自聘專家、外部合作學者、主要媒體、學者與民運組織及人士合力評比分析。對於美國等西方民主先進國家而言，此份調查報告就成為外交上據以主張的重要工具，當然相對於民主政治尚未成熟的國家而言，便對於該份報告的調查顯的不以為然。

(2) 自1973年開始所發布的《全球自由度報告》評估了全球所有國家和地區的政治自由和公民自由程度。前述四時期中，(D)為民主發展蓬勃期。

7 (D)

(A) 無政府主義，政府的存在是沒必要的。

(B) 自由主義，以保障個人自由為中心思想，因此核心價值有個人主義、多元主義與理性等。

(C) 社會主義，重視平等、社群與博愛等價值。

(D) 保守主義，本題所指。

8 (A)

(A) 社會主義，同前題解析。

(B) 古典自由主義，最小程度的國家，認為國家是存在的必要之惡；經濟上認同自由放任、開放市場競爭與保障私人財產。

(C) 女性主義，從性別的意識來看待一切。認為父權是壓迫的與不公平的。

(D) 保守主義，則相當肯定權威存在的必要性，因此必須遵守與服從。由於個人的理性與能力有限，必須有一個更高的權威來領導管理。

9 (C)

自由主義因其著重對個人自由的追求、相信人性本善與盡可能降低國家對個人的干涉。

10 (A)

馬克思主義中的重要哲學思想，一切社會改變和政治變革的關鍵原因在於生產方式和交換方式的變更，也就是物質條件的改變帶動其他變革。

11 (C)

(A) 積極型政治文化，無此分類。

(B) 互動型政治文化，無此分類。

(C) 參與型政治文化，本題所指。

(D) 從屬型政治文化，人民對輸入面與自我能力未意識到，被動地接收輸出面的影響，如傳統專制政權或殖民地模式。

其他分類：原始型政治文化，對於政治體系、輸入項、輸出項與自我意識皆無。

12 (D)

(1) 採一院制國家

A.人口或幅員較小國家

B.中央集權式政府

因平均代表人民與中央地方層級分明，其代表性與民意基礎已相對足夠，無須疊床架屋，再設雙元立法機關。如我國、以色列、丹麥等。

(2) 採行兩院制國家

A.歷史文化因素

B.人口或幅員廣大

英國為貴族院，或稱上議院（House of Lords）與平民院，或稱下議院（House of Commons），有其歷史文化的傳承意義與憲政史上的定位。就現實面來看，代表人民的下議院當然握有實權，但在英國的民主發展傳統中，

上議院的代表有其學識涵養與社會名望等無形影響力有助於立法政策的妥善，近來上議院逐漸演變成針對歐盟相關政策的討論中心，對於英國參與歐盟事務的決策有顯著的效果。

美國則是另一典型的兩院制國家，參議院由各州固定兩名代表組成且任期長達六年，此即代表州的利益，象徵各州無論大小或實力皆是平等；眾議院則由按人口數調整席次選出且任期僅有兩年，代表的是選區人民的利益。因美國從立國伊始，即有中央與各邦的權力之爭，因此在兼顧州與人民利益的衡平下，遂選擇這樣的制度。當然在實質面來看，眾議院對於行政權（總統）的箝制是較有政治實權的，但參議院的成員在美國政治現實中，兩黨多是以聲望卓越的人士出任兼且任期較長，因此有其理性且富有影響性的號召力存在，同樣有助於政策的客觀性。

13 (C)

(C)屬民粹主義：反對精英政治，認為少數經統治容易造成腐敗，權力應回歸一般人民，然往往易與種族、仇富等情緒結合。與民主政治相較顯然缺乏尊重憲政主義、無法治與缺乏理性公民參與。

14 (B)

(B)應為兩國皆無，差別在於法國有尊重國會多數，而產生左右共治的憲政慣例，即總統與國會多數黨不相同時，總統會尊重國會多數而提名其領袖。

15 (B)

同第12題解析。

16 (C)

總統屬行政權範疇。

17 (D)

現代民主法治國家民選首長與民意代表均為定期改選，較無延續性過低問題。

18 (A)

日本為內閣制國家。

19 (D)

司法獨立包含：獨立行使職權、依法審判、任期保障、其他保障與司法預算獨立。

20 (C)

政務官隨民選首長之任免進退，以貫徹政策主張為目的。

21 (B)

(A)(D)相近、(C)則有效提升投票率。較佳的為(B)，因事先登記的時間或距離成本，導致選民投票意願低落。

補充：國際民主及選舉協助研究所（The International Institute for Democracy and Electoral Assistance, International IDEA）指出比利時於1892年領先全球第一個實施強制投票制。當前以中南美洲國家多採這種制度，目的在於促進民眾參與公共事務。

22 (A)

社會互動越多，邏輯上越熱衷有關議題並積極參與投票等政治行為。

23 (C)

(A)(B)(D)皆為不一定，須視個案而定。

24 (D)

因各國民主發展程度不一，有關規範之有無或寬嚴差異甚大。如美國聯邦選舉競選法規定，美國候選人資格不是以相關機構為準，而是候選人收到相當

金額後，才必須提出候選人文件，方認定為候選人，至於是否達到相當金額也是由候選人自行認定。反之，我國則無論已依法完成登記或有意登記參選公職之人，均被視為擬參選人，必須向監察院申請許可專戶後，始得收受政治獻金。

25 (A)

(A) 概括式政黨，以爭取最多數人支持為目的，故需涵蓋最全面議題。

(B) 個人式政黨，無此分類。

(C) 幹部黨，以黨與黨員關係區分幹部黨（骨幹政黨）與群眾黨。

(D) 內造政黨，權力核心在國會，而非另有黨中央的外造政黨。

Note

113年 高考三級

一、 請比較半總統制兩種次類型總理總統制和總統國會制的總統、總理和國會三角關係權威模式之異同？

 老師答題

(一) 總理總統制與總統國會制

學者修葛特（S. Shugart）與凱瑞（J. Carey）提出總理總統制與總統國會制，前者總理對國會與總統雙向負責、後者則是總理對國會負責。

(二) 總統、總理和國會三角關係權威模式之異同

相同處：兩者之總統皆是民選產生。

相異處：前者之總統擁有相當之權力，存在一內閣與總統分享行政權，內閣對國會負責，如法國；後者總統通常具有解散議會或立法建議權，總統任命總理與內閣首長，如我國。

【參考書目】

陳義彥、游清鑫主編（2020）。《政治學》。台北：五南。
（見第9～11章）

二、請說明和解釋戰略三角關係理論以及四種不同戰略三角關係互動模式？

 ▶ 老師答題

戰略三角理論由美國學者羅德明（Lowell Dittmer）所提出，原用以分析美、中、蘇三者互動關係。後被廣泛運用於美、中、台議題。

(一) 戰略三角關係理論

　　在形成三角之前，至少需符合三個客觀條件：認知到彼此在戰略上的重要性、互相影響卻又能保持一定獨立的主體性、任一個行為者會隨著議題趨吉避凶的與另外兩者合作或對抗。

(二) 四種不同戰略三角關係互動模式

　　受到賽局理論的影響，Lowell Dittmer將三角關係互動模式依照友好與敵對狀況的不同，分析四種模式，分別是：三邊家族（Ménage à trois）、羅曼蒂克（Romantic）、結婚（Marriage）與單位否定（Unit-veto）四種互動模式。

1. 三邊家族型（Ménage à trois）：三方保持友好關係（互為朋友）。

2. 羅曼蒂克（Romantic）：一方（樞紐地位）同時與兩方保持友好關係，但另兩者又彼此敵對（側翼）。

3. 結婚（Marriage）：兩方保持夥伴關係，同時排斥第三方（孤鳥）。

4. 單位否定（Unit-veto）：三方互為敵人。

在不同結構中，每個角色都會有改善關係以獲得更多利益的動機。

【參考書目】

包宗和、吳玉山主編（2011）。《爭辯中的兩岸關係理論》。台北：五南。（見第8章）

張亞中、張登及主編（2023）。《國際關係總論》。台北：揚智。（見第8、17章）

陳義彥、游清鑫主編（2020）。《政治學》。台北：五南。（見第22章）

三、 李帕特（Arend Lijphart）將民主政治區分為多數民主（majoritarian democracy）與共識民主（consensus democracy）。請說明這兩種民主政治的意涵及其適用的社會，並說明這兩種民主政治的制度特徵。

 老師答題

(一) 多數民主

1. 意涵：以英國國會為代表，因其國會設置於西敏寺內而又稱為西敏寺模式。係指政府是以多數決的方進處理公共事務。

2. 適用的社會：此類的模型通常具有穩固的政治社群感（sense of political community），因此願意且遵守多數決的最終決定。

3. 特徵

(1) 行政權集中：單一政黨與過半數的內閣。

(2) 內閣主導國會：權力融合與內閣優勢。

(3) 非對稱的兩院制。

(4) 穩定的兩黨制。

(5) 相對多數決的選舉制度。

(6) 單一制與中央集權政府。

(7) 不成文憲法與國會主權（沒有司法審查）。

(二) 共識民主

1. 意涵：強調共識決、包容、妥協等方式，因此又被稱為協和（合）式民主等。這個模式的成敗，繫於政治菁英避免堅持多數決，進而有效凝聚各成員的共識。

2. 適用的社會：以歐陸小國荷、比、奧與瑞士等多元分歧社會（種族、語言與宗教等）為代表。

3. 特徵

(1) 行政權分享：廣泛的聯合內閣。

(2) 正式與非正式的權力分立。

(3) 平衡的兩院制與少數代表權。

(4) 多黨制。

(5) 比例代表選舉制度。

(6) 聯邦主義與地方分權。

(7) 成文憲法與少數者否決。

【參考書目】

陳義彥、游清鑫主編（2020）。《政治學》。台北：五南。
（見第6、9章）

海伍德（2009）。《政治學新論》。台北：韋伯。（見第2章）

四、 當前新興民主國家在民主鞏固過程中，經常面臨轉型正義（transitional justice）的難題，也經常出現委任式民主（delegative democracy）的現象。請問何謂「轉型正義」？世界各國通常如何實現「轉型正義」？何謂「委任式民主」？請分別詳細說明。

 老師答題

林茲（Juan Linz）提出民主鞏固的三要件：行為層次，沒有推翻現有民主政體的行動；態度層次，無論經濟或其他因素，仍相信民主是最好的政治制度；憲政層次，人民與政治菁英皆認同並實踐以新憲法建構的民主制度；除了前述層次分類，轉型過程中大眾對於過往歷史傷痕的態度也容易成為爭執的焦點之一。以下就轉型正義與委任式民主分述如下：

(一) 轉型正義

行政院推動轉型正義會報指出：「『轉型正義』（Transitional Justice），可視為是追尋正義的一個階段」、「聯

合國報告更是指出，轉型正義五個支柱為『真相、正義、賠償、保證不再發生與追憶』」。

簡言之，轉型就是從非民主到民主階段的過程中，對於過去的威權體制的不正當作為提出官方檢討與反省。正義則是承認人權保障的普世價值，進一步透過司法回復、行政究責或賠償等方式來承認過去的錯誤並且建構不再觸犯此等議題的制度。

國際作為，如聯合國教科文組織1979年將前納粹德國奧斯維辛（Auschwitz）集中營、1999年將南非在有色人種隔離政策中的監獄島羅本島（Robben Island）列入世界文化遺產，皆是為了保存歷史中的錯誤與負面記憶，以作為未來永不再發生的提醒；南韓針對「光州民主化運動」持續平反，從司法恢復名譽、判決不法人員、賠償道歉到制定保障人權的基本法規。

(二) 委任式民主

又稱流動式民主、液態民主（Liquid Democracy），是間接民主的一種模式介於直接民主和代議制民主之間。選民針對某些議題直接投票，也可以賦予代表針對特定議題的投票權，代替自身決策。

阿根廷籍學者歐唐奈（Guillermo O'Donnell）指出拉丁美洲民主化後的特徵之一就是缺乏「水平式責任政治」（horizontal accountability）的「委任式民主」（delegative democracy），因為強人獲得選民投票上台後，持續擴張行政權、迴避立法機關高監督與無視司法功能，就容易陷入這種受委託者持續擴權而反過來削弱國家的其他民主機制的現象。

【參考書目】

行政院推動轉型正義會報：https://www.ey.gov.tw/tjb/2FFCDE9
　C2228023C

台灣民間真相與和解促進會：https://taiwantrc.org/transitional-
　justice/

Note

113年 普考

申論題

一、 請分析和解釋美國總統制下的權力分立（請按照第一
　　權、第二權和第三權順序說明）和權力制衡的原則，
　　以及總統、國會和最高法院三個權力機關之間彼此如
　　何進行權力制衡？

 ▶ 老師答題

(一) 權力分立與制衡原則

　　依據美國憲法第一權指立法權（第一條、國會）、第二權
　　指行政權（第二條、總統）和第三權指司法權（第三條、
　　法院），受孟德斯鳩啟發，三權在各自領域內有原則享有
　　專屬之權不受干擾，亦不可兼任；三權間透過其他方式相
　　互制衡，如立法權可以人事同意與審查預算箝制行政權、
　　行政權有人事提名權與事務執行權、司法權以事後審查具
　　有一錘定音的終極效果來被動牽制其他權力。

(二) 總統、國會和最高法院三個權力機關制衡,舉例如下:
　1. 總統
　　(1) 口袋否決權:美國憲法第1條第7項規定,法案經國會參眾兩院通過後應送交總統,總統應於十日內簽署法案使其生效;或者將其退回國會,這就是否決。
　　(2) 任期固定(四年一任),直接對人民負責且無副署制度,國會無質詢與倒閣之權,雖獨攬人事提名權但任命權係於國會。
　2. 國會
　　(1) 反否決:依美國憲法之規定,總統應將法案退回最先提出法案的一院,該院就法案以贊成或反對方式表決,如果三分之二多數通過,再送至另一院以同樣程序表決也有三分之二多數通過,則可以推翻總統的否決,稱之為反否決。
　　(2) 彈劾(總統)權,經眾議院提出,後由參議院審理。
　　(3) 任期有兩年(眾議院)與六年(參議院),國會議員不得兼任官員且對總統人事提名有同意權。
　3. 最高法院
　　(1) 聯邦法院法官由總統提名,後經參議院同意通過為終身職。
　　(2) 聯邦最高法院具有司法違憲審查權。

【參考書目】

陳義彥、游清鑫主編(2020)。《政治學》。台北:五南。
　(見第10~12章)

二、 關於民主政治的實際運作，主要有菁英論（elitism）
與多元論（pluralism）兩種觀點。請說明菁英論與多
元論如何描繪現實經驗中民主政治的實際運作。

 老師答題

(一) 菁英論

將社會化分成少數的統治階級與大多數的被統治階級。

1. 權力菁英：少數的政治菁英掌有政治權力，可能是因為
家庭背景、財富、職位或才能等等。關鍵在於政治權力
是可以移轉或累積的，隨之而來的伴隨著經濟權力與社
會權力，政治世家即為明例。

2. 壟斷的選舉：政治職位長期被統治階級壟斷，因此即便
是當選後，選舉承諾沒有一定要實踐的壓力，如越南。
同時在這樣的制度下，不是人人都有權或可以參與投
票，甚至多數支持的候選人也不保證當選。

3. 寡頭控制的團體政治：權力高度集中在少數特權份子手
中，通常傾向威權式領導，如北韓。

(二) 多元論

不否認菁英是有較大的權力，但這些權力是受到限制的。

1. 分化的權力：職位與權力並非長期掌握在極少數人手
中，一個人或一個團體僅能掌有一部分的權力並且面臨
他人競爭。如總統與國會議員、國會議員彼此之間的關
係，如大多數現代民主成熟國家的政黨競爭。

2. 負責的選舉：有限度的任期並且必須回應選民的需求而提出政見並努力落實，以求持續勝選，如當前美國統大選。

3. 團體政治：利益團體是民主政治的精髓，不同團體間的成員必然具有多重身分，而在不同利益間都有其角色，因此協調溝通有其必要。並非截然對立或二分的衝突關係。

(三) 小結

多元論不否認政治菁英的存在，但其主張這些菁英在諸多規範下，主導民主政府，但仍將權力適度分散到人民手中；菁英論者則認為少數菁英必然牢牢掌握政府的掌控權，通常發生在民主轉型中或轉型後的新興民主國家，或有民主制度的外表，但重大政治權力仍由極少數人壟斷。

【參考書目】

陳義彥、游清鑫主編（2020）。《政治學》。台北：五南。（見第4章）

海伍德（2023）。《政治的意識形態》。台北：五南。（見第1～3章）

選擇題

( )　**1** 權力是政治學研究的核心概念，政治學者發現權力具有三種
面貌（faces）。下列何者不是權力的三種面貌之一？
(A)影響決策的能力
(B)影響議題設定的能力
(C)支配他者偏好、慾望與想法的能力
(D)控制成本效益的能力。

( )　**2** 沃斯頓克拉夫特（Mary Wollstonecraft）為那一派女性主義
的代表人物？
(A)差異女性主義　　　　(B)自由主義女性主義
(C)基進女性主義　　　　(D)社會主義女性主義。

( )　**3** 美國國會兩院中，那一個委員會負責協調法案內容及文字
的同一性？
(A)特別委員會　　　　(B)聯席委員會
(C)程序委員會　　　　(D)紀律委員會。

( )　**4** 對於意識形態（ideology）的敘述，下列何者錯誤？
(A)意識形態是一種能夠影響公共決策或政治發展的信念與
態度
(B)左派重視經濟發展，希望政府不要干預市場
(C)當代常以「○○主義」指稱某種意識形態，例如女性主
義
(D)美國保守主義重視傳統的家庭價值。

( ) **5** 關於君主政體的敘述,下列何者較為正確?

(A)專制君主制中,君主具有獨占性的政治權力,其本身是主權者,也是最高統治者

(B)君主立憲制中,君主不但失去實質統治的權力,也不再是國家元首

(C)君主政體的權威來源建立在人民同意的基礎上

(D)君主政體不管憲政體制為何,必然是專制政體。

( ) **6** 有關主權的特性,並不包括下列何者?

(A)最高性

(B)可讓與性

(C)永久性

(D)普遍性。

( ) **7** 根據政治學者對國家的定義,下列何者較可能屬於「失敗國家」?

(A)無法加入聯合國

(B)政府官員貪污頻仍

(C)處於內戰狀態

(D)執政黨暴力鎮壓反對人士。

( ) **8** 下列何者是獨裁政治(dictatorship)的特徵?

(A)重大決策權集中在一人或少數人手中

(B)政府動員民眾進行國家建設

(C)國家干預市場經濟運作

(D)政黨爭取國會多數以實現其政治目標。

( )　**9**　關於政治社會化的敘述，下列何者錯誤？

(A)同儕團體是政治社會化的主要場域之一

(B)政治社會化是指政治價值的傳輸與教育

(C)公民教育是政治社會化的重要形式

(D)公共領域與公共討論與政治社會化無關。

( )　**10**　有關「社會權」內涵的敘述，下列何者最可能錯誤？

(A)由國家採取積極措施來保障弱勢者，使其擁有生存與尊嚴之權利

(B)屬於由國家提供利益的權利，故也可稱為「受益權」

(C)主要為經濟上的保障與支持，不包括文化面向的保障與支持

(D)工作權與生存權為我國憲法明文保障之社會權。

( )　**11**　政黨是民主國家政治運作不可或缺的組織之一，對於不同類型的政黨之敘述，下列何者錯誤？

(A)概括型政黨（catch-all party）是以理念宣揚為目的

(B)群眾型政黨（mass party）的特色是儘可能擴大支持者數目

(C)幹部型政黨（cadre party）是由少數菁英主導黨務的政黨類型

(D)奉獻型政黨（devotee party）建立在政黨領導人的個人魅力之上。

( )　**12** 政治效能感是政治態度的重要內涵；關於政治效能感，下列敘述何者錯誤？

(A)政治效能感是個人政治價值觀念與信仰系統中關鍵的一環

(B)政治效能感是個人認為其政治行為對政治過程能夠有所影響

(C)多數公民具有較高政治效能感，無助於強化政權統治基礎的正當性

(D)個人政治效能感強弱與政治參與程度高低之間存在正相關。

( )　**13** 不少對政治較少關注的選民，在決定如何投票時，會受到身邊一些對政治比較積極的意見領袖之影響。下列那一種理論最適合用來解釋此現象？

(A)兩級傳播（two-step flow of communication）

(B)預示效果（priming effect）

(C)沉默螺旋理論（spiral of silence）

(D)知溝理論（knowledge-gap）。

( )　**14** 傳統社會的成員將其歸屬感從家族與部落，逐漸轉移至國族，其間產生的矛盾與衝突稱之為：

(A)正當性危機

(B)深入危機

(C)分配危機

(D)認同危機。

( ) **15** 有關憲政主義的敘述，下列何者錯誤？
(A)就憲政主義的源起而言，可以追溯到西方哲學對社會資本（social capital）的想像
(B)在憲政主義思潮的發展下，近代頒布成文憲法的第一個國家是美國
(C)有限政府是憲政主義的重要內涵之一
(D)憲政主義彰顯人權保障的最高價值。

( ) **16** 亞里斯多德依照由誰統治與由誰受益兩個面向分類6種政體形式，下列何者不在其中？
(A)貴族政體　　　　　　(B)君主政體
(C)共產政體　　　　　　(D)寡頭政體。

( ) **17** 關於民主國家立法程序的敘述，下列何者錯誤？
(A)多數民主國家皆設計三讀的立法過程
(B)可以分為委員會中心和院會中心兩種立法原則
(C)通常在立法程序中，都會將法案送進委員會審查
(D)為求立法程序的完整，幾乎所有國家都有黨團協商機制。

( ) **18** 依我國立法院職權行使法的規定，總統一旦發布緊急命令，應送交立法院的那一個組織審查後，再提交立法院院會以無記名投票表決？
(A)對應的常設委員會
(B)程序委員會
(C)黨團協商會議
(D)全院委員會。

( )　**19** 有關我國現今違憲審查的敘述，下列何者正確？
(A)由大法官會議審查
(B)屬於集中型審查制度
(C)人民不可就個案聲請釋憲
(D)宣告違憲之效力溯及既往。

( )　**20** 韋伯（Max Weber）對文官體系有完整的界定，下列敘述何者錯誤？
(A)依據職等領取固定薪資
(B)經由制度選拔而非政治任命
(C)受選舉影響沒有固定任期
(D)升遷由上級考核具有明確規範。

( )　**21** 以政黨認同解釋選民投票差異，屬於下列何種研究途徑？
(A)生態學研究途徑
(B)社會心理學研究途徑
(C)社會學研究途徑
(D)理性抉擇研究途徑。

( )　**22** 有關政治文化的敘述，下列何者錯誤？
(A)學者試圖找出一群人共同具備的政治取向，這麼做是為了瞭解特定團體的政治文化
(B)政治文化是指特定群體政治取向的輪廓，也就是他們共同具備的價值信念
(C)政治文化只是個體政治的研究課題
(D)種族或宗教族群都可以是政治文化研究的對象。

( ) **23** 由於媒體本身的特性使得新聞帶有偏見，例如同業之間的激烈競爭，以及追求高收視率，這些現象可以運用什麼理論來解釋？
(A)議題設定理論
(B)媒介效果有限論
(C)結構性偏見理論
(D)沉默螺旋理論。

( ) **24** 民主國家人民有集會結社與表達意見的自由，利益團體的存在是必然的結果。利益團體常被批評不利民主的原因，下列敘述何者錯誤？
(A)利益團體透過政治獻金去影響決策，使得政策偏向資本家
(B)利益團體各有立場，彼此競爭甚至有所衝突
(C)大部分利益團體只追求單一或是少數特定目標
(D)沒有加入利益團體的人，需求會被忽視。

( ) **25** 某政黨是因為有些國會議員政策理念相同，先在國會組成次級團體，之後才正式成立的政黨。該黨是屬於下列何種類型的政黨？
(A)內造政黨　　　　　(B)群眾型政黨
(C)掮客型政黨　　　　(D)個人式政黨。

解答與解析

1 (D)

拉斯威爾（Harold Lasswell）將「權力」視為政治學的樞紐概念，並指出政治乃是權力的形成、分配與運用。

本題中僅(D)無直接關聯。

2 (B)

沃斯頓克拉夫特（Mary Wollstonecraft）為18世紀英國作家與女性主義者，知名著作為1792年出版的《女權辯護（Rights of Woman）》她認為女性低於男性是因為缺乏足夠的教育並主張男女都應被視為有理性的生命，繼而提出了建立於理性之上的社會秩序。因此呼應了自由主義女性主義中，認為女性如同男性也是理性的人類、個人主義（自主性）當然也適用於女性同時肯定女性追求平等發展的機會。因此經濟獨立、兼顧家庭生活甚至追求自我實現都是值得鼓勵的。

3 (B)

(A) 特別委員會，針對特定需求或事件而設置。

(B) 聯席委員會，即為跨院之間的聯合委員會，除協調法案外，也用以解決兩院紛爭。

(C) 程序委員會，主要職權為安排院會議程。

(D) 紀律委員會，用以維護議事進行時的秩序。

4 (B)

左派通常重視勞工權益、高稅率與平等。

5 (A)

(A) 專制君主制中，君主具有獨占性的政治權力，其本身是主權者，也是最高統治者。正確。

(B) 君主立憲制中，君主不但失去實質統治的權力，也不再是國家元首。錯誤，君主保有某些實質統治權

力，同時也會是名義上的國家代表。

(C) 君主政體的權威來源建立在人民同意的基礎上。錯誤，來源於歷史、政治文化與民族情感認同等。

(D) 君主政體不管憲政體制為何，必然是專制政體。錯誤，英日等君主立憲政體即為民主國家。

6 (B)

(A) 最高性，在該國內，已無存在另一個可與既有政府抗衡的實力團體，亦即政府合法使用武器，如建制軍隊與警察。

(B) 可讓與性。錯誤，主權因其最高性不得分割。

(C) 永久性：主權的存續是永久的，直至國家滅亡，與政府改組無關。

(D) 普遍性：對內完全統治、對外不受干預。

7 (C)

美國非政府組織和平基金會（The Fund for Peace, FFP）所提出之概念。主要是以政府控制力來區分，從國家組成四個要素來看，一旦該國政府對領域內之人民、領土與壟斷性合法武力使用無法控制，同時對外缺乏國際認同，則開始邁向失敗國家。

8 (A)

(A) 重大決策權集中在一人或少數人手中。正確。

(B) 政府動員民眾進行國家建設。不一定。

(C) 國家干預市場經濟運作。不一定，鞏固政權為唯一目標。

(D) 政黨爭取國會多數以實現其政治目標。不允許其他政黨存在。

9 (D)

政治社會化的途徑

(1) 家庭：家庭是最早接觸到，也是最具有影響力的的社會化機構。

(2) 學校：有意識的教化制度，政府透過學校有計畫性的經由課程的安排、公民訓練、政治知識的灌輸與政治能力的培養。

(3) 同儕團體：指年齡與興趣相近而組成的團體，對成員產生示範、啟發與學習的功用。

(4) 大眾傳播媒體：泛指電視、網路、廣播、報紙與雜誌等媒介，具有無遠弗屆的廣泛影響力。

(5) 政治性議題、活動與事件：促使一般人參與政治環境中的事務，有助於培養個人政治能力或態度。

因此本題(D)為錯誤。

10 (C)

社會權已經從單純受益權（生存、工作、經濟）等面向，擴散至文化、環境等議題。

第三代人權演進與第四代人權

	第一代	第二代	第三代	第四代（當代）
時空背景	16、17世紀自由主義	19世紀工業革命與激烈的政治民主化	20世紀國際人權	20世紀末跨國環境議題
理論或重要影響	1.啟蒙運動 2.自然權利說 3.社會契約論	1.法國大革命 2.美國獨立運動	1.世界人權宣言 2.聯合國憲章 3.經濟社會暨文化權利公約	1.集體性權利 2.國際環保公約 3.文化保護

	第一代	第二代	第三代	第四代（當代）
人權性質	公民與政治權利	政治性權利	經濟、社會與文化受益權	集體權
主要內涵	消極的防範國家（政府）對自身權利的迫害，如自由權、平等權與參政權等	選舉權擴大	積極要求國家擔任保護者的角色，提供實質的保障，如工作權、社會權	跨國性的議題關懷，如和平權、民族自決、共同遺產保護

11 (A)

(A)為積極爭取最多數人支持與兼顧最多元利益之政黨。

12 (C)

(C)錯誤，因政治效能感越高對於政局穩定越有幫助。

13 (A)

(A) 兩級傳播（two-step flow of communication），本題所指。

(B) 預示效果（priming effect）：政治傳播的報導，會影響一般民眾對政治人物的評斷標準。

(C) 沉默螺旋理論（spiral of silence）：大幅度強調傳播媒介的主導力量，因為強勢的意見經由媒體不斷的放大，促使與強勢意見相同立場的聲音會積極表達，反之少數的聲音則自動選擇沉默，如此就不斷創建所謂的多數意見，儘管這樣的多數意見不一定是真正的多數民意。

(D) 知溝理論（knowledge-gap）：大眾傳播的發達擴大了社會不同階層間的知識落差，因為社經地位越高的人越快取得資訊，長期下來落差只會擴大。

14 (D)

(A) 正當性危機，與統治者交替及政局發展穩定與否較有關。

(B) 深入危機，無此類說法。

(C) 分配危機，與經濟發展或各式利益分配是否為大多數人所接受有關。

(D) 認同危機，本題所指。

15 (A)

就憲政主義主要目的係以抗衡專制政治，建構有限政府（Limited Government），亦即透過憲法明文規範政府的組成與權力的行使，使得人民權利得到保障。其源自權力制衡與人權保障等理念。

16 (C)

	一個人	少數人	多數人
誰統治	暴君政制（tyranny）	寡頭政制（oligarchy）	民主政制（democracy）
誰受益	明君政制（kingship）	精英/貴族政制（aristocracy）	共和政制（polity）

支持混合政體，因為取各種政體的優點避免缺點就可以形成最適當之統治制度。

17 (D)

黨團協商為我國獨有制度,見於立法院職權行使法第十二章,以第68條為例:

為協商議案或解決爭議事項,得由院長或各黨團向院長請求進行黨團協商。

立法院院會於審議不須黨團協商之議案時,如有出席委員提出異議,十人以上連署或附議,該議案即交黨團協商。

各委員會審查議案遇有爭議時,主席得裁決進行協商。

18 (D)

立法院職權行使法第15條

總統依憲法增修條文第二條第三項之規定發布緊急命令,提交立法院追認時,不經討論,交全院委員會審查;審查後提出院會以記名投票表決。未獲同意者,該緊急命令立即失效。

總統於立法院休會期間發布緊急命令提交追認時,立法院應即召開臨時會,依前項規定處理。

總統於立法院解散後發布緊急命令,提交立法院追認時,立法院應於三日內召開臨時會,並於開議七日內議決,如未獲同意,該緊急命令立即失效。但於新任立法委員選舉投票日後發布者,由新任立法委員於就職後依第一項規定處理。

補充:2024年中華民國第16任總統副總統就職後,立法院之聽取總統國情報告權成為焦點議題。有關規範如下:

第15-1條

依中華民國憲法增修條文第四條第三項規定之精神,立法院於每年集會時邀請總統至立法院進行國情報告。

總統於每年二月一日前向立法院送交國情報告書,並於三月一日前赴立法院進行國情報告。

新任總統於就職兩週內向立法院送交國情報告書,並於一個

月內赴立法院進行國情報告。

第15-2條

立法院得經全體立法委員四分之一以上提議，院會決議後，由程序委員會排定議程，就國家大政方針及重要政策議題，聽取總統國情報告。

總統就其職權相關之國家大政方針及重要政策議題，得咨請立法院同意後，至立法院進行國情報告。

第15-3條

總統應於立法院聽取國情報告日前三日，將書面報告印送全體委員。

第15-4條

立法委員於總統國情報告完畢後，得就報告不明瞭處，提出口頭或書面問題。

立法委員進行前項口頭提問時，總統應依序即時回答；其發言時間、人數、順序、政黨比例等事項，由黨團協商決定。

就立法委員第一項之書面問題，總統應於七日內以書面回覆。但事項牽涉過廣者，得延長五日。

第15-5條

立法委員對國情報告所提問題之發言紀錄，於彙整後送請總統參考。

19 (B)

(A) 由大法官會議審查。錯誤，由憲法法庭。

憲法訴訟法第一條

司法院大法官組成憲法法庭，依本法之規定審理下列案件：

一、法規範憲法審查及裁判憲法審查案件。

二、機關爭議案件。

三、總統、副總統彈劾案件。

四、政黨違憲解散案件。

五、地方自治保障案件。

六、統一解釋法律及命令案件。

其他法律規定得聲請司法院

解釋者，其聲請仍應依其性質，分別適用本法所定相關案件類型及聲請要件之規定。

(B)屬於集中型審查制度。正確，由司法院大法官組成憲法法庭。

(C)人民不可就個案聲請釋憲。錯誤，可以。

同前法第59條

人民於其憲法上所保障之權利遭受不法侵害，經依法定程序用盡審級救濟程序，對於所受不利確定終局裁判，或該裁判及其所適用之法規範，認有牴觸憲法者，得聲請憲法法庭為宣告違憲之判決。

(D)宣告違憲之效力溯及既往。

同前法第89條

憲法法庭就法規範見解所為之統一解釋判決，各法院應依判決意旨為裁判。

前項判決不影響各法院已確定裁判之效力。

20 (C)

官僚組織之特徵：

(1) 清楚的職權範圍，每一個成員與部門的固定職掌，有助於釐清責任與義務。同時界定任用資格以符相關職責。

(2) 階層化組織結構，上下監督指揮關係，有助於行政效率與責任分擔。

(3) 嚴格的法規程序，對事不對人的依法行政以擺脫其他陋習，建立人民對統治行為的信任。

(4) 專業化與分工性，提供完整的員工訓練與增進行政效率，足以維護行政體系自身的權威。

(5) 永業化原則，與隨民選首長而任用的政務官不同，依一定考用程序進用的文官人員，加以保障其相關權益，可維繫行政體系正常運作。

(6) 制度化薪資、獎懲與升遷體制，明文化的各種獎懲制

度，有助於文官內部的穩定性與認同感對於整體行政效率顯有助益。

21 (B)。國考CP值

(A) 生態學研究途徑，或稱芝加哥學派，選區內所有人文環境才是影響選民投票的關鍵因素。

(B) 社會心理學研究途徑，或稱密西根學派（政黨認同模式），強調從社會心理層面，探討選民對政治事務的認知、態度、情感和價值判斷，因而對其投票行為產生的影響。因此在本題中，政黨認同是最重要的因素。

(C) 社會學研究途徑，或稱哥倫比亞學派，以選民所屬社會相對位置（團體）而決定自身投票傾向。

(D) 理性抉擇研究途徑，從經濟學的觀點來進行分析，認為選民針對是否進行投

票、投給哪個候選人等政治活動，會評估成本高低才做出行動。

22 (C)

政治文化不只針對個體，更擴及群體。

23 (C)

(A) 議題設定理論：媒體報導能夠影響人們心中對於那些政治議題是當前最重要議題的認知。

(B) 媒介效果有限論：以行為科學研究發現傳媒的影響有限且僅能加強大眾看法而非改變。本題所指。

(C) 結構性偏見理論：傳媒囿於所處環境，容易偏向報導有利於媒體經營的題材而不是真相。

(D) 沉默螺旋理論：大幅度強調傳播媒介的主導力量，因為強勢的意見經由媒體不斷的放大，促使與強勢

意見相同立場的聲音會積極表達，反之少數的聲音則自動選擇沉默，如此就不斷創建所謂的多數意見，儘管這樣的多數意見不一定是真正的多數民意。

24 (B)

本題答案似有疑慮，因(A)之影響手段甚多。

25 (A)

(A) 內造政黨，依政黨產生情形與權力分配，以國會為權力運作中心的稱之。

(B) 群眾型政黨，致力經營與動員政黨黨員活動。

(C) 掮客型政黨，政黨的主張盡可能符合大多數人的利益與思想。

(D) 個人式政黨，無此分類。

Note

Note

高普｜地方｜各類特考
頻出題庫系列

名師精編題庫・題題精采・上榜高分必備寶典

共同科目

1A031131	法學緒論頻出題庫 👑 榮登金石堂暢銷榜	穆儀、羅格思、章庠	570元
1A571141	國文（作文與測驗）頻出題庫 👑 榮登金石堂暢銷榜	高朋、尚榜	470元
1A581131	法學知識與英文頻出題 👑 榮登博客來暢銷榜	成宜、德芬	530元
1A711141	英文頻出題庫	凱旋	470元
1A801131	中華民國憲法頻出題庫	羅格思	530元

專業科目

1E201141	行政學(含概要)頻出題庫	楊銘	490元
1E591121	政治學概要頻出題庫	蔡力	530元
1E601141	主題式行政法(含概要)混合式超強題庫 👑 榮登金石堂暢銷榜	尹析	近期出版
1E611131	主題式行政學(含概要)混合式超強題庫	賴小節	560元
1E621141	政治學(含概要)混合式歷屆試題精闢新解	蔡力	570元
1N021121	心理學概要(包括諮商與輔導)嚴選題庫	李振濤、陳培林	550元

以上定價，以正式出版書籍封底之標價為準

千華數位文化股份有限公司

■新北市中和區中山路三段136巷10弄17號　■千華公職資訊網 http://www.chienhua.com.tw
■TEL: 02-22289070　FAX: 02-22289076　■服務專線：(02)2392-3558・2392-3559

國家圖書館出版品預行編目 (CIP) 資料

(高普考) 榜首不傳的政治學秘笈 / 賴小節編著.
－第三版 .－新北市：千華數位文化股份有限公司，
2023.10
　面；　公分
ISBN 978-626-380-102-8(平裝)

1.CST: 政治學
570　　　　　　　　　　　　112017669

50th 千華五十
築夢踏實

[高普考]　榜首不傳的政治學秘笈

編　著　者：賴　小　節

發　行　人：廖　雪　鳳
登　記　證：行政院新聞局局版台業字第 3388 號
出　版　者：千華數位文化股份有限公司
　　　　　　地址：新北市中和區中山路三段 136 巷 10 弄 17 號
　　　　　　電話：(02)2228-9070　傳真：(02)2228-9076
　　　　　　客服信箱：chienhua@chienhua.com.tw

法律顧問：永然聯合法律事務所
編輯經理：甯開遠
主　　編：甯開遠
執行編輯：蘇依琪
校　　對：千華資深編輯群
設計主任：陳春花
編排設計：林婕澄

千華官網
／購書

千華蝦皮

出版日期：2024 年 11 月 20 日　　第三版／第一刷

本書如有勘誤或其他補充資料，
將刊於千華官網，歡迎前往下載。